Ökonomisches Denken und Ethisches Handeln

Antje Kuttner

Ökonomisches Denken und Ethisches Handeln

Ideengeschichtliche Aporien
der Wirtschaftsethik

 Springer VS

Antje Kuttner
München, Deutschland

Die Arbeit wurde im Jahr 2011 von der Fakultät für Philosophie, Kunst-, Geschichts-
und Gesellschaftswissenschaften der Universität Regensburg als Dissertation ange-
nommen.

D355

ISBN 978-3-658-01179-6   ISBN 978-3-658-01180-2 (eBook)
DOI 10.1007/978-3-658-01180-2

Die Deutsche Nationalbibliothek verzeichnet diese Publikation in der Deutschen Nationalbi-
bliografie; detaillierte bibliografische Daten sind im Internet über http://dnb.d-nb.de abrufbar.

Springer VS
© Springer Fachmedien Wiesbaden 2015

Springer Fachmedien Wiesbaden ist Teil der Fachverlagsgruppe Springer Science+Business Media
(www.springer.com)

Inhaltsverzeichnis

Einleitung 9

Hauptteil 17

I. Die Dekonstruktion der Moral in der Ökonomie 17

1. **Eine moralische Erklärung ökonomischen Verhaltens –
    Adam Smith** 19
    1.1 Der moralische Mensch in der Theorie der Ethischen Gefühle 21
        1.1.1 Die „Sympathie" als soziales Band der Gesellschaft 21
        1.1.2 Moralische Urteile auf Basis sozialer Gefühle 23
        1.1.3 Moralische Selbstreflexion - Der „unparteiische Zuschauer". 25
        1.1.4 Die Gerechtigkeit als Fundament des sozialen Lebens 28
    1.2 Der wirtschaftende Mensch im Wohlstand der Nationen 30
        1.2.1 Die natürliche Ordnung der Ökonomie 31
        1.2.2 Der Mensch im wirtschaftlichen Verkehr 33
        1.2.3 Die Funktionsweise der „unsichtbaren Hand" 37
    1.3 Die Moral des Ökonomischen – Das Adam-Smith-Problem 40
        1.3.1 Die Geschichte des Adam-Smith-Problems 40
        1.3.2 Das moralische Passepartout der Ökonomie 43

2. **Der Mensch beginnt zu rechnen –
    Die Nutzenethik von Jeremy Bentham** 49
    2.1 Die naturwissenschaftliche Methode und das Individuum 50
    2.2 Von der Gesinnungs- zur Verantwortungsethik 52
    2.3 Der nutzenkalkulierende Mensch in der Ökonomie 55

3. **Die Linie der „Begrenzung" der Ökonomie und „Entfremdung"
    des Menschen** 57
    3.1 Die Logik der ökonomischen Interaktion – David Ricardo 57
    3.2 Zwischen Abstraktion und Wirklichkeit – John Stuart Mill 61
    3.3 Die ökonomische Isolation des Handlungssubjekts - Die
        Grenznutzenschule 67

3.3.1   William Jevons und der Wirtschaftsmensch als
        „pleasure-machine" 68
3.3.2   Carl Menger und der Mensch als Bündel von Bedürfnissen 71
3.3.3   Leon Walras und die Ökonomie als Postulat ökonomischen
        Handelns 73

4.   Die „Entgrenzung" der Ökonomie – Lionel Robbins 77

5.   Eine ökonomische Erklärung menschlichen Verhaltens –
     Gary S. Becker 83
   5.1   Die Ökonomie als exklusives Verhaltensmuster des Individuums 83
   5.2   Der Mensch als Bündel apriorischer Setzungen und Restriktionen 84
      5.2.1   Die Nutzenmaximierung 85
      5.2.2   Stabile Präferenzen 85
      5.2.3   Der Marktbereich 87
      5.2.4   Apriorische Setzungen und Restriktionen 88
   5.3   Jenseits von Egoismus und Altruismus –
         Beckers „offener Vorteilsbegriff" 91
   5.4   Beckers „Anthropologie" 95
   5.5   Die Exklusion der Willensfreiheit und der Ort der Ethik 97
   5.7   Zwischenresümee: Von Adam Smith zu Gary S. Becker 99

II.   Der Siegeszug des Individuums über die Belange der Gemeinschaft 101

1.   Das soziale Individuum in der Gemeinschaft – Adam Smith 103

2.   Die soziale Dimension der individuellen Freiheit –
     John Stuart Mill 111
   2.1   Die Sozialisierung des Utilitarismus 111
   2.2   Die soziale Seite des Individuums und die Gesellschaft 116
   2.3   Die Freiheit des Individuums 118

3.   Die Gesellschaft als Domäne des Individuums –
     Friedrich A. von Hayek 123
   3.1   Das solitäre Individuum bei Friedrich A. von Hayek 123
   3.2   Das ganze Leben ist ein Markt 128
   3.3   Herausforderungen an eine funktionale Ethik 131

III. Ökonomisches Kalkül vs. Ethische Vernunft: Extrempositionen der
Wirtschaftsethik 135

**1. Die Zeichen der Zeit erkennen: Karl Homanns Ökonomisierung
der Ethik 137**
1.1 Der Ansatz: Ökonomie als Ethik 138
1.2 Die ökonomische Realität und das passende Instrumentarium der
Ökonomie 145
1.2.1 Was ist Ökonomie? 145
1.2.2 Der Homo oeconomicus als Re-Akteur in der Wirtschaft 149
1.2.3 Die Dilemmasituationen der ökonomischen Realität 152
1.3 Die gesellschaftliche Realität und das passende Instrumentarium
der Ökonomik 154
1.3.1 Der Homo-oeconomicus-Bedarf in der Ethik 154
1.3.2 Die Dilemmasituationen in der gesellschaftlichen Realität 156
1.4 Schlussfolgerungen für die Wirtschaftsethik 158
1.5 Ökonomie *statt* Ethik – theorieimmanente Probleme bei
Karl Homann 160
1.5.1 Die Ökonomie als exklusives Analyseinstrument der Ethik 161
1.5.2 Die Ökonomie als ethikfreier Wirkmechanismus 163

**2. Zurück zu den Wurzeln: Peter Ulrichs Moralisierung der
Ökonomie 165**
2.1 Der Ansatz: Kritisch ergründen, ethisch begründen 165
2.2 Die „humanistische Vernunftethik" 170
2.3 Die Kritik der „ökonomischen Vernunft" 175
*2.3.1 Die „Sachzwangthese" – Ulrichs Kritik am
ökonomischen Determinismus* 178
*2.3.2 Die „Gemeinwohlthese" – Ulrichs Kritik des
ökonomischen Reduktionismus* 182
2.4. Vernünftiges Wirtschaften aus dem Blickwinkel der Lebenswelt 186
*2.4.1 Die „Sinn-" und die „Legitimationsfrage" in der
Wirtschaftsethik* 186
2.4.2 Der Ort der Moral in der Wirtschaft 190
2.5 Die Utopie der Lebenswelt –theorieimmanente Probleme bei
Peter Ulrich 193

Abschließende Bemerkungen 197

Literaturverzeichnis 201

Einleitung

Wirtschaftsethik hat Hochkonjunktur. Angesichts der vielfältigen ökologischen und sozialen Probleme, die mit der globalisierten Marktwirtschaft einhergehen, ist das kaum überraschend: Korruption, überhöhte Managergehälter, Umweltzerstörung aus Gründen der Profitabilität, die Armut der dritten Weltländer, Kinderarbeit und eine wachsende soziale Ungleichheit – die Liste ließe sich beliebig fortführen. Mit Ausbruch der letzten Finanz- und Weltwirtschaftskrise offenbarten sich die genannten Negativeffekte mit aller Deutlichkeit. Das Vertrauen der Öffentlichkeit in die Taten der Wirtschaftsakteure und die gute Wirkung des Marktes scheint endgültig geschwunden zu sein. Die Krise hat einen Bewusstseinswandel in Gang gesetzt: Heute werden in den Medien wirtschaftsethische Themen bereitwillig aufgegriffen und auch in der unternehmerischen Praxis macht sich der neue wirtschaftsethische Zeitgeist bemerkbar. Eine Nachhaltigkeitsstrategie inklusive Berichterstattung gehören inzwischen zum Standardrepertoire großer Unternehmen, Consultingfirmen haben ihr Portfolio um die CSR-Strategieberatung erweitert und an den Universitäten wird der klassische Kanon der Wirtschaftswissenschaften zunehmend um wirtschaftsethische Module ergänzt.

Doch die Aufgabe, die es in der Wirtschaftsethik zu lösen gilt ist denkbar diffizil: Sie soll die unterschiedlichen Denktraditionen von Ökonomie und Ethik versöhnen, um zwischen ökonomischen Zielen und ethischen Geboten zu vermitteln. Das stellt sich in der Praxis als schwer lösbare Aufgabe dar, weil die Gegenstandsbereiche von Ökonomie und Ethik in der Regel Ziele ansteuern, die in entgegen gesetzten Richtungen liegen. Während die Ethik nach sozialer Gerechtigkeit und insofern nach einem allgemein verträglichen Konsens sucht, strebt die Ökonomie, und mit ihr jedes einzelne Unternehmen nach größtmöglicher Effizienz zum Zwecke der individuellen Gewinnerzielung. Daher gilt es in der unternehmerischen Praxis immer wieder neu zwischen ökonomischen Bestrebungen und ihrer Gesellschaftsverträglichkeit zu verhandeln. Die Aufgabe der theoretischen Wirtschaftsethik ist es hierbei Orientierung zu bieten. Sie soll die Kriterien und Kategorien bereitstellen, um den Widerspruch zwischen Ökonomie und Ethik in seinem Grundsatz aufzulösen. Damit ist die Aufgabe der Theorie allerdings noch komplizierter als die der Praxis. Bei der Ethik und der Ökonomik handelt es sich um zwei Wissenschaftsdisziplinen deren Denktraditionen, die sie eigentlich verbinden sollten, mit der Zeit immer weiter auseinanderdrifteten. Erteilt heute die Ethik als normative Wissenschaft Handlungsanweisungen, geht es der modernen Ökonomik in erster Linie darum, als positive Wissenschaft völlig wertfrei ökonomische Gesetzmäßigkeiten aufzudecken.

Einer theoretischen Lösung wirtschaftsethischer Fragen nähert man sich seit Mitte der 70er Jahre auf unterschiedlichen Wegen. Während der Fokus der angloamerikanischen Business Ethics auf empirischen und anwendungsbezogenen Fragen liegt, lässt sich die deutschsprachige Wirtschaftsethik vornehmlich als theoretische Kontroverse bezeichnen. Der gedankliche Ausgangspunkt der praxisorientierten Business Ethics ist das Unternehmen als Akteur mit wirtschaftlicher, sozialer und ökologischer Verantwortung.[1] Die Business Ethics wollen den einzelnen Unternehmen Werkzeuge zur Verfügung stellen, die dabei helfen sollen eine Unternehmenskultur auszubilden, diese zu erhalten und das Unternehmen gezielt in der Gesellschaft zu verankern. Die Perspektive der deutschsprachigen Wirtschaftsethik ist sehr viel grundsätzlicher: Sie blickt nicht auf das einzelne Unternehmen – das würde in den Bereich der Unternehmensethik fallen –, sondern auf die Prämissen und Funktionsmechanismen der Wirtschaft als solche. Die Ökonomie wird auf ihren ethischen Gehalt hin untersucht, die Verbindungslinien und Divergenzen von Ökonomie und Ethik werden aufgedeckt und Gestaltungsvorschläge erteilt. Zu ihren wichtigsten Positionen zählen, neben den Klassikern der evangelischen Theologen Georg Wünsch[2] und Arthur Rich[3], Horst Steinmanns Entwurf der *„Dialogethik"*[4], Josef Wielands *„Governance Ethik"*[5], Peter Koslowskis *„Ethische Ökonomie"*[6], die *„Ökonomische Ethik"* von Karl Homann[7] sowie die *„Integrative Wirtschaftsethik"* von Peter Ulrich[8].

Das prägnanteste Merkmal der deutschsprachigen Debatte ist ohne Zweifel die Verschiedenartigkeit ihrer Ansätze. Sie divergieren nämlich nicht nur in ihrer konkreten Ausgestaltung[9], sondern es besteht sogar Uneinigkeit darüber, wie das prinzipielle Verhältnis von Ethik und Ökonomik auszusehen hat. So lassen sich

---

1   Vgl. Bowie, Norman (Hrsg.), The Blackwell guide to business ethics, Oxford 2002; vgl. Crane, Andrew/Matten, Dirk, business ethics, Oxford 2000.
2   Wünsch, Georg, Evangelische Wirtschaftsethik, Tübingen 1927.
3   Rich, Arthur, Wirtschaftsethik Bd.1u.2., Gütersloh 1992.
4   Steinmann, Horst/Löhr, Albert, Grundlagen der Unternehmensethik, Stuttgart 1994.
5   Wieland, Josef, Ethik der Governence, Marburg 1999.
6   Koslowski, Peter, Prinzipien der Ethischen Ökonomie, Tübingen 1994.
7   Homann, Karl/Bloome-Drees, Franz, Wirschafts- und Unternehmensethik, Göttingen 1992.
8   Ulrich, Peter, Integrative Wirtschaftsethik, Bern/Stuttgart/Wien 2008.
9   Etwa die Fragen: Soll sie in Anlehnung an den Utilitarismus, Pragmatismus, eine Tugend- oder Gerechtigkeitsethik konzipiert werden? Wird die Ethik korrektiv oder integrativ verwendet? Welche Rolle spielt die Rahmenordnung des Marktes? Welche ökonomischen Prämissen müssen aufgegeben werden?

unter den genannten Ansätzen zwei adversative Grundlegungsarten unterscheiden:[10] Einerseits gibt es jene Wirtschaftsethiken, bei denen die Ökonomie das Ausgangsparadigma der Wirtschaftsethik bildet und andererseits solche, die ihre Wirtschaftsethik aus dem Blickwinkel der Ethik konzipieren. Angesichts dieser Uneinigkeit kann man der deutschsprachigen Wirtschaftsethik durchaus eine Profilbildungsproblematik attestieren. Manche Kritiker gehen sogar soweit, die bislang ungeklärte Grundlegungsfrage als Indiz für die prinzipielle Unsinnigkeit der gesamten Disziplin zu deuten.[11] In Anschluss an Niklas Luhmann[12] sind sie der Ansicht, bei der Wirtschaftsethik handle es sich um einen neuerlichen Versuch zur sprichwörtlichen Quadratur des Kreises, da Ethik und Ökonomik ihrer Verfasstheit nach unversöhnlich sind, was jeglichen Versuch dies zu tun von vornherein zum Scheitern verurteilt.

Als prominentestes Beispiel für den Antagonismus der Grundlegungsarten können die Wirtschaftsethiken von Karl Homann und Peter Ulrich angeführt werden. Beide Autoren vertreten Extrempositionen innerhalb der deutschsprachigen Kontroverse und geben entsprechend diametrale Antworten auf die Frage, von welchen Prämissen die Moral in der Wirtschaft abhängen soll. Insistiert Homanns Perspektive auf eine ökonomische Grundlegung der Wirtschaftsethik, unternimmt Ulrich den ambitionierten Versuch, die Ökonomik selbst ethisch zu fundieren. Setzt also bei dem einen Theoretiker die Ökonomik die Maßstäbe für die Ethik, ist bei dem anderen Theoretiker umgekehrt die Ethik die Richtschnur für die Ökonomik.

Dabei reklamieren beide Autoren für sich gute Argumente: Karl Homanns „Ökonomischer Ethik" liegt die Vorstellung zugrunde, dass die realen Bedingungen der Wirtschaft individuell nutzenmaximierendes Handeln erfordern. Daher müssen auch moralische Appelle an das Individuum scheitern, sobald der Einzelne gezwungen ist, entgegen dem Selbstinteresse zu agieren. Eine Etablie-

---

10 Im „Handbuch der Wirtschaftsethik" – dem wichtigsten Überblickswerk – wird ebenfalls zwischen diesen beiden Grundlegungsarten unterschieden. Vgl. Korff, Wilhelm et al. (Hrsg.), Handbuch der Wirtschaftsethik Bd.1-4, Gütersloh 1999, S. 841 ff. Auch Georg Trautnitz und Jochen Gerlach machen in ihren Arbeiten auf die zwei Grundlegungstypen wirtschaftsethischer Ansätze aufmerksam. Vgl. Gerlach, Jochen, Ethik und Wirtschaftstheorie: Modelle ökonomischer Wirtschaftsethik in theologischer Analyse, Gütersloh 2002; Trautnitz, Georg, Normative Grundlagen der Wirtschaftsethik, Berlin 2009.

11 Vgl. Trautnitz 2009, S. 15.

12 Niklas Luhmann äußerte sich einst wie folgt zur Wirtschaftsethik:„*Die Sache hat einen Namen: Wirtschaftsethik. Und ein Geheimnis, nämlich ihre Regeln. Aber meine Vermutung ist, dass sie zu der Sorte von Erscheinung gehört wie auch die Staatsräson oder die englische Küche, die in Form eines Geheimnisses auftreten, weil sie geheim halten müssen, dass sie gar nicht existieren.*" Luhmann, Niklas, Wirtschaftsethik – als Ethik?, in: Wirtschaftsethik und Theorie der Gesellschaft, Hrsg. Wieland, J. ‚Frankfurt a.M. 1993, S. 134.

rung ethischer Werte in der Wirtschaft könne insofern nur dann gelingen, wenn institutionelle Anreize das Individualinteresse zum Kollektivinteresse erheben. Demgegenüber wendet sich Ulrichs „Integrative Wirtschaftsethik" strikt gegen die Auffassung einer Ethik als reines Korrektiv, das in der Rahmenordnung des Marktes zu verorten sei. Nach Meinung Ulrichs verfügt die Wirtschaft über eine ethikexkludierende Sachlogik, die es unbedingt aufzubrechen gilt, möchte man sie für den ethischen Dialog öffnen. Die Kritik der ökonomischen Sachlogik soll aus dem Blickwinkel der Lebenswelt geschehen, was bedeutet, dass man den Mensch auch in der Wirtschaft als ethisch vernünftiges Wesen begreifen soll. Denn eine lebensdienliche Wirtschaftsethik beginnt nach Ansicht Ulrichs beim moralischen Verantwortungsbewusstsein der Wirtschaftsbürger.

Indes unterstellen sich die Autoren wechselseitig, dass es dem jeweils anderen nicht gelinge das wirtschaftsethische Grundproblem zu lösen. Dabei führen beide Theoretiker dasselbe Argument ins Feld: Sie werfen sich gegenseitig vor, ihr jeweiliges Ausgangsparadigma derart zu überhöhen, dass die andere Disziplin unterminiert werde. Ulrich erkennt in Homanns Konzeption eine einseitige Präferenz für die Ökonomik, die jeder Vorstellung von Ethik entbehrt, Homann hingegen unterstellt Ulrich eine Entscheidung zu Gunsten einer Ethik die den Grundprinzipien der Ökonomie widerspricht.

Der Schlagabtausch zwischen Homann und Ulrich lässt sich wie folgt zusammenfassen: Beide Theoretiker lösen dasselbe Problem auf diskrepanten Wegen und reklamieren dabei für sich gute Argumente. Diese Konstellation wirft die Frage auf, wie auf die Inkommensurabilität der jeweiligen Ansätze eine angemessene Erklärung zu finden ist. Dieser Frage gilt es im Rahmen des Dissertationsprojektes nachzugehen besitzt sie doch besondere Relevanz da die Kontroverse zwischen den beiden Autoren die Profilbildungsproblematik der gesamten Wissenschaftsdisziplin spiegelt.

Die Untersuchung wird von der These geleitet, dass mittels einer ideengeschichtlichen Reflexion der Grundlagen der Wirtschaftsethik eine Neubewertung der Kontroverse möglich ist. Mit dem Rückgang auf einzelne Positionen der Wirtschafts- und Gesellschaftstheorie sollen die Entwicklungslinien aufgedeckt werden, die sich hinter den Grundprämissen der beiden Wirtschaftsethiken verbergen und die – von den Autoren unbemerkt – auf die Gestaltung ihrer Konzepte Einfluss nehmen. Auf diese Weise lässt sich verifizieren, dass beide Theorien über ein reflexives Manko verfügen, dass nicht nur zu theorieimmanenten Problemen führt, sondern auch zum Auslöser des Konfliktes zwischen den Autoren wird.

Zu diesem Zweck gliedert sich die Untersuchung in drei Analyseschritte. Im ersten und zweiten Teil wird der Rekurs auf die Ideengeschichte unternommen. Anhand ausgewählter Stationen der Wirtschaftstheorie und der Gesellschaftstheorie sollen zwei Prozesse aufgedeckt werden, die sich parallel vollzogen haben: Die sukzessive Dekonstruktion der Moral in der Wirtschaftstheorie einerseits und der Siegeszug des Individuums über die Belange der Gemeinschaft andererseits. Im dritten Teil der Untersuchung werden die ideengeschichtlichen Befunde auf die wirtschaftsethischen Konzeptionen von Karl Homann und Peter Ulrich angewendet.

Im ersten Teil der Untersuchung steht die Entwicklungslinie der Wirtschaftstheorie im Zentrum. Das Hauptaugenmerk gilt dem Bedingungsverhältnis von Moral und Ökonomie. Es soll gezeigt werden, dass im Lauf der ideengeschichtlichen Entwicklung eine Dekonstruktion der Moral in der Ökonomie stattgefunden hat. Ihren Ausgang nimmt die Analyse beim Denken von Adam Smith bei dem die Ökonomie noch unter dem Vorzeichen der Moral steht. Den Endpunkt markiert die Wirtschaftstheorie des zeitgenössischen Volkswirts Gary S. Becker, der umgekehrt die Moral unter das Vorzeichen der Ökonomie stellt. Um die These einer „Dekonstruktion der Moral in der Ökonomie" zu verifizieren, richtet sich die Untersuchung der einzelnen Positionen zwischen Smith und Becker auf zwei Komponenten: Das allgemeine Ökonomieverständnis der Theorien einerseits – es umfasst ihre Methode, ihre Definition des Forschungsbereichs und ihr Verhältnis zu anderen Wissenschaftsdisziplinen – und das Antlitz des Akteurs andererseits.

Im zweiten Teil der Arbeit soll gezeigt werden, dass die wirtschaftstheoretische Bewegung zwischen Moral und Ökonomie im gesellschaftstheoretischen Prozess der Individualisierung ihr Pendant gefunden hat. Dargelegt werden soll, dass das Individuum seit der Aufklärung einen Siegeszug über die Belange der Gemeinschaft angetreten hat, indem es sich sukzessive von seiner sozialen Einsicht emanzipierte. Auch diese These gilt es anhand ausgewählter Stationen der Ideengeschichte zu verifizieren. Den Ausgangspunkt der Analyse bildet das Denken von Adam Smith, bei dem die Individualhandlungen vom Gemeinschaftsgefühl dominiert werden und sie endet mit einer Betrachtung der Hayek'schen Gesellschaftstheorie in der umgekehrt die Gemeinschaft als Produkt individueller Kalküle erscheint. Um den konstatierten Verlauf eines „Siegeszugs des Individuums über die Belange der Gemeinschaft" nachzuweisen, werden die sozialen Komponenten individuellen Handelns in den Werken der einzelnen Autoren ermittelt.

Im dritten Teil werden sodann die Wirtschaftsethiken von Karl Homann und Peter Ulrich mit diesen Befunden konfrontiert. Zunächst sollen die Grundlagen der jeweiligen Wirtschaftsethiken dargestellt und ihre Anknüpfungspunkte an die Ideengeschichte aufgedeckt werden. Vor dem Hintergrund der ideengeschichtlichen Entwicklungslinien werden die theorieimmanenten Problemkreise der beiden Ansätze aufgezeigt.

In einer abschließenden Zusammenführung der Ergebnisse gilt es ferner die reflexiven Stärken und Schwächen der beiden Wirtschaftsethiken gegenüberzustellen, um eine vertiefte Problemsicht auf die Kontroverse Homann vs. Ulrich zu erhalten.

Die ideengeschichtlichen Entwicklungslinien werden anhand einzelner Theorien entfaltet. Hierfür wurde in erster Linie auf die Primärquellen der jeweiligen Theoretiker und einschlägige Interpretationen zurückgegriffen. Ferner waren zur Erarbeitung der wirtschaftstheoretischen Positionen Überblickswerke zur Theoriegeschichte hilfreich, allen voran die Ausführungen von Joseph Schumpeter[13] und Karl Pribram[14], sowie die Sammelbände von Heinz Kurz[15] und Joachim Starbatty[16]. Auch wenn die Frage nach dem Bedingungsverhältnis von Moral und Ökonomie mehr Komponenten umfasst, als nur das Menschenbild, ist sie doch eng mit der Genese des Homo Oeconomicus verbunden. Daher waren zur Ausarbeitung der These besonders die Darstellungen von Reiner Manstetten[17], Gerhard Kirchgässner[18], Alexander Dietz[19], Hans Frambach[20] und Robert Rolle[21] von Nutzen. Während Dietz und Kirchgässner auf die einzelnen Kategorien und Merkmale der Figur des Homo Oeconomicus fokussieren, zeichnen Manstetten, Rolle und Frambach eine Entwicklungsgeschichte des ökonomischen Menschenbildes nach. Zur Verifizierung der zweiten These – dem Siegeszug des Individuums über die Belange der Gemeinschaft – wurden neben Primärquellen auch vergleichende Darstellungen herangezogen. Hier sind besonders die Ausführungen von Olaf Hottinger[22] hervorzuheben, der sich u.a. mit dem Menschenbild und der gesellschaftlichen Ordnung bei Adam Smith und John Stuart Mill befasst und von Jürgen Gaulke[23], der den Freiheitsbegriff von John Stuart Mill und Friedrich August von Hayek in den Blick nimmt. Der letzte Teil der Untersuchung fokussiert auf die Primärquellen, sprich, das breite Spektrum an Publikationen von Karl Homann und Peter Ulrich. Diese Vorgehensweise ist dem Anliegen der Untersuchung geschuldet, eine (Neu-) Bewertung der Kontro-

---

13   Vgl. Schumpeter, Joseph, Geschichte der ökonomischen Analyse Bd.1u.2, Göttingen 2009.

14   Vgl. Pribram, Karl, Geschichte des ökonomischen Denkens, Frankfurt a.M. 1992.

15   Vgl. Kurz, Heinz D. (Hrsg.), Klassiker des ökonomischen Denkens, München 2008.

16   Vgl. Starbatty, Joachim (Hrsg.), Klassiker des ökonomischen Denkens, Hamburg 2008.

17   Vgl. Manstetten, Rainer, Das Menschenbild der Ökonomie, Freiburg/München 2000.

18   Vgl. Kirchgässner, Gebhard, Homo Oeconomicus, Tübingen 1991.

19   Vgl. Dietz, Alexander, Der homo oeconomicus – Theologische und wirtschaftsethische Perspektiven auf ein ökonomisches Modell, Gütersloh 2005.

20   Vgl. Frambach, Hans, Die Evolution moderner ökonomischer Kategorien, Berlin 1993.

21   Vgl. Rolle, Robert, Homo Oeconomicus. Wirtschaftsanthropologie in philosophischer Perspektive, Würzburg 2005.

22   Vgl. Hottinger, Olaf, Eigeninteresse und individuelles Nutzenkalkül in der Theorie der Gesellschaft und Ökonomie von Adam Smith, Jeremy Bentham und John Stuart Mill, Marburg 1998

23   Vgl. Gaulke, Jürgen, Freiheit und Ordnung, Frankfurt a.M. 1994.

verse anhand der zuvor erarbeiteten ideengeschichtlichen Rekurse vorzunehmen. Prinzipiell sind sich die beiden Autoren ohnehin die größten Kritiker, wodurch das Denken der beiden Theoretiker bereits durch die Architektur der Arbeit kontrastiert wird. Inzwischen finden sich auch einige Darstellungen, die einen Vergleich der Autoren anstellen. Bspw. die Dissertationen von Jochen Gerlach[24] und Jürgen Trautnitz[25]. Während Gerlach in seiner Untersuchung die Leistungsfähigkeit verschiedener Wirtschaftsethiken – darunter auch diejenigen von Karl Homann und Peter Ulrich – aus theologischer Perspektive beurteilt, bespricht Trautnitz die Wirtschaftsethiken aus philosophischer Perspektive und entfaltet in Abgrenzung dazu einen eigenen Ansatz zur Lösung wirtschaftsethischer Fragen.

---

24   Vgl. Gerlach 2002.
25   Vgl. Trautnitz 2009.

Hauptteil

I. Die Dekonstruktion der Moral in der Ökonomie

Die Frage „Was ist Ökonomie und in welchem Verhältnis steht sie zur Moral?"
ist Grundbestandteil jeder Wirtschaftsethik. So banal sie klingen mag, so diffizil
ist ihre Beantwortung, denn die Wirtschaftstheorie hat sich in den letzten 200
Jahren rasant entwickelt, weswegen es gegenwärtig schwer fällt *das Ökonomische* zu benennen. Die Ökonomie veränderte fortwährend ihre Methode, ihren
Forschungsbereich, ihre Prämissen und sie emanzipierte sich von den anderen
sozialwissenschaftlichen Disziplinen. War sie zu Zeiten von Adam Smith noch
ein Teilbereich der Moralphilosophie, wähnt sie sich heute als wertfreie Wissenschaft mit naturwissenschaftlicher Methode was ihr einen Sonderstatus unter den
Sozialwissenschaften einbringt.

Im Folgenden soll die Frage nach dem Bedingungsverhältnis von Moral und
Ökonomie in der Wirtschaftstheorie mittels eines ideengeschichtlichen Rekurses
beantwortet werden. Die Darstellung nimmt ihren Ausgang beim Denken des
Moralphilosophen und Vaters der Nationalökonomie Adam Smith. Sie beleuchtet des Weiteren den Einfluss des Bentham'schen Utilitarismus auf die Prämissen der Wirtschaftstheorie und zeigt die methodische Neuorientierung der Ökonomie durch David Ricardo und John Stuart Mill. Ferner werden die Konsequenzen der Begrenzung des ökonomischen Forschungsbereichs durch die
Grenznutzenschule dargelegt, sowie die Folgen der neuerlichen Entgrenzung der
Ökonomie durch Lionel Robbins. Den Endpunkt der Bewegung markiert die
ökonomische Totalerklärung des menschlichen Lebens durch Gary S. Becker.

Die Darstellung möchte ausdrücklich keine umfassende Rekonstruktion
wirtschaftlichen Denkens leisten, sondern sie verfolgt das Ziel einen paradigmatischen Wandel im Verhältnis von Moral und Ökonomie aufzuzeigen der höchste
Relevanz für moderne Diskurse besitzt. Die Auswahl der Autoren und der Umfang ihrer Darstellung trägt ihrer Rolle in der ökonomischen Theoriegeschichte
vor dem Hintergrund der genannten Aufgabenstellung Rechnung.

1. Eine moralische Erklärung ökonomischen Verhaltens – Adam Smith

Ohne Zweifel ist Adam Smith einer der bedeutendsten Wirtschaftstheoretiker aller Zeiten. Joseph Schumpeter bezeichnet sein ökonomisches Hauptwerk, den *„Wohlstand der Nationen"*[26] *(1776)* neben der *„Entstehung der Arten"* von Charles Darwin, gar als erfolgreichstes wissenschaftliches Buch, das die Welt je gesehen hat.[27] Fragt man jedoch nach der Rolle, die Smith in der ökonomischen Theoriegeschichte spielt, erhält man die unterschiedlichsten Antworten. Für die einen ist Adam Smith der erste Ökonom, der die Wirtschaft losgelöst von moral- und gesellschaftsphilosophischen Fragen betrachtet hat, weshalb er in ihren Augen für die heute bestehende Diskrepanz zwischen Ökonomie und Ethik verantwortlich gemacht werden kann.[28] Für die anderen ist Adam Smith der letzte Moralphilosoph, der sich auch als solcher mit den Fragen der Wirtschaft auseinandersetzte, weswegen er unter diesen Interpreten als letzte moralische Bastion der Politischen Ökonomie gilt.[29]

Die erste Antwort wird meist aus zwei Gründen gegeben: Zum einen weil Adam Smith mit seinem WN einen Wendepunkt in der ökonomischen Ideengeschichte markiert.[30] Er war der erste Theoretiker, der die aristotelische Trias der praktischen Philosophie von Politik, Ethik und Ökonomie auflöste, woraufhin die Politische Ökonomie[31] zu einer unabhängigen Disziplin avancierte. Stand bei

---

26 Smith, Adam, Der Wohlstand der Nationen, Hrsg. Recktenwald, C., München 2003. Der Titel des Werks wird im Folgenden mit WN abgekürzt.

27 Vgl. Schumpeter 2009.

28 Diese Auffassung basiert vorwiegend auf der Smith-Interpretation von Gustav Schmoller. In Schmollers Augen war Adam Smith ein „Deduktionist" und „Materialist" der mit seiner Wirtschaftstheorie die Ökonomie von allen politischen und moralischen Bezügen ablöste und einen skrupellosen Wirtschaftsliberalismus propagierte. Vgl. Schmoller, Gustav, Grundriß der Allgemeinen Volkswirtschaftslehre, Bd. 1 u. 2, Leipzig 1919.

29 So bspw. Manstetten: *„Die Position aus der heraus Smith über die Wirtschaft schreibt, ist die des Philosophen[...]Aus dieser philosophischen Perspektive aber ist sein Werk[...]eine Art philosophische Apologie der Wirtschaft".* Vgl. Manstetten 2000.

30 Vgl. Polanyi, Karl., Aristotle discovers the economy, in: Primitive, Archaic and modern Economics, Essay of K. Polanyi, Hrsg. Dalton, George, Boston 1971.

31 Allein der Begriff „Politische Ökonomie" bezeichnet bereits eine Abkehr vom aristotelischen Denken. Die Aufgabenbereiche von Politik und Ökonomie, die bei Aristoteles strikt getrennt

Aristoteles noch die Frage nach dem Beitrag der Ökonomie für ein moralisch gutes Leben im Zentrum geht es Smith um die Steigerung des Volkswohlstandes. Zum anderen sind zahlreiche Interpreten der Überzeugung, Adam Smith habe als erster Theoretiker das rationale Eigeninteresse zum wesentlichen Charakteristikum des Wirtschaftsmenschen erhoben. Aus diesem Grund, wird er unter ihnen als Vater des Homo Oeconomicus – jenem a-moralischen Menschenbild der modernen Ökonomik – gehandelt.[32]

Diejenigen, die Smith als letzten wahren Moralphilosophen in der Ökonomiegeschichte bezeichnen, gründen ihre Aussage vorwiegend auf eine integrierte Lesart der Smith'schen Werke. Obwohl lange Zeit unter dem Label „Adam-Smith-Problem" leidenschaftlich darüber debattiert wurde, inwiefern das moralphilosophische Denken des Schotten – in der *„Theorie der Ethischen Gefühle"*[33]*(1759)* – überhaupt mit dessen Wirtschaftstheorie vereinbar ist, deuten diese Interpreten die beiden Werke prinzipiell als eine Einheit.[34] Dieser Auffassung folgend, sollen in der nachstehenden Untersuchung die wichtigsten Komponenten der Smith'schen Wirtschafts- und Moralphilosophie dargelegt werden. Es gilt Verbindungslinien zwischen den beiden Werken zu ziehen, um im Anschluss das Bedingungsverhältnis von Moral und Ökonomie bei Smith ausloten zu können.

---

waren, greifen in der Politischen Ökonomie ineinander: Untersucht werden die Auswirkungen der Ökonomie auf die gesamtgesellschaftlichen Verhältnisse. In dieser Weise schreibt Smith der Ökonomie Aufgaben zu, die bei Aristoteles noch in den exklusiven Zuständigkeitsbereich der Politik fielen. Trotzdem beabsichtigte Smith ganz i. S. der aristotelischen Trias, drei Monographien zu veröffentlichen: Zur Ökonomie, Ethik und Politik. Sein Werk über die Politik konnte er nicht mehr vollenden. Ausführlich dazu Bürgin, Alfred, Die Soziogenese der Politischen Ökonomie. Wirtschaftsgeschichtliche und dogmenhistorische Betrachtungen, Marburg 1993, S. 377.

32   Vgl. Buchanan, James/Brennen, Geoffrey, The Normative Purpose of Economic „Science": Rediscovery of an Eighteenth Century Method; in: International Review of Law and Economics 2, 1981, S. 166 ff.

33   Smith, Adam, Theorie der Ethischen Gefühle, Hamburg 2004. Im Folgenden wird die „Theorie der Ethischen Gefühle" mit TEG abgekürzt.

34   Vgl. Recktenwald, Horst C., Adam Smith, in: Klassiker des ökonomischen Denkens, Hrsg. Starbatty, J., Hamburg 2008, S. 137.

1.1 Der moralische Mensch in der Theorie der Ethischen Gefühle

1.1.1 Die „Sympathie" als soziales Band der Gesellschaft

In der TEG geht es Adam Smith darum, die Funktionsweisen und Wirkungszusammenhänge der Gesellschaft aufzuzeigen. Zu diesem Zweck beleuchtet er die grundlegenden Axiome, die das menschliche Verhalten bestimmen und die Gesellschaft konstituieren. Gleich zu Beginn seiner Untersuchung identifiziert Smith das Prinzip der „Sympathie" als die wesentliche Determinante menschlichen Verhaltens und zwischenmenschlicher Beziehungen. Im Lauf der Untersuchung entfaltet er die unterschiedlichen Wirkungsweisen der „Sympathie". Damit wird die „Sympathie" zum Dreh- und Angelpunkt der Smith'schen Moralphilosophie.

Den Begriff „Sympathie" verwendet Smith nicht im umgangssprachlichen Gebrauch, darin bezeichnet er lediglich eine Form der Zuneigung. Der Autor versteht darunter vielmehr einen ursprünglichen, im Wesen des Menschen verankerten Trieb nach Anteilnahme am Schicksal anderer.

> *„Mag man den Menschen für noch so egoistisch halten, es liegen doch offenbar gewisse Prinzipien in seiner Natur, die ihn dazu bestimmen, an dem Schicksal anderer Anteil zu nehmen, und die ihm selbst die Glückseligkeit dieser anderen zum Bedürfnis machen, obgleich er keinen anderen Vorteil daraus zieht, als das Vergnügen, Zeuge davon zu sein."*[35]

Die „Sympathie" ist also eine Disposition der menschlichen Natur. Jeder, *„selbst der ärgste Rohling"*[36], ist von Natur aus zu Anteilnahme in der Lage und hat auch das Bedürfnis, dies zu tun. Die innere Beteiligung äußert sich in unterschiedlichen Gemütsbewegungen wie Kummer, Erbarmen und Mitleid, beim Anblick oder der Schilderung von menschlichem Elend.[37] Da Smith auch diese Gemütsbewegungen mit dem Terminus „Sympathie" belegt, kommt dem Begriff eine doppelte Bedeutung zu: „Sympathie" bezeichnet sowohl den Ursprung als auch die Wirkung eines Gefühls.

Das Sympathisieren geschieht indes nicht affektiv, sondern ihm geht eine Art „Einsicht" voraus: Um die Gemütsbewegungen eines Menschen tatsächlich nachfühlen zu können, bedarf es einer umfassenden Kenntnis der Situation, in der sich der Betreffende befindet.[38] Diese Kenntnis erlangt der Zuschauer, indem

---

35   Smith TEG, S. 1.
36   Ebenda.
37   Vgl. Ebenda.
38   Vgl. Smith TEG, S. 6.

er einen Perspektivenwechsel vollzieht.[39] Via Imagination versetzt er sich in die Lage des Betroffenen und fragt sich, was er selbst in der gleichen Situation emp-funden hätte.[40] Die „Sympathie" entspringt mithin dem Wissen über die Um-stände, welche die Handlung des Betroffenen ausgelöst haben. So gesehen meint „Sympathie" nicht nur das Teilen der Gefühle eines anderen, sondern auch das Bewusstsein darüber.[41]

Das Gefühl der Anteilnahme bereitet allen Beteiligten Freude. Denn der Zu-schauer erfreut sich daran, den Anderen zu verstehen, und dem Betroffenen ge-fällt das Mitgefühl, das ihm zuteil wird. Genau hier offenbart sich auch das Mo-tiv des Menschen zu sympathisieren.

„Was immer jedoch die Ursache der Sympathie sein mag, sicher ist, dass nichts un-ser Wohlgefallen mehr erweckt, als einen Menschen zu sehen, der für alle Gemüts-bewegungen unserer Brust Mitgefühl empfindet, und dass uns nichts sosehr ver-drießt, als wenn wir an einem Menschen kalte Gefühllosigkeit beobachten."[42]

Ein Gleichklang der Gefühle ist den Menschen immer angenehm und schafft ein allgemeines Wohlgefühl. Allerdings ist eine absolute Übereinstimmung der Ge-fühle nicht möglich, da die Mittel der Vorstellungskraft beschränkt sind.[43] Voll-kommene „Sympathie" muss daher ein philosophisches Ideal bleiben, denn dem Beobachter ist stets bewusst, dass er nicht selbst der Leidende ist und seine Ge-mütsbewegungen immer hinter denen des tatsächlich Betroffenen zurückbleiben werden.[44] Das aber mindert die „Sympathie" nicht, denn *„sie [die Empfindun-gen] können doch harmonisch sein, und das ist alles, was notwendig oder erfor-derlich ist".[45]*

Um die Dissonanz in den Empfindungen möglichst gering zu halten, findet das Sich-Hineinversetzen in die Lage des jeweils anderen wechselseitig statt. Der Beobachter versucht möglichst viele Details beim Perspektivwechsel zu berück-sichtigen, während der Betroffene bemüht ist, die der eigenen Gemütsbewegung

---

39   Vgl. Smith TEG, S. 2.
40   Vgl. Smith TEG, S. 3.
41   In diesem Punkt unterscheidet sich Smith' Sympathiekonzeption grundlegend von dem Humes. Für Smith erwächst Sympathie nicht nur wie für Hume aus der Wahrnehmung eines Affektes, sondern vielmehr aus der Wahrnehmung der Gesamtsituation aus der heraus ein bestimmter Affekt entstanden ist. Diese Grundannahme hat letztlich einen entscheidenden Einfluss auf die Bildung moralischer Urteile. Ausführlich dazu Andree, Georg, Sympathie und Unparteilich-keit, Paderborn 2003, S. 76.
42   Smith TEG, S. 9.
43   Vgl. Smith TEG, S. 24.
44   Vgl. Smith TEG, S. 23.
45   Smith TEG, S. 25.

entsprechende Anteilnahme zu wecken.[46] Smith nennt zwei Arten von Tugenden, die das Bestreben beider Beteiligten unterstützen: zum einen die Tugend der nachsichtigen Menschlichkeit, die den Betrachter dazu veranlasst, Anteil zu nehmen.[47] Zum anderen die Tugend der Selbstbeherrschung, die dem Betroffenen dabei hilft, Mitgefühl zu erhalten.[48]

> *„Derjenige, den das Unglück zunächst betroffen hat, ist sich dessen bewusst und verlangt leidenschaftlich nach einer innigeren Sympathie[....]. Aber er kann nur hoffen, dies zu erreichen, wenn er seinen Affekt auf jenen Grad herabstimmt, bis zu welchem die Zuschauer mitzugehen vermögen[...]. Was sie fühlen, wird zwar immer in gewisser Hinsicht verschieden sein von dem, was er fühlt, und niemals kann das Mitleid genauso groß sein wie das Leid, durch das es wachgerufen wurde; [...] Dennoch ist offenkundig, dass diese zwei Arten von Empfindungen (der Kummer des ursprünglich Betroffenen und der aus dem Mitleid entstehende Kummer des Zuschauers) immerhin so viel Übereinstimmung miteinander haben können, als für die Harmonie der Gesellschaft ausreichend ist."[49]*

Hier offenbart sich das Wesen der „Sympathie": Sie ist das soziale Band der Gesellschaft und führt die Individuen zu einem harmonischen Miteinander.[50] Da das Prinzip der „Sympathie" eine ursprüngliche Disposition des Menschen ist, verweist es auf seine Sozialnatur.[51] Der Mensch in der TEG ist von Natur aus ein gesellschaftliches Wesen.

1.1.2 Moralische Urteile auf Basis sozialer Gefühle

Die „Sympathie" ist jedoch nicht nur Sinnbild und Quelle der Sozialität des Menschen, sondern auch der Ursprung seines moralischen Urteilsvermögens. Denn bei Smith entspringt die Moralität unmittelbar der menschlichen Sozialnatur und diese ist ihrerseits eine Folge der „Sympathie". Der Beobachter ist also nicht nur zur Anteilnahme am Schicksal eines anderen fähig, er ist darüber hin-

---

46   Vgl. Smith TEG, S. 23.
47   Vgl. Smith TEG, S. 27.
48   Vgl. Ebenda.
49   Smith TEG, S. 24-25.
50   Auch Medick weist darauf hin, dass sich der soziale Interaktionszusammenhang durch das Prinzip der Sympathie konstituiert; Raphael bezeichnet sie ferner als *„den eigentlichen Kitt"* der die Gesellschaft zusammenhält. Vgl. Medick, Hans, Naturzustand und Naturgeschichte der bürgerlichen Gesellschaft, Göttingen 1973, S. 215; Vgl. Raphael, David D., Adam Smith, Frankfurt a.M./ New York 1991, S. 14.
51   Vgl. Smith TEG S. 176.

aus imstande, dessen Reaktionen moralisch zu bewerten.[52] Er kann darüber urteilen, ob das Verhalten des Betroffenen schicklich – moralisch gut – oder unschicklich – moralisch verwerflich – ist.[53] Das moralische Urteil erstreckt sich entweder auf die Ursache der Reaktion des Betroffenen oder auf die Wirkung dieser Reaktion:

> *„Die Empfindung oder Neigung des Herzens, aus welcher eine Handlung hervorgeht, und von welcher in letzter Linie ihr ganzer Wert oder Unwert abhängen muss, kann von zwei Gesichtspunkten oder in zwei verschiedenen Beziehungen betrachtet werden; erstens in Beziehung auf die Ursache, die sie hervorrief, oder den Beweggrund, der sie veranlasste, und zweitens in Beziehung auf den Endzweck, auf den sie hinzielt, oder die Wirkung, die sie hervorzubringen strebt. "[54]*

Im ersten Fall wird die Handlung des Betroffenen in Bezug auf die zugrunde liegenden Umstände bewertet. Dabei gilt es über die Angemessenheit oder Unangemessenheit dieser Handlung zu entscheiden.[55] Unter Berücksichtigung der Umstände, in denen sich der Handelnde befunden hat, wird sein Tun als schicklich oder unschicklich qualifiziert.[56] Moral geht insofern indirekt mit der „Sympathie" einher, als ein Außenstehender die Reaktion des Betroffenen nachvollziehen kann, sie gleichsam als moralisch gut erachtet. Die der jeweiligen Situation angemessene Handlung wird so zu einem anerkannten und verbindlichen ethischen Bewertungsmaßstab. Smith spricht in dieser Weise dem Menschen ein autonomes, moralisches Urteilsvermögen zu.

Im zweiten Fall geht es um die Wirkung eines Handlungsvorgangs. Das Resultat einer Handlung wird nach dem Kriterium von Verdienst und Schuld bewertet.[57] Der Blick des Beobachters richtet sich auf die gesellschaftlichen Folgen, die das Verhalten des Betroffenen auslösen, und unterzieht dieses einer moralischen Bewertung. Verdienstvolle Handlungen werden belohnt, verwerfliche geahndet. Smith beschreibt die Dankbarkeit als das Gefühl, welches uns unmittelbar zum Belohnen antreibt, analog dazu charakterisiert er den Wunsch nach Vergeltung als die Regung, welche uns zum Bestrafen veranlasst.[58] Der Sinn für Verdienst speist sich aus der direkten „Sympathie" des Beobachters mit der Dankbarkeit der Person, die die Handlung empfangen hat.[59] Demnach bedarf

---

52   Vgl. Smith TEG, S. 14.
53   Vgl. Ebenda.
54   Smith TEG, S. 17.
55   Vgl. Ebenda.
56   Vgl. Smith TEG, S. 17-18.
57   Vgl. Smith TEG, S. 18.
58   Vgl. Smith TEG, S. 97.
59   Vgl. Smith TEG, S. 108.

die Handlung des Wohltäters der Billigung durch den Empfänger, bevor man mit dessen Wunsch nach Belohnung sympathisieren kann.[60] Maßgebend für die moralische Bewertung einer Handlung sind die Beweggründe des Handelnden. Nur wenn das Motiv angemessen erscheint, können auch die Folgen der Handlung als tugendhaft anerkannt werden.

1.1.3 Moralische Selbstreflexion - Der „unparteiische Zuschauer"

Nun ist der Mensch nicht nur in der Lage, die Handlungen anderer auf ihre Schicklichkeit hin zu überprüfen, er kann genauso sein eigenes Handeln reflektieren. Mit Blick auf die oben dargestellte Sympathiekonzeption ist diese Selbstreflexion sogar äußerst wichtig, erleichtert sie es dem Menschen doch, sich gesellschaftskonform zu verhalten.

Um die eigenen Handlungen zu prüfen, wendet sich der Mensch an einen „unparteiischen Zuschauer".[61] Die Figur des „unparteiischen Zuschauers" ist eine hypothetische Schiedsinstanz für Werturteile.[62] Der Prozess der Selbstbeurteilung entspricht dem zuvor dargestellten Vorgang der Fremdbeurteilung. Via Imagination versetzt sich der Einzelne in die Lage eines „unparteiischen Zuschauers" und fragt sich, ob dieser mit seinem Verhalten sympathisieren könnte.[63] Erst auf die kritische Reflexion des geplanten Verhaltens hin erfolgt die tatsächliche Handlung.

> „Wir billigen oder missbilligen das Verhalten eines anderen Menschen auf die Weise, dass wir uns in seine Lage hineindenken und unsere Gefühle darauf prüfen, ob wir mit den Empfindungen und Beweggründen, die es leiteten, sympathisieren können oder nicht. Und in gleicher Weise billigen oder missbilligen wir unser eigenes Betragen, indem wir uns in die Lage eines anderen Menschen versetzen und es gleichsam mit seinen Augen und von seinem Standort aus betrachten und nun zusehen, ob wir von da aus an den Empfindungen und Beweggründen, die auf unser Betragen einwirken, Anteil nehmen und mit ihnen sympathisieren könnten oder nicht."[64]

---

60 Vgl. Smith TEG, 106-107.
61 Vgl. Smith TEG, S. 170.
62 Nach Ansicht Manstettens handelt es sich beim unparteiischen Zuschauer um einen „Halbgott", weil er einerseits „sterblicher Abstammung" ist (da er in der Brust des Menschen existiert) und andererseits „göttlicher Herkunft" ist (da Gott ihn den Menschen eingepflanzt hat). Vgl. Manstetten 2000, S. 241.
63 Vgl. Smith TEG, S. 170.
64 Smith TEG, S. 166-167.

Der Antrieb diesen Rollentausch innerlich zu vollziehen, entspringt wiederum der sozialen Natur des Menschen. Weil das Urteil der anderen uns wichtig ist, sind wir bereit, uns selbst in Angeklagten und Richter zu teilen. Darüber hinaus macht die Gesellschaftlichkeit des Menschen diesen Rollentausch überhaupt erst möglich, denn würde ein Mensch isoliert, ohne jede Gemeinschaft, aufwachsen, könnte er sich weder über seinen Charakter noch über die Schicklichkeit seines Verhaltens Gedanken machen.[65] Die Gesellschaft fungiert als Spiegel, der dem Individuum hilft, das eigene Verhalten zu betrachten und dessen Wirkung zu antizipieren.[66] Im Spiegel der Gesellschaft erkennen wir uns selbst. Der innermenschliche Perspektivenwechsel steht insofern in unmittelbarem Zusammenhang mit der Erfahrung mit anderen Menschen. Das soziale Wesen Mensch fällt Urteile über seine Mitmenschen und ist sich dessen bewusst, dass andere Menschen gleichermaßen sein Handeln beurteilen. Da wir wollen, dass die Mitmenschen unser Verhalten billigen, vergleichen wir das eigene Bild mit dem, das andere von uns haben.

> *„Wir stellen uns selbst als die Zuschauer unseres eigenen Verhaltens vor und trachten nun, uns auszudenken, welche Wirkung es in diesem Lichte auf uns machen würde. Dies ist der einzige Spiegel, der uns ermöglicht, die Schicklichkeit unseres eigenen Verhaltens einigermaßen mit den Augen anderer Leute zu untersuchen."*[67]

Hier wird deutlich, wie „Sympathie" und „unparteiischer Zuschauer" ineinandergreifen: Angetrieben durch die „Sympathie", wollen wir selbst moralisch handeln. Um moralische Billigung zu erlangen, prüft die Instanz des „unparteiischen Zuschauers" unser Verhalten auf gesellschaftlich anerkannte Werte hin. Daher spiegelt die Figur des Zuschauers in erster Linie die Moralvorstellungen der Gesellschaft.

An dieser Stelle ist selbstverständlich noch nichts über die moralische Natur des Menschen ausgesagt. Mit der bisherigen Konstruktion lässt sich lediglich feststellen, dass sich der Mensch gesellschaftskonform verhält. Wie die Werte der Gesellschaft aussehen, bleibt jedoch offen. Außerdem scheint es dem Individuum allein um die Anerkennung seiner Mitmenschen zu gehen. Insofern ist es nur rational und konsequent, sich so zu verhalten, dass ihm diese Anerkennung auch zuteil wird. Ein solches Verhalten ist nicht „moralisch", sondern „angepasst". Dafür würde durchaus genügen, wertkonformes Verhalten vorzutäuschen, denn auch damit ließe sich Lob erhalten.

---

65   Vgl. Smith TEG, S. 167-168.
66   Vgl. Smith TEG, S. 168.
67   Smith TEG, S. 170.

Doch darf das Streben nach Anerkennung für gute Taten bei Smith, nicht mit einer Sucht nach Anerkennung verwechselt werden, wie dies bpw. bei Mandeville der Fall ist.[68] Denn der Smith'sche Mensch ist deutlich komplexer. So habe die Natur „[...] ihn [den Menschen] nicht nur mit dem Verlangen begabt, gelobt und gebilligt zu werden, sondern auch mit dem Verlangen, so zu sein, daß er gelobt werden sollte, oder so zu sein, wie er selbst es an anderen gebilligt hat".[69]

Nach Smith' Auffassung möchte der Mensch die Anerkennung der anderen auch tatsächlich verdienen. Es ist dem Menschen sogar wichtiger, sein Handeln als schicklich gewertet zu wissen, als ungerechtfertigt Lob zu erhalten.

Hier unterscheidet Smith zwischen dem Urteil des „äußeren" und des „inneren Zuschauers".[70] Das Urteil des „äußeren Zuschauers" wurzelt in dem natürlichen Wunsch nach Anerkennung und der Abneigung gegen Ablehnung. Da es sich immer auf die Außenwirkung der Handlungen bezieht, repräsentiert es den Menschen in seiner Rolle als Teil der Gesellschaft.[71] Ganz anders verhält es sich mit der Urteilskraft des „inneren Menschen". Sie entspringt dem tiefen Bedürfnis vollkommen lobenswert zu sein.[72] Der „innere Mensch" steht daher für das Gewissen des Menschen.[73]

Bei der Bewertung des eigenen Verhaltens durch den unparteiischen Zuschauer kommt es nun zu einem Zusammenspiel der Urteile des „äußeren" und des „inneren Menschen".[74] Wenn sich der „äußere Zuschauer" durch den Beifall anderer geschmeichelt fühlt, obwohl er keinerlei Lob verdient hat, springt der „innere Zuschauer" korrigierend ein. Er rückt das verzerrte Bild, das der „äußere Mensch" manchmal liefert, mittels seines optimalen Blickwinkels wieder zurecht. Dem Urteil des „inneren Menschen" kommt laut Smith größere Bedeutung zu als dem des „äußeren", zumal uns Ersterer zeigt, wie bedeutungslos unsere Interessen im Vergleich zu denen der Gemeinschaft sind. Smith setzt unsere individuellen Neigungen in Relation zu denjenigen der Gesellschaft. Indem der „innere Mensch" dem Einzelnen einen Maßstab für sein Verhalten vorgibt, sorgt das Gewissen selbst für eine Abstimmung jeder individuellen Entscheidung auf ihre Gesellschaftskonformität.[75]

---

68   Zu den Unterschieden zwischen der Wirtschaftstheorie von Adam Smith und Bernhard Mandeville Vgl. Trapp, Manfred, Politische Philosophie und Politische Ökonomie bei Adam Smith, Regensburg 1986.
69   Smith TEG, S. 176.
70   Vgl. Smith TEG, S. 194 ff.
71   Vgl. Andree 2003, S. 120.
72   Vgl. Smith TEG, S. 194.
73   Vgl. Smith TEG, S. 194.
74   Vgl. Andree 2003, S. 122.
75   Vgl. Smith TEG, S. 199.

„Es ist Vernunft, Grundsatz, Gewissen, es ist der Inwohner unserer Brust, der innere Mensch, der große Richter und Schiedsherr über unser Verhalten. Er ist es, der uns, so oft wir im Begriff stehen, so zu handeln, daß wir nur einer aus der Menge sind und in keiner Hinsicht besser, als irgendein anderer dieser Menge;[...] Dieser unparteiische Zuschauer allein lehrt uns die wirkliche Geringfügigkeit unseres eigenen Selbst und alles dessen, was uns angeht, erkennen, und nur durch das Auge dieses unparteiischen Zuschauers können die natürlichen Täuschungen der Selbstliebe richtig gestellt werden. Er zeigt uns die Schönheit des Edelmutes und die Häßlichkeit der Selbstliebe."[76]

Dennoch kann es vorkommen, dass Selbstbetrug und allzu wohlwollende Selbstbeurteilung die Stimme des „inneren Menschen" übertönt, doch auch dieser Schwäche hat die Natur den Menschen nicht ohne Heilmittel überlassen.[77] So bringt uns das fortwährende Beobachten des Verhaltens anderer Menschen dazu, allgemeine Regeln der Sittlichkeit auszubilden.[78] Diese Regeln können wir abrufen, um zu erfahren, welche Reaktion in welcher Situation angemessen beziehungsweise schicklich ist. Die allgemeinen Regeln der Sittlichkeit werden nicht von Institutionen vorgeschrieben, sondern gründen sich letztlich auf unseren Erfahrungsschatz.[79] Nachdem diese Regeln einmal gebildet, allgemein anerkannt und durch die übereinstimmenden Empfindungen der Menschen dingfest gemacht wurden, repräsentieren sie den moralischen Standard der Gesellschaft und sind fortan Richtschnur unseres Verhaltens.[80] Das Pflichtgefühl hält den Menschen dazu an, diese Regeln zu beachten.

1.1.4 Die Gerechtigkeit als Fundament des sozialen Lebens

Den Rahmen, in dem sich die Moral bewegen sollte, steckt Smith in seiner Beschäftigung mit den sozialen Tugenden ab. Dabei sind ihm zwei Tugenden ein besonderes Anliegen. Die eine, die Tugend der Wohltätigkeit kann als freiwillige bezeichnet werden, denn Wohltätigkeit ist nicht zwingend notwendig für das Fortbestehen der Gesellschaft.[81] Eine wohltätige Handlung löst sowohl beim Beobachter als auch beim Betroffenen Dankbarkeit aus, ein Mangel an Wohltätigkeit verlangt jedoch nicht nach Strafe. Genau umgekehrt verhält es sich mit

---

76   Smith TEG, S. 203.
77   Vgl. Smith TEG, S. 238.
78   Vgl. Ebenda.
79   Vgl. Smith TEG, S. 239.
80   Vgl. Smith TEG, S. 240.
81   Vgl. Smith TEG, S. 118.

der zweiten sozialen Tugend, der Gerechtigkeit.[82] Sie einzuhalten ist unabdingbar, denn die Gerechtigkeit ist das Fundament der Gemeinschaft und stellt als
solche eine moralische Mindestanforderung an jedes einzelne Gesellschaftsmit-
glied dar. Handelt jemand gerecht, dann verdient das keine besondere Dankbarkeit, tut dagegen jemand Unrecht, löst dies den Wunsch nach Vergeltungsgefühl
aus und verlangt nach Strafe.[83]

> *„Die Wohltätigkeit ist die Verzierung, die das Gebäude verschönt, nicht das Fun-*
> *dament, das es trägt, und darum war es hinreichend, sie dem einzelnen anzuempfeh-*
> *len, keineswegs jedoch nötig, sie zwingend vorzuschreiben. Gerechtigkeit dagegen*
> *ist der Hauptpfeiler, der das ganze Gebäude stützt. Wenn dieser Pfeiler entfernt*
> *wird, dann muss der gewaltige, der ungeheure Bau der menschlichen Gesellschaft,*
> *jener Bau, den aufzuführen und zu erhalten in dieser Welt, wenn ich so sagen darf,*
> *die besondere Lieblingssorge der Natur gewesen zu sein scheint, in einem Augen-*
> *blick zusammenstürzen und in Atome zerfallen.“*[84]

Obwohl die Wohltätigkeit höhere moralische Qualität besitzt, ist die Gerechtigkeit die grundlegendere der beiden Tugenden. Letztere ist das moralische Minimum im gesellschaftlichen Gefüge, sie darf nicht unterschritten werden, denn
ohne sie kann die soziale Ordnung nicht weiterbestehen und die Gesellschaft
zerfällt in ihre Einzelteile.[85] Die Aufgabe des „unparteiischen Zuschauers" ist es
nun, diese Ordnung zu bewahren. Er überprüft jede Handlung des Individuums
daraufhin, ob sie der gesellschaftlichen Gerechtigkeit zu- oder abträglich ist. Die
Gerechtigkeit ist somit der wesentliche Maßstab für die Urteilsbildung des „unparteiischen Zuschauers".

Indirekt gibt Smith an dieser Stelle auch Auskunft über die Handlungsmotive des Menschen. Da prinzipiell jede Verhaltensweise denkbar und akzeptabel
ist, solange sie nicht das moralische Minimum der Gesellschaft gefährdet, muss
das Individualinteresse stets auf das Wohl der Gemeinschaft abgestimmt werden,
es darf die Regeln der Gerechtigkeit nicht verletzen.[86] Rücksichtlos egoistisches
Verhalten würde niemand tolerieren, wohlverstandenes Eigeninteresse hingegen
schon.

---

82 Vgl. Smith TEG, S. 119.
83 Vgl. Smith TEG, S. 117.
84 Vgl. Smith TEG, S. 128-129.
85 Vgl. Smith TEG, S. 119. Zur Gerechtigkeit als Minimalmoral im Smith'schen Denken vgl.
    Kirchgässner, Gerhard, Bemerkungen zur Minimalmoral, in: Zeitschrift für Wirtschafts- und
    Sozialwissenschaften 116,1996, S. 223-251.
86 Vgl. Ebenda.

„In dem Wettlauf nach Reichtum, Ehre und Avancement, da mag er rennen, so schnell er kann und jeden Nerv und jeden Muskel anspannen, um all seine Mitbewerber zu überholen. Sollte er aber einen von ihnen niederrennen oder zu Boden werfen, dann wäre es mit der Nachsicht der Zuschauer ganz und gar zu Ende. Das wäre eine Verletzung der ehrlichen Spielregeln, die sie nicht zulassen könnten. Der andere ist für sie in jeder Hinsicht so gut wie dieser; sie stimmen jener Selbstliebe nicht zu, in der er sich selbst so hoch über den anderen stellt, und sie können die Motive nicht nachfühlen, die ihn bewogen, den anderen zu Schaden zu bringen."[87]

Smith geht also keineswegs davon aus, dass der Mensch stets absolut altruistisch handelt. Der von den Vertretern des Adam-Smith-Problems konstatierte Widerspruch, der Mensch in der TEG sei ein reiner Altruist und der im WN ein purer Egoist, kann hier bereits als haltlos zurückgewiesen werden.[88] Smith' Vorstellung vom Menschen ist vielmehr individualistisch geprägt und entsprechend hält er es für legitim, wenn der Einzelne seinem eigenen Interesse folgt. Die Grenze des Individualismus liegt indes im Wohl der Gemeinschaft. Da Smith den Menschen primär als Teil eines großen Systemzusammenhangs versteht, gesteht er ihm zwar durchaus individualistisches Verhalten zu, allerdings nur so lange, wie dieses Verhalten nicht das Wohl der Gesellschaft infrage stellt.

Zusammenfassend lässt sich feststellen, dass das Individuum in der TEG moralisch autonom ist. Das Gewissen bringt den Menschen dazu, sich gesellschaftskonform zu verhalten und die Regeln der Gerechtigkeit zu befolgen. Mithilfe seines „unparteiischen Zuschauers" schützt der Mensch die Gemeinschaft vor skrupellos egoistischem Verhalten und setzt zugleich seiner eigenen Individualität eine Grenze. Die Moralität des Menschen ist unmittelbar mit seiner Sozialität verflochten. Das eine kann ohne das andere nicht existieren.

1.2 Der wirtschaftende Mensch im Wohlstand der Nationen

Während in der TEG der Mensch als altruistisches Wesen erscheint, das seinen Mitmenschen moralisch verbunden ist, tritt der Wirtschaftsmensch im WN als skrupelloser Egoist auf der, einzig um sein persönliches Wohl besorgt ist und das seines Umfelds außer Acht lässt – so zumindest urteilten die Vertreter des Adam-Smith-Problems in der ersten Hälfte des 19. Jahrhunderts.[89] Zwar gilt das Adam-Smith-Problem in neueren Interpretationen als längst überholtes „Pseudoproblem", doch hat sich die Vorstellung, dass der Homo oeconomicus – jenes

---

87   Smith TEG, S. 124.
88   Zu den verschiedenen Protagonisten des Adam-Smith-Problems siehe Kap. 1.4.1.
89   Eine ausführliche Darstellung des Adam-Smith-Problems folgt in Kap. 1.4.1.

auf die egoistische Nutzenmaximierung festgelegte Menschenbild der Ökonomie – aus der Feder des Schotten stammt, bis heute hartnäckig in den Wirtschaftswissenschaften gehalten.[90] Das liegt vor allem in der starken Betonung des Eigeninteresses als wesentlicher Ansporn für wirtschaftliche Aktivitäten. Inwieweit Eigeninteresse jedoch mit egoistischem und unsozialem Verhalten gleichgesetzt werden kann, soll im Folgenden näher geklärt werden.

1.2.1 Die natürliche Ordnung der Ökonomie

Wie eingangs erwähnt, gilt Adam Smith allgemein als Begründer der Ökonomie als unabhängige Wissenschaft. Smith war der erste Philosoph, der die Wirtschaft gesondert, d.h. losgelöst von allen anderen Systemzusammenhängen, betrachtete. Zahlreiche Vertreter der ökonomischen Neoklassik beziehen sich daher auf Adam Smith, wenn sie ihre abstrakte Fassung von Ökonomie fernab von jedem realen Bezug, zu rechtfertigen suchen.[91] Bei näherer Betrachtung geht dieser Rückgriff jedoch ins Leere, was zu einem späteren Zeitpunkt der hier angestellten Untersuchung erläutert wird.[92]

Unstrittig ist, dass Adam Smith in der Ökonomie eine eigene Funktionslogik entdeckt. Diese selbstständige Funktionslogik erlaubt es ihm, die Wirtschaft als gesonderten Bereich zu analysieren und ihr mit dem WN ein eigenes Werk zu widmen. Doch anders als in der ökonomischen Neoklassik erlangt die Ökonomie ihre Eigenständigkeit nicht durch Abstraktion von der Realität, sondern, ganz im Gegenteil, legt die Realität erst die unabhängige Betrachtung der Ökonomie nahe. Dieser Zusammenhang wird mit Blick auf Smith' Methodik klarer.

Im Rahmen seiner methodischen Ausführungen bezeichnet Smith das Philosophieren als systematisches Denken.[93] Systeme wiederum zeichnen sich dadurch aus, dass ihre verschiedenen Elemente durch wenige grundlegende Prinzipien miteinander verbunden sind. Aufgabe der Wissenschaft ist es diese Axiome

---

90 Der Begriff "Pseudoproblem" stammt von Raphael, David/Macfie, Alexander, Introduction, in: Adam Smith, Theory of Moral Sentiments, Oxford 1967; Vgl. Buchanan, James/Brennan, Geoffrey 1981, S. 166 ff.

91 Vertreter der reinen Ökonomik rechtfertigen ihre realitätsfernen Prämissen mit Verweis auf Adam Smith. Bedeutende Ökonomen wie David Ricardo, Vilfredo Pareto und León Walras sehen sich mit ihren Annahmen ausdrücklich in der Tradition Smith'schen Denkens. Vgl. Kap. I.3.

92 Vgl. Kap. I. 3.

93 Die Begriffe Philosophie und Wissenschaft sind für Smith beinahe austauschbar. So bezeichnet Smith die Naturwissenschaften als „naturphilosophische Disziplinen" bzw. „chemical philosophy". Vgl. Smith, A., History of Astronomy, in: Essays on Philosophical subjects, Hrsg. Wightman, P.D./Bryce, J.R., Oxford 1980, 2.Ab.12.Abs.

offenzulegen. Ausgehend von diesen basalen Prinzipien soll nach naturwissenschaftlichem Vorbild, eine Wirkungskette verschiedener beobachtbarer Phänomene herausdestilliert werden.[94] Je exakter und reduzierter die Prinzipien sind, desto größer ist der Erklärungscharakter.[95]

Smith' methodische Vorgehensweise ist sowohl in der TEG als auch im WN unverkennbar. Jedes dieser Werke gründet auf einem Prinzip, von dem er das System herleitet: In der TEG ist es die Sympathie, ihr Pendant findet sie in der Arbeitsteilung im WN. Diese Prinzipien aufzudecken, ist Aufgabe der Philosophie.[96] Dadurch leistet sie der Gesellschaft einen wichtigen Dienst, denn sie hilft den Menschen ihr Leben besser zu verstehen.

Die Suche nach den Prinzipien beginnt mit der Beobachtung der Realität. Erfahrungen, Experimente und vergleichende Betrachtungen sind für Smith die bedeutsamsten Erkenntnisquellen des Philosophen. Das gilt auch für das Verständnis der Ökonomie. Nachdem Smith zunächst die Wirtschaft beobachtet hat erkannte er, dass sie einer eigenen Logik folgt. Smith' Ausführungen basieren somit in erster Linie auf deskriptiven Beobachtungen.[97]

Ursächlich für Smith' Vorstellung von solch klaren Systemmechanismen ist sein Glaube an eine göttliche Ordnung.[98] Diesen Mechanismus, den der Philosoph ermitteln soll, hat der Schöpfer selbst der Natur eingepflanzt.[99] Entsprechend beschreibt Smith die Welt als einen großen Organismus, in dem alles

---

94   Vgl. Smith, A., Letters on Rethoric and Belles Lettres, Hrsg. Bryce, J.R., Oxford 1983, S. 133.

95   Vgl. Smith Letters, S. 53.

96   Campbell weist in seinen Ausführungen darauf hin, dass nach Auffassung Smith' eine Theorie und ihre Prinzipien in erster Linie einfach sein sollten. Zu diesem Zweck sollte ein Philosoph stets mit vertrauten Motiven arbeiten. Vgl. Campbell, Tom, Adam Smith' Science of Morals, Glasgow 1971, S. 235.

97   Damit ist jedoch nicht gemeint, dass Smith prinzipiell einen empirischen Anspruch für seine Theorie erhebt. Laut Smith kann der menschliche Geist nämlich nicht entscheiden, ob die extrahierten Prinzipien tatsächlich in der Realität anzutreffen sind. Die Philosophie sei in erster Linie eine Angelegenheit der menschlichen Vorstellungskraft. Demnach lässt sich Smith' Vorgehensweise wie folgt zusammenfassen: Die Realität ist das Vorbild seiner Theorie, das Ergebnis ist indes hypothetischer Natur. Vgl. Smith, Astronomy, S. 44 .

98   Hottinger und Macfie äußern sich zum Status der Religion in Smith'schen Denken. Beide sind der Überzeugung, dass Smith' theistische Haltung seine Wirtschafts- und Gesellschaftstheorie in höchstem Maße prägt. Raphael hingegen misst der Religion im Smith'schen Denken weniger Bedeutung bei. Seines Erachtens würde dessen Theorie auch ohne eine theistische Grundlegung auskommen. Vgl. Hottinger 1998, S. 57-67; vgl. Macfie, Alexander, The Individual in Society, London 1967; vgl. Raphael, David D., Adam Smith, New York 1991, S. 48.

99   Smith verdeutlicht das Verhältnis zwischen Gott und Welt anhand einer Analogie: „Die Räder einer Uhr sind alle wunderbar dem Zwecke angepasst, für den diese gefertigt wurde, nämlich die Stunden anzuzeigen [...]. Doch schreiben wir einen solchen Wunsch oder eine solche Absicht nicht ihnen zu, sondern dem Uhrmacher." Vgl. Smith TEG, S. 130.

aufeinander abgestimmt und nichts dem Zufall überlassen ist.[100] Die Natur erfüllt einen höheren Zweck, sie ist teleologisch ausgerichtet. Aus dem Zusammenspiel von göttlichem Glauben und methodischer Orientierung ergeben sich wichtige Bausteine für Smith' Ökonomieverständnis. So betrachtet Smith die Ökonomie als einen Teilbereich der Gesellschaft, der von Natur aus einer eigenen Gesetzmäßigkeit folgt. Um die bestehenden Systemzusammenhänge darzustellen, beobachtet er in einem ersten Schritt die Wirtschaft in ihrer natürlichen Funktion. In einem zweiten Schritt destilliert er aus seinen Beobachtungen das dem System zugrunde liegende Prinzip heraus, um letztlich den Auftrag der Philosophie einzulösen: die verborgenen Funktionszusammenhänge sichtbar zu machen.

Für Smith ist die Ökonomie folglich ein natürlicher Bereich der Gesellschaft, für dessen Analyse ihm die Wirklichkeit das Vorbild liefert. Diese Tatsache hat mit Blick auf das Verhältnis von Moral und Ökonomie besondere Relevanz, da die Realität auch in Bezug auf das Menschenbild Vorbildcharakter hat. Auch der Mensch ist ein Lebewesen aus Fleisch und Blut und besitzt keinen abstrakten Modellcharakter.[101] Man hat es in Smith' Wirtschaftstheorie bereits aus methodischen Gründen ausdrücklich nicht mit einem hypothetischen Wirtschaftsakteur zu tun. Eine detaillierte Beschreibung des Menschen legt Smith in der TEG vor, wo er den Menschen als soziales Wesen charakterisiert. Inwiefern sich diese Beschreibung in Smith' Ökonomie wiederfindet, soll im Folgenden aufgezeigt werden.

1.2.2 Der Mensch im wirtschaftlichen Verkehr

Das Adam-Smith-Problem besagt, Smith vertrete in seinen Werken zwei grundverschiedene Menschenbilder. Der absolute Moralist der TEG stehe dem rationalen Egoisten des WN gegenüber. Wie aus den vorherigen Ausführungen ersichtlich wird, ist bereits die Feststellung, es handele sich in der TEG um einen rein altruistischen Menschen nicht zutreffend. Auch in Smith' moralphilosophischem Werk ist das Eigeninteresse ein durchaus akzeptables Handlungsmotiv. Trotzdem nimmt im WN das Selbstinteresse ohne Zweifel eine stärkere Stellung ein, dort erfüllt es eine wichtige Funktion im wirtschaftlichen Systemablauf.

---

100 Vgl. Smith TEG S. 20.
101 Den Aspekt der „Menschlichkeit des Smith'schen Wirtschaftsmenschen" macht u.a. Recktenwald stark. Vgl. Recktenwald, Horst C., Die Klassik der ökonomischen Wissenschaft, in: Geschichte der Nationalökonomie, Hrsg. Issing, Ottmar, München 1988.

Im WN fragt Smith nach der Natur und den Ursachen für den Reichtum einer Nation.[102] Seiner Auffassung nach bildet das Verhältnis zwischen den einer Nation zur Verfügung stehenden Gütern, und der Zahl der Menschen, die sie konsumieren, das Kriterium für den Reichtum eines Landes.[103] Dieses Verhältnis hängt von zwei Faktoren ab: Zum einen von der Produktivität der Arbeit als Ergebnis von Geschicklichkeit, Sachkenntnis und Erfahrung, zum anderen vom Verhältnis der produktiv Erwerbstätigen zur übrigen Bevölkerung.[104] Grundlage des Reichtums einer Nation ist infolgedessen die nützliche Arbeit eines Volkes, deren Zweck darin besteht, die Menge der angebotenen Güter zu erhöhen. Die Gütermenge steigt mit der Geschicklichkeit der Arbeit.[105] Durch progressive Erhöhung der Geschicklichkeit wird das allgemeine Konsumniveau angehoben, sodass auch die untersten Schichten am Wohlstand partizipieren können.[106] Ausgangspunkt für das Erreichen dieses Zustandes ist das Konzept der Arbeitsteilung, ohne die sich die Produktivität der Arbeit und damit der Wohlstand eines Volkes nicht wesentlich steigern lässt.[107] Adam Smith ermittelt die Arbeitsteilung als grundlegendes Prinzip der Ökonomie.

„Die Arbeitsteilung, die so viele Vorteile mit sich bringt, ist in ihrem Ursprung nicht etwa das Ergebnis menschlicher Erkenntnis, welche den allgemeinen Wohlstand, zu dem erstere führt, voraussieht und anstrebt. Sie entsteht vielmehr zwangsläufig, wenn auch langsam und schrittweise, aus einer natürlichen Neigung des Menschen, zu handeln und Dinge gegeneinander auszutauschen."[108]

Die Arbeitsteilung entspringt also der natürlichen Neigung des Menschen, zu handeln und zu tauschen.[109] Der Grund, weshalb der Mensch überhaupt imstande ist, diese Neigung auszuleben, ist seine Fähigkeit zu denken und zu sprechen.[110] Diese Befähigung unterscheidet ihn im Wesentlichen von den Tieren. Doch anders als die Tiere ist der Mensch nicht in der Lage, für sich selbst zu sorgen, und das umso weniger, je weiter eine Gesellschaft entwickelt ist.[111] Der Mensch bei Adam Smith ist folglich ein Mängelwesen.[112]

---

102 Untertitel des WN.
103 Vgl. Ballestrem, Karl, Adam Smith, München 2001, S. 135.
104 Vgl. Smith WN, S. 3.
105 Vgl. Smith WN, S. 12.
106 Vgl. Ebenda.
107 Vgl. Smith WN, S. 10.
108 Smith WN, S. 16.
109 Vgl. Smith WN, S. 16.
110 Vgl. Ebenda.
111 Vgl. Ebenda.
112 Vgl Smith WN, S. 16.

„In einer zivilisierten Gesellschaft ist der Mensch ständig und in hohem Maße auf die Mitarbeit und Hilfe anderer angewiesen, doch reicht sein ganzes Leben gerade aus, um die Freundschaft des einen oder anderen zu gewinnen."[113]

Um seine Mängel zu kompensieren, braucht der Mensch die Gesellschaft. Allerdings darf er nicht erwarten, dass die anderen ihm aus reiner Menschenliebe beistehen. Er tut besser daran, sich die Eigenliebe der anderen zunutze zu machen und ihnen zu zeigen, dass sein eigenes Interesse mit deren Selbstinteresse korrespondiert. Genau das sagt Smith' berühmtes Diktum aus:

„Nicht vom Wohlwollen des Metzgers, Brauers und Bäckers erwarten wir das, was wir zum Essen brauchen, sondern davon, dass sie ihre eigenen Interessen wahrnehmen. Wir wenden uns nicht an ihre Menschen- sondern an ihre Eigenliebe, und wir erwähnen nicht die eigenen Bedürfnisse, sondern sprechen von ihrem Vorteil."[114]

Oftmals wird diese Textstelle herangezogen, um Adam Smith als Vater des Homo oeconomicus und als Anwalt des egoistischen Wirtschaftsmenschen auszuweisen.[115] Doch bereits im nächsten Satz, offenbart sich die eigentliche Bedeutung des Zitats.

„Niemand möchte weitgehend vom Wohlwollen seiner Mitmenschen abhängen, außer einem Bettler, und selbst der verläßt sich nicht allein darauf."[116]

Der tiefere Sinn in dem Appell an das Eigeninteresse ist, dass der Mensch gar nicht vom Wohlwollen eines anderen abhängen möchte, denn das widerspräche seiner natürlichen Neigung, zu handeln und zu tauschen. Der wirtschaftende Mensch will seinem Handelspartner etwas anbieten, bevor er im Gegenzug eine Leistung verlangt. Der Appell an das Selbstinteresse der anderen, gilt nicht den „reinen Egoisten", mit deren Wohlwollen niemals zu rechnen ist, sondern betont die zentrale Bedeutung der Gegenleistung für den Tauschakt. Denn in einer Handelsgesellschaft hat der Mensch nicht nur den Wunsch, seinen eigenen Nettonutzen zu erhöhen, sondern auch den Anspruch an sich selbst, etwas zu produzieren, von dem er annimmt, es könne den Nutzen der Mitmenschen fördern. Die Betonung des Selbstinteresses im WN darf daher nicht als eine anthropologische Grundannahme verstanden werden – i.S.v. der Mensch ist von Natur aus ein egoistisches Wesen –, die in diametralem Widerspruch zu wohlwollendem Verhalten steht, sie verweist lediglich auf *eine* mögliche – zweifelsohne zentrale – Verhaltensweise des realen Menschen im wirtschaftlichen Sektor.

---

113 Smith WN, S. 16
114 Smith WN, S. 17.
115 Vgl. Homann/Bloome-Drees Wirtschafts- und Unternehmensethik, Göttingen 1992; Vgl. Guckelsberger 2007.
116 Smith WN, S. 17.

Diese Feststellung korrespondiert mit dem Ergebnis, dass in der TEG der Altruismus nicht die einzig denkbare Verhaltensweise des Menschen ist. Ebenso wie die Sympathie als Prinzip altruistisches und egoistisches Verhalten zulässt, ist in der auf dem Prinzip der Arbeitsteilung beruhenden Wirtschaft jedes Verhaltensmotiv des Menschen grundsätzlich denkbar.

Das Selbstinteresse ist insofern nur ein möglicher Charakterzug eines komplexen Menschen. Aber es ist nicht zu bestreiten, dass Smith es zu *dem* dominanten Verhaltensmuster des Wirtschaftsmenschen erhebt. Das liegt daran, dass dem Eigeninteresse in der Wirtschaftsordnung ein besonderer Sinn zukommt. Zum einen wirkt es als Motor der Wirtschaft, indem es die Arbeitsteilung antreibt.

Und zum anderen schafft es eine verbindliche Umgangsform zwischen den wirtschaftenden Menschen – man weiß, womit man rechnen muss. Jeder Einzelne ist bemüht, möglichst attraktive Produkte herzustellen, damit ein anderer bereit ist, eine entsprechend hohe Gegenleistung zu offerieren. Die menschliche Neigung zum Tausch und das mit ihm einhergehende Selbstinteresse haben eine positive Wirkung auf den Handelsverkehr und sind einer sinnvollen wirtschaftlichen Ordnung zuträglich. Dabei unterliegen die Handlungen der Menschen nur einer Regel: Dem gerechten Tausch.[117] Denn nach Smith' Überzeugung liegt der Ökonomie eine gute, göttliche Ordnung zugrunde, die gerecht ist und nicht gefährdet werden darf. Hier ist wiederum eine Parallele zur Ordnung der Gesellschaft in der TEG zu entdecken. Denn dort ist wie im WN das Einhalten der gerechten Ordnung die Mindestanforderung an den Menschen – auch wenn die jeweilige Ordnung höchst unterschiedliche Verhaltensweisen erforderlich macht. Im WN ist die Besinnung auf das Selbstinteresse eine unerlässliche Voraussetzung für den gerechten Tausch und damit auch individuell-eigeninteressiertes Handeln unabdingbar für den Erhalt der ökonomischen Gerechtigkeit.

Durch diese Einbettung in die „gute ökonomische Ordnung" erscheint der Mensch bereits an dieser Stelle nicht mehr als rationaler Egoist, sondern als soziales Individuum. Der Smith'sche Mensch ist nicht auf die skrupellose Optimierung des eigenen Nutzens aus, er möchte lediglich „gut tauschen". Insofern beinhaltet das Selbstinteresse einen sozialen Anspruch des Menschen an sich selbst. Man könnte hier auch von einem „sozialen Eigeninteresse" sprechen, denn es erfüllt eine wichtige Aufgabe für die Gesellschaft: Es fördert den Wohlstand aller. Nach Smith' eigenem Maßstab, den er in der TEG aufstellt, wäre ein solches Verhalten bereits als „moralisch" zu bezeichnen, denn das Eigeninteresse fördert die Gerechtigkeit in der Wirtschaft.

---

117   Vgl. Trapp 1986, S. 112.

1.2.3 Die Funktionsweise der „unsichtbaren Hand"

Doch Smith führt diesen Gedanken im WN nicht näher aus. Stattdessen fügt er dem Eigeninteresse des Menschen eine andere moralische Rechtfertigung hinzu: „Die unsichtbare Hand". Die berühmte Metapher von der „unsichtbaren Hand" versinnbildlicht den Gedanken von einer Kette von unbeabsichtigten Ereignissen.[118] Den Ausgangspunkt für die „unsichtbare Hand" bildet ein Diskurs über den Begriff des Nutzens in der TEG. Da Smith die „unsichtbare Hand" erstmals in der TEG erwähnt, ist sie nicht als definitives Gegenmodell zum „unparteiischer Zuschauer" zu verstehen, sondern vielmehr als Ergänzung der gesinnungsethischen Rechtfertigung. In seinen Ausführungen zur „unsichtbaren Hand" weist Smith darauf hin, dass der Nutzen eines Gegenstandes in der Regel wesentlich geringer ist, als der Aufwand, der nötig ist, um diesen zu erlangen.[119] So strebt der Mensch ganz offensichtlich weniger nach dem Nutzen des tatsächlichen Gegenstandes, als vielmehr nach gesellschaftlicher Anerkennung. Denn ihm ist ein natürlicher Hang, sich gegenüber anderen auszuzeichnen zu eigen.[120]

> „Die Freuden, welche Wohlstand und hoher Rang bieten, drängen sich aber, wenn sie in diesem Zusammenhang betrachtet werden, der Einbildungskraft als etwas Großes und Schönes und Edles auf, dessen Erlangung wohl alle die Mühe und Ängste wert ist, die wir so gerne auf sie zu verwenden pflegen."[121]

Die Mühe lohnt sich jedoch in der Regel nicht, und der Wunsch nach Anerkennung wird nie endgültig befriedigt. Mit dem Streben nach dem eigenen Nutzen und der Ausweitung seines Wohlstandes unterliegt der Mensch einer Täuschung der Natur.[122] Denn dieses Streben dient einem höheren Zweck, der jenseits des menschlichen Bewusstseins liegt und den die Natur, welche uns diesen Trieb eingepflanzt hat, insgeheim beabsichtigte.

> „Und es ist gut, dass die Natur uns in dieser Weise betrügt. Denn diese Täuschung ist es, was den Fleiß der Menschen erweckt und in beständiger Bewegung erhält."[123]

Angetrieben durch den trügerischen Wunsch nach Mehrung des eigenen Wohlstands produziert der Mensch letztlich mehr, als er selbst verbrauchen kann. Der Rest wird verteilt und damit unwissentlich der Wohlstand der Gesell-

---

118 Vgl. Kennedy, Gevin, Adam Smith, Basingstoke 2008, S. 213.
119 Vgl. Smith TEG, S. 312.
120 Vgl. Ebenda.
121 Smith TEG S. 315.
122 Vgl. Ebenda.
123 Ebenda.

schaft gefördert. Smith konzipiert in dieser Weise ein Umverteilungskonzept, das auf dem Grundmotiv der Täuschung basiert.[124]

> *„Der Ertrag des Bodens erhält zu allen Zeiten ungefähr jene Anzahl von Bewohnern, die er zu erhalten fähig ist. Nur dass die Reichen aus dem ganzen Haufen dasjenige auswählen, was das Kostbarste und ihnen das Angenehmste ist. Von einer unsichtbaren Hand werden sie dahin geführt, beinahe die gleiche Verteilung der zum Leben notwendigen Güter zu verwirklichen, die zustande gekommen wäre, wenn die Erde zu gleichen Teilen unter all ihren Bewohnern aufgeteilt worden wäre; und so fördern sie, ohne es zu beabsichtigen, ja ohne es zu wissen, das Interesse der Gesellschaft und gewähren die Mittel zur Vermehrung der Gattung. "*[125]

Der Einzelne strebt nicht nach gesamtgesellschaftlichem Wohlstand, sondern handelt lediglich seinen Neigungen entsprechend. Hier räumt Smith ein, dass der Mensch durchaus nicht vollkommen tugendhaft ist. Manchmal wird die Stimme des „unparteiischen Zuschauers" übertönt, und das Individuum folgt seinen hedonistischen Trieben. Aber auch das passiert nicht völlig ohne Grund, denn paradoxerweise führt gerade die Verfolgung des Eigeninteresses zu einer Verbesserung der allgemeinen Verhältnisse. Mit dem Wirken der „unsichtbaren Hand" in der TEG erhalten sogar unmittelbare Leidenschaften des Menschen wie Selbstinteresse, Eitelkeit und Habgier, die eigentlich einer harmonischen Gesellschaft zuwiderlaufen, ihren Sinn als Teil eines großen Weltplans.[126]

Egoistische Affekte sind aber nicht nur sinnvoll, sondern erweisen sich letztlich aufgrund ihrer Wirkung als moralisch richtig. Denn billigenswert ist das Verhalten, welches einer harmonischen Gesellschaftsordnung nicht abträglich ist und damit die Gerechtigkeit als moralisches Minimum nicht gefährdet. Durch die „unsichtbare Hand" erhält, ohne Wissen und Wollen der Akteure, ihr Tun eine wohlstandsfördernde Wirkung, und trotz der Verfolgung egoistischer Triebe, wirken ihre Handlungen letztlich, als wären sie vollkommen moralisch. Nicht anders verhält es sich im WN, wo die fortwährende Steigerung der Produktivität eine Umverteilung nötig macht. Smith möchte den Nachweis erbringen, wie sich trotz ungleichem Austausch zwischen Kapital und Arbeit ein wirklicher Reichtum auch der unteren Volksklassen, herstellen lässt.

---

124 Vgl. Kaufmann, Franz-Xaver/Krüsselberg, Hans-Günther, Markt, Staat und Solidarität bei Adam Smith, Frankfurt a.M./New York 1984, S. 49.
125 Smith TEG, S. 316-317.
126 Vgl. Kauffmann/Krüsselberg 1984, S. 50.

Die einzige Textstelle im WN zur Wirkungsweise der „unsichtbaren Hand" taucht in einem sehr speziellen Zusammenhang auf; es geht um Einfuhrbeschränkungen für ausländische Güter, die im Land selbst hergestellt werden.[127]

> *„Und er [der Mensch] wird in diesem, wie auch in vielen anderen Fällen von einer unsichtbaren Hand geleitet, um einen Zweck zu fördern, den zu erfüllen er in keinster Weise beabsichtigt hat. Auch für das Land selbst ist es keineswegs immer das Schlechteste, dass der Einzelne ein solches Ziel nicht bewusst anstrebt, ja gerade dadurch, dass er das eigene Interesse verfolgt, fördert er häufig das der Gesellschaft nachhaltiger, als wenn er wirklich beabsichtigte, es zu tun."*[128]

Betrachtet man diese Passage losgelöst von dem angesprochenen Spezialproblem, wird abermals Smith' Intention deutlich. Ausschlaggebend für den Handel einer jeden Gesellschaft ist das Eigeninteresse des Individuums, und das ist auch gut so, weil dadurch indirekt der Volkswohlstand gefördert wird. Von Bedeutung ist somit das Ergebnis des Tauschaktes und nicht sein Ursprung.

Unter diesem Aspekt ist auch der vielzitierte Appell an das Eigeninteresse des Menschen statt an sein Wohlwollen zu verstehen.[129] Erst die Arbeitsteilung schafft eine wechselseitige Abhängigkeit der Menschen. In der arbeitsteiligen Produktion arbeiten die Individuen zwangsläufig füreinander, da jeder seine speziellen Fähigkeiten einbringt. Um die Güter zu bekommen, nach denen die Menschen streben, müssen sie kooperieren und tauschen. Der wechselseitige Tausch vorteilhafter Leistungen entspringt dabei allerdings nicht einer Einsicht der Menschen, sondern ist durch das Prinzip der Arbeitsteilung gesellschaftlich auferlegt. Mit der gesellschaftlichen Institutionalisierung sozialen Verhaltens ist individuelle Tugend nicht mehr unabdingbar für eine funktionierende gesellschaftliche Ordnung, da auch egoistisches Vorteilsstreben gleichsam wie durch eine „unsichtbare Hand" seine positive Wirkung entfaltet.

---

127   Die Tatsache, dass die Passage zur „unsichtbaren Hand" an einer wenig exponierten Stelle auftaucht und nur Spezialprobleme betrifft, die sich aus der Anlage von Kapital ergeben, deutet Macfie als Indiz dafür, dass die „unsichtbare Hand" in Wahrheit keine wesentliche Rolle in Smith' Wirtschaftstheorie spielt. Auch Kennedy argumentiert, dass der „unsichtbaren Hand" bei Adam Smith keine besondere Bedeutung zukommt. Seiner Ansicht nach diente sie Smith lediglich dazu seinen Zeitgenossen das System des Freihandels schmackhaft zu machen. Vgl. Macfie 1967, S. 101.; vgl. Kennedy 2008, S. 213-225.

128   Smith WN, S. 371.

129   Vgl. Smith WN S. 17.

1.3 Die Moral des Ökonomischen – Das Adam-Smith-Problem

1.3.1 Die Geschichte des Adam-Smith-Problems

„[...]the Germans, who, it seems, in their methodical manner commonly read both, the "Theory of Moral Sentiments" and the "Wealth of Nations", have coined a pretty term, Das Adam-Smith-Problem[...}."[130]

Wie Jacob Viner in diesem Zitat feststellt, wurde das Adam-Smith-Problem erstmals von deutschen Theoretikern aufgeworfen. Seinen Ursprung hat es in der einseitigen Rezeptionsgeschichte des Smith'schen Denkens. So führten der durchschlagende Erfolg des WN und die nachhaltigen wirtschaftspolitischen Diskussionen des 19. Jahrhunderts dazu, dass Smith primär als Denker des Wirtschaftsliberalismus rezipiert wurde. Zahlreiche Verfechter der kapitalistischen Wirtschaftsform, beriefen sich in ihren Plädoyers für den Freihandel auf Adam Smith.[131] So blieb es auch nicht aus, dass er zur Zielscheibe konservativer und sozialistischer Kritik wurde: Man verteufelte ihn als Vorläufer des Manchestertums, der sich vom rücksichtslosen Verfolgen egoistischer Interessen Einzelner den größten Nutzen für die Gesellschaft versprach.[132] Immer mehr verfestigte sich Smith' Ruf als Apostel des Freihandels, der den allumfassenden Privategoismus über alles stellt.[133] Diese Auslegung seines Denkens habe Smith' Selbsteinschätzung buchstäblich auf den Kopf gestellt, meint Medick zur Rezeptionsgeschichte.[134] So habe sich Smith selbst eher als politisch engagierten Intellektuellen wahrgenommen, für den die commercial society lediglich positives Mittel zum Zweck der Herbeiführung einer aufgeklärten liberalen Bildungsgesellschaft war.[135]

Erst in der zweiten Hälfte des 19. Jahrhunderts entdeckte man den Moralphilosophen Adam Smith wieder.[136] Allerdings schien vor dem Hintergrund

---

130 Viner, Jacob, Adam Smith and Laissez-Faire, in: Journal of Political Economy 35, 1927, S. 198-232.
131 Vgl. Ballestrem 2001, S. 195.
132 Vgl. Rothschild, Kurt, Ethik und Wirtschaftstheorie, Tübingen 1992, S. 74-96.
133 Vgl. Ballestrem 2001, S. 196.
134 Vgl. Medick 1973, S. 173.
135 Vgl. Ebenda.
136 Das gilt im besonderen für den deutschsprachigen Raum, wie Dietrich Lange darlegt. Nachdem Gustav Schmoller den Materialisten Adam Smith zum Feindbild der frühen Historischen Schule erklärt hatte, mussten Schmollers Nachfolger plötzlich feststellen, dass Smith auch ein moralphilosophisches Werk verfasst hatte. Erst der antiklassische Blickwinkel der späteren Historischen Schule führte also zu einer akademischen Rezeption der Smith'schen Moralphilosophie. Oncken kommentiert die deutsche "Neuentdeckung" der Smith'schen Moralphilosophie wie folgt: *"As the new ethical school had entangled itself in a determined opposition to classi-*

dieser *„ideologisch verzerrten wirkungsgeschichtlichen Perspektive"*[137] das moralphilosophische Werk des Schotten nicht mehr recht zu dessen ökonomischem Denken zu passen. Indizien für einen Widerspruch in den Schriften fanden sich ausreichend. Die größte Diskrepanz ließ sich in Smith' Menschenbild ausfindig machen: So habe der Mensch im WN ganz offensichtlich das Antlitz eines konsequenten Egoisten, während das Individuum in der TEG seinen Mitmenschen durch Wohlwollen verbunden ist.

Erstmals machte Carl G. A. Knies in seiner „Umschwungstheorie" auf die Verschiedenheit der anthropologischen und motivationstheoretischen Voraussetzungen der beiden Werke aufmerksam.[138] Eine Erklärung für die Diskrepanz findet Knies in Smith' Biografie. Nach einem Aufenthalt in Frankreich (zwischen dem Erscheinen der TEG und der Veröffentlichung des WN), habe Smith seine romantische Vorstellung vom Menschen verworfen, weil er dort unter dem Einfluss physiokratischen Denkens entdeckt habe, dass der Mensch eher hedonistischen als altruistischen Prinzipien gehorcht. Knies Theorie hatte allerdings nur für kurze Zeit Konjunktur, da die Tatsache, dass Smith seine TEG noch mehrmals nach Erscheinen des WN überarbeitete, dessen Begründung entkräftet.[139] Eine andere Theorie, die erheblichen Einfluss auf die Diskussion ausübte, war die „Aspekttheorie" von Henry Thomas Buckle.[140] So entdeckte auch Buckle ein widersprüchliches Menschenbild in den Smith'schen Schriften, doch anders als Knies vermutet er hinter dieser Neuorientierung keinen Gesinnungswandel, sondern eine bewusste Methode. Demnach habe Smith in seinen Werken absichtlich zwei fiktive Annahmen über den Menschen zugrunde gelegt, um die daraus resultierenden Folgen für die jeweiligen Gesellschaftsysteme zu untersu-

---

cal political economy, and especially to Adam Smith, its leader, it was most disconcerting to them to be told that he himself was a great teacher." Vgl. Oncken, August, The Consistency of Adam Smith, in: Economic Journal of London 7 1897, S. 445. Vgl. Lange, Diedrich, Zur Sozialphilosophischen Gestalt der Marktwirtschaftstheorie bei Adam Smith, München 1983, S. 14.

137 Vgl. Ebenda.

138 Knies Smith Interpretation ist v. a. im deutschsprachigen Raum bekannt. Neben Knies gelten Lujo Brentano (1877) und Withold von Skarzynski (1878) als Vertreter der „Umschwungstheorie". Vgl. Knies, Carl G.A., Die Politische Ökonomie vom Standpunkt der geschichtlichen Methode, Braunschweig 1853.

139 Erstmals wurde die „Umschwungstheorie" von Oncken entkräftet, der schlichtweg die Fakten der Werkgeschichte aufzählte. Vgl. Oncken, August, Das Adam-Smith-Problem, in: Zeitschrift für Sozialwissenschaften I, 1898. Abschließend widerlegt wurde sie durch Edwin Cannans Ausgabe einer Nachschrift der *„Lectures on Juresprudence"* 1898. Hieraus ging unzweifelhaft hervor, dass Smith bereits in seiner Zeit als Professor in Glasgow die Grundgedanken seiner Ökonomie formuliert hatte. Vgl. Ballestrem 2001, S. 197.

140 Vgl. Buckle, Henry T., History of Civilisation in England, Leipzig 1861.

chen.[141] Desgleichen erkannte August Oncken, der Namensschöpfer des „Adam-Smith-Problems", das Wohlwollen und die Selbstliebe als konträre Grundtriebe der menschlichen Natur.[142] Auch wenn er anders als Knies und Buckle für eine einheitliche Leseweise der beiden Werke plädierte, verfestigte sich durch seine Ausführungen die Vorstellung von zwei adversativen Anthropologien. Jacob Viner gelang es mit seiner „Natürlichen-Harmonie-Theorie" ebenfalls nicht die beiden Pole der TEG und des WN aufzulösen, er etikettierte sie lediglich neu.[143] Viner spricht einerseits von einem „Romantizismus" den Smith in der TEG vertrete und andererseits von einem „Realismus" der dem WN zugrundeliege.[144]

Die moderne Smith-Forschung um die Autoren Glenn Morrow, Alexander Macfie und Joseph Cropsey, versucht hingegen tiefer zu dringen;[145] Horst Recktenwald charakterisiert sie mit den Worten: [146]

> *„A more sensitive and sensible generation of scholars, reading critically the complete Smith and judging it with modern critical tools, seem impressed by Smith's realism and his penetrating perception of man's nature."[147]*

Die modernen Interpreten sind sich darin einig, dass die Betonung eines strikten Antagonismus zwischen dem Menschenbild der TEG und dem des WN völlig überholt sei und qualifizieren das Adam-Smith-Problem gar als veraltetes „Pseudoproblem".[148]

---

141 Patzen weist darauf hin, dass Buckle mit der Betonung des Methodenaspekts auf das spätere Wirtschaftsverständnis der ökonomischen Neoklassik vorgreift. Vgl. Patzen, Martin, Zur Diskussion des Adam-Smith-Problems, in: Meyer-Faje, A./Ulrich, P., Der andere Smith, Bern/Stuttgart 1991, S. 25/26.

142 Vgl. Oncken 1898.

143 Vgl. Lange 1983, S. 16-17.

144 Vgl. Viner, Jacob, Adam Smith und Laissez-faire, in: Ethik, Wirtschaft und Staat, Hrsg. Recktenwald, H. C., Darmstadt 1985, S. S. 80; Vgl. Lange 1983, S. 16.

145 Lange 1983, S. 17.

146 Neben den Interpretationen von Joseph Cropsey, Glenn Morrow und Alexander Macfie zählen diejenigen von Horst Recktenwald, Jon Lindgren und David D. Raphael zu dieser Forschungsrichtung. Vgl. Campbell 1971; Macfie 1991; Macfie 1967; Lindgren, Ralph, The Social Philosophy of Adam Smith, DenHaag 1973; Recktenwald, Horst C., Adam Smith, Sein Leben und Werk, München 1976, Cropsey, Joseph, Polity and Economy: An Interpretation of the Principles of Adam Smith, Chicago 2001; Morrow, Glenn R., The Significance of the Doctrine of Sympathy in Hume and Adam Smith, in: The Philosophical Review 1923.

147 Recktenwald, Horst C., An Adam Smith Renaissance, 1976; in: Journal of economic Literature (16) 1978, S. 73.

148 Vgl. Ballestrem 2001, S. 198. Raphael und Macfie bezeichnen das Adam-Smith-Problem als „Pseudoproblem", da ihres Erachtens von einer Unvereinbarkeit der beiden Werke keine Rede sein kann. Vgl. Raphael/Macfie Oxford 1967. Auch Eckstein schreibt, dass *„das Adam-Smith-Problem, d.h. die Frage, wie sich der Gegensatz zwischen „Theory" und „Inquiry" erklärt, in*

Martin Patzen und Diedrich Lange, die sich in ihren Arbeiten mit der hete-rogenen Debatte um das Adam-Smith-Problem befassen, teilen diese Selbstein-schätzung der Interpreten nicht. Sie sind der Auffassung, dass sich bis heute kein einheitliches Bild der verschiedenen Konzeptionen ergeben habe, stattdessen würden in der Debatte immer wieder neue Probleme aufgeworfen.[149] Nach An-sicht Langes ist die Smith-Forschung heute noch weit von einer schlüssigen Smith-Interpretation entfernt.[150] Patzen meint, dass es, ungeachtet der zahlrei-chen verbindenden Elemente die zwischenzeitlich von den verschiedenen Inter-preten aufgezeigt wurden, schier unmöglich sei eine vollständige Konsistenz der Smith'schen Werke nachzuweisen.[151]

In der Tat zeigen die verschiedenen Interpretationen zwar wichtige Verbin-dungslinien auf, doch letzte Widersprüche können nicht ausgeräumt werden.

Daher soll im Folgenden auch ausdrücklich nicht der Versuch unternommen werden eine absolute Geschlossenheit der Werke nachzuweisen. Der Anspruch ist vielmehr die einzelnen zuvor erarbeiteten Kongruenzen zusammenzuführen, um das Bedingungsverhältnis von Moral und Ökonomie in Smith' ökonomi-schem Denken auszuloten. Es soll gezeigt werden, dass der Ökonomie bei Smith eine doppelte moralische Rechtfertigung zugrunde liegt.

1.3.2 Das moralische Passepartout der Ökonomie

Einen interessanten Gedanken zur Lösung des Adam-Smith-Problems bietet Reiner Manstetten an.[152] Er vertritt die Auffassung, dass sich beide Werke nicht durch das Menschenbild, sondern durch die Sicht auf den Menschen unterschei-den.[153] Während in der TEG die menschliche Innenwelt im Zentrum der Betrach-tung stehe und alles Außenweltliche lediglich in Beziehung zum Innenleben des Menschen betrachtet wird, stehen im WN die äußerlich sichtbaren Resultate menschlicher Interaktion in Form materiellen Wohlstandes im Zentrum der Un-tersuchung. Genauer gesagt beschreibe Smith in der TEG ausführlich das menschliche Innenleben, was aufgrund der speziellen Fragestellung im WN nicht notwendig sei.[154] Deswegen habe man es in der TEG auch nicht mit einem altru-istischen Menschen und einem egoistischen Menschen im WN zu tun, sondern

---

nichts zusammenfällt". Vgl. Eckstein, Walter, Einleitung des Herausgebers, in: Smith, Adam, Theorie der ethischen Gefühle, 1926/1985), LXVI.

149   Vgl. Lange 1983, S. 17, Vgl. Patzen 1991, S. 51.
150   Vgl. Lange 1983, S. 17.
151   Vgl. Patzen 1991, S. 51.
152   Vgl. Manstetten 2000.
153   Ausführlich dazu Manstetten 2000, S. 236 ff.
154   Vgl. Ebenda.

mit ein und demselben Menschen, der lediglich aus zwei verschiedenen Blickwinkeln betrachtet wird. Aus diesem Grund ist es nach Manstettens Auffassung durchaus möglich, die eigennützigen Handlungen des Wirtschaftsmenschen anhand der anthropologischen Prämissen der TEG zu erklären.

Unabhängig davon, welche Perspektive Smith bei der Konzeption seiner beiden Werken nun wählt, enthält Manstettens Interpretation einen wichtigen Gedanken: Altruismus und Egoismus kennzeichnen nicht zwei verschiedene Menschentypen, sondern zwei unterschiedliche Verhaltensweisen ein und desselben Menschen. Über diesen Menschen lässt sich eine Aussage treffen, die für beide Werken gilt, nämlich dass der Mensch ein soziales Wesen ist.[155] Die Gesellschaftlichkeit leitet Smith aus den individuellen Dispositionen des Menschen ab, also aus der Sympathie und dem Eigeninteresse. Damit kommt jedem Einzelnen eine wichtige Funktion für die Gesellschaft zu.

Die Entstehung der gesellschaftlichen Verbundenheit erklärt Smith eingehend in der TEG. Die Sympathie sorgt für das soziale Band zwischen den Menschen, und aus dem Gefühl der Sympathie resultiert letztlich eine Form der Ethik.[156] So hilft der „unparteiische und wohlinformierte Zuschauer" dem Menschen dabei, ethische Urteile zu fällen und hat eine wichtige Bewandtnis für die Ordnung der Gesellschaft.

„Dieser unparteiische Zuschauer allein lehrt uns die wirkliche Geringfügigkeit unseres eigenen Selbst und alles dessen, was uns angeht, erkennen, und nur durch das Auge des unparteiischen Zuschauers können die natürlichen Täuschungen der Selbstliebe richtig gestellt werden."[157]

Der „unparteiische Zuschauer" hilft dem Menschen, um einer gerechten Ordnung willen, seinen egoistischen Affekten nicht nachzugeben. So werden die meisten *„einigermaßen redlichen Menschen"*[158] durch die Stimme des „unparteiischen Zuschauers" daran gehindert, Unrecht zu tun.

„Darum hat die Natur, um die Befolgung der Regeln der Gerechtigkeit zu erzwingen, der menschlichen Brust jenes Schuldgefühl eingepflanzt, jene Schrecken des Bewußtseins, Strafe zu verdienen, die der Verletzung der Gerechtigkeit folgen, damit sie die Schutzwächter der Gemeinschaft der Menschen seien – die Schwachen zu schützen, die Ungestümen zu zähmen und die Schuldigen zu züchtigen."[159]

---

155   Siehe Kapitel 1.2 und 1.3.
156   Vgl. 1.2.
157   Smith TEG, S. 203.
158   Smith TEG, S. 204.
159   Smith TEG, S. 129.

Das Fundament der Gesellschaft, die Gerechtigkeit, darf auf keinen Fall gefährdet werden, entsprechend werden auch egoistische Neigungen abgelehnt. Allerdings nicht kategorisch, denn die anderen Menschen werden jemandem seine

> *„[...] Selbstliebe so weit nachsehen, daß sie ihm gestatten werden, um sein eigenes Glück in höherem Maß besorgt zu sein,[...] als um dasjenige irgendeiner anderen Person[...] In einem Wettlauf nach Reichtum, Ehre und Avancement, da mag er rennen, so schnell wie er kann und jeden Nerv und jeden Muskel anspannen, um alle seine Mitbewerber zu überholen. Sollte er aber einen von ihnen niederrennen oder zu Boden werfen, dann wäre es mit der Nachsicht der Zuschauer ganz und gar zu Ende. Das wäre eine Verletzung der ehrlichen Spielregeln, die sie nicht zulassen könnten."*[160]

Hier wird deutlich, dass das Eigeninteresse durchaus zu tolerieren ist, solange es die soziale Harmonie einer gerechten Gesellschaft nicht gefährdet. In der TEG weist Smith ausdrücklich darauf hin, dass dies nicht nur für die Gesellschaft, sondern auch für den Bereich der Wirtschaft gilt.

> *„Die Gesellschaft kann zwischen einer Anzahl von Menschen – wie eine Gesellschaft unter mehreren Kaufleuten auch aus einem Gefühl der Nützlichkeit heraus, ohne gegenseitige Liebe und Zuneigung bestehen bleiben;[...] so kann die Gesellschaft doch noch durch eine Art kaufmännischen Austausches guter Dienste, die gleichsam nach einer vereinbarten Wertbestimmung geschätzt werden, aufrechterhalten werden."*[161]

Auch die Smith'sche Wirtschaftsgemeinschaft wird nicht durch die bloßen Nutzenerwägungen der einzelnen Akteure zusammengehalten, sondern sie erscheint hier im Licht der Gerechtigkeit, nur unter diesem Aspekt wertet Smith den Zusammenschluss eigeninteressierter Menschen als legitim.[162] Die individuelle Freiheit des eigeninteressierten Individuums ist stets durch das Gerechtigkeitsempfinden begrenzt, sowohl in der Wirtschaft als auch in der Gesellschaft. Der Mensch erscheint insgesamt als sittlich autonomes Individuum.

Diese Voraussetzung lässt sich mühelos auf Smith' WN übertragen. Dort gilt, dass wirtschaftliches Handeln primär vom Eigeninteresse bestimmt ist und der Mensch in erster Linie den eigenen Vorteil im Auge hat. Denn das Selbstinteresse beruht auf einer natürlichen Bestimmung des Menschen, die auch ein „unparteiischer Zuschauer" billigen muss:

---

160 Smith TEG, S. 123-124.
161 Smith TEG, S. 127-128.
162 Auch Manstetten erachtet den Begriff der Gerechtigkeit als für die Wirtschaft grundlegend. Vgl. Manstetten 2000 S. 252-253. Ebenso wie Kirchgässner 1996.

„Zweifellos – jedermann ist von der Natur in erster Linie und hauptsächlich seiner eigenen Obsorge anvertraut worden; und da er mehr dazu geeignet ist, für sich selbst zu sorgen als für irgendeinen anderen, so ist es recht und billig, daß er für sich selber sorge."[163]

Im WN entfaltet der Mensch aus dem selbstsüchtigen Wunsch heraus, das eigene Los zu verbessern, letztlich sogar individuelle Tugenden. So fördert die Arbeitsteilung die unterschiedlichen Talente der Individuen und jeder Einzelne leistet in dieser Weise einen Beitrag zur Verbesserung der äußeren Umstände. Die Verfolgung individueller Ziele ist aus diesem Grund nicht nur akzeptabel, sondern sogar lobenswert.

„Die Rücksicht auf unser eigenes Glück und auf unseren persönlichen Vorteil erscheint aber in zahlreichen Fällen auch als ein sehr lobenswertes Prinzip des Handelns. Charaktergewohnheiten wie Wirtschaftlichkeit, Fleiß, Umsicht, Aufmerksamkeit, geistige Regsamkeit werden nach allgemeinem Dafürhalten aus eigennützigen Beweggründen gepflegt, und doch hält man sie zugleich für sehr lobenswürdige Eigenschaften, die die Achtung und Billigung eines jeden verdienen."[164]

Das Eigeninteresse des Wirtschaftsmenschen im WN ist insofern weder radikal egoistisch noch moralisch verwerflich, sondern in jeder Hinsicht gesellschaftskonform.

Daraus lässt sich die Schlussfolgerung ziehen: Wenn in der TEG der „unparteiische Zuschauer" den Menschen daran hindert, seinen egoistischen Affekten zu folgen, weil sie die gerechte Ordnung gefährden, müsste im WN ein „unparteiischer Zuschauer" die eigeninteressierten Handlungen der Individuen billigen, da sie einer gerechten Ordnung zuträglich sind. Das Selbstinteresse des Wirtschaftsmenschen im WN wäre somit auch mittels des moralischen Korrektivs im Menschen, dem „unparteiischen Zuschauer", zu rechtfertigen. Aufgrund ihres eigenen Systemcharakters gelten für die Wirtschaft andere Regeln als für die Gesellschaft. Im gesellschaftlichen Verkehr ist das Selbstinteresse abzulehnen, da es der ursprünglichen Direktive des sozialen Menschen als Teil der Gemeinschaft widerspricht. In der Ökonomie hingegen, ist das Selbstinteresse eine wünschenswerte Eigenschaft die mit der ureigenen Bestimmung des Menschen korrespondiert. Somit erfüllt ausgerechnet das Eigeninteresse des Wirtschaftsmenschen im WN alle Kriterien eines lobenswerten Verhaltensmusters und ein „unparteiischer Zuschauer" müsste ihm seine Zustimmung erteilen. Die moralischen Prämissen der TEG lassen sich insofern auch auf die Smith'sche Wirt-

---

163 Smith TEG, S. 122.
164 Smith TEG, S. 506.

schaftstheorie übertragen, auch wenn sich Smith im WN nicht seiner eigens entworfenen anthropologischen Prämissen bedient; er stellt keine Verbindung zwischen den unterschiedlichen Charaktermerkmalen des Menschen im WN und denen in der TEG her und verursacht dadurch die Verständnisprobleme in seinen Werken. Anstatt die Figur des „unparteiischen Zuschauers" in sein ökonomisches Werk zu transportieren, was durchaus möglich wäre, zieht er nun eine handlungsethische Moralbegründung vor, indem er kurzerhand die Gerechtigkeit als Minimalmoral in der guten Weltordnung verortet. Hierfür dient die „unsichtbare Hand" als eine Klammer zwischen individuellen Neigungen und tugendhaften Handlungen. Egoistische Beweggründe der Menschen erhalten ihre Rechtfertigung durch ihre wohlstandsfördernde Zielgerichtetheit – sind die sozialen Folgen der Wirtschaft gut, kann man ihre Akteure gewähren lassen. Geleitet von der „unsichtbaren Hand", schafft der Mensch, wenn auch unwissentlich durch gesellschaftlich wertvolles Verhalten einen Zustand der Gerechtigkeit in einer Wirtschaftsgemeinschaft. Dergestalt lässt sich eine Verbindungslinie zwischen der unsichtbaren Hand und dem „unparteiischen Zuschauer" ziehen. Während der unparteiische Zuschauer in der TEG die menschlichen Handlungen a priori moralisch korrigiert, übernimmt diese Aufgabe die „unsichtbare Hand" im WN a posteriori. Der Maßstab bleibt beide Male die Gerechtigkeit, eine Tugend, die aus der Sozialnatur des Menschen erwächst – weil es die anderen gibt, ist die Gerechtigkeit als Minimalmoral überhaupt nötig. Die Konstruktion der „unsichtbaren Hand" gibt indes keine Auskunft über die Sozialnatur des Menschen, obwohl diese zweifellos auch in der Ökonomie eine entscheidende Rolle spielt. Denn erst durch die Sozialnatur des Menschen kann das Wirtschaftssystem bei Smith überhaupt funktionieren, da auch die Ökonomie auf eine gerechte Funktionsweise hin abgestimmt ist. Der Wirtschaftsmensch ist somit keineswegs von der individuellen Sittlichkeit befreit, sondern ist stets für sein Handeln verantwortlich. Das Eigeninteresse steht unter dem Vorzeichen der Gerechtigkeit und somit die Ökonomie unter dem Vorzeichen der Moral. Insofern kann man von einem moralischen Passepartout sprechen, dass sich um die Smith'sche Wirtschaftstheorie legt: Ökonomisches Handeln steht bei Smith unter einer gesellschaftlichen Legitimitätsbedingung. Hierfür ist der Mensch einerseits selbst verantwortlich – das Eigeninteresse muss wohlverstanden sein –, andererseits sorgt die Marktwirtschaft für die guten Effekte der Ökonomie – allerdings nur unter der Voraussetzung, dass das Eigeninteresse wohlverstanden ist.

2. Der Mensch beginnt zu rechnen – Die Nutzenethik von Jeremy Bentham

Wie im ersten Kapitel bereits erwähnt, halten viele Ökonomen Adam Smith für den Vater des Homo oeconomicus, weil er als erster Theoretiker das Eigeninteresse zum wesentlichen Verhaltensprinzip des Wirtschaftsmenschen erklärte. Heute werden dem ökonomischen Menschenbild diverse Charaktermerkmale zugeschrieben, die je nach Theorie unterschiedlich betont werden.[165] Einmal bezeichnet man Homo oeconomicus primär als eigeninteressiert und rational, ein andermal hebt man besonders die Präferenzstabilität hervor.[166] Doch egal auf welche Verhaltensweise sich die jeweilige Theorie im Speziellen beruft, ein Merkmal ist immer vorhanden und unumstößlich, denn es gilt als Grundkonstante jeder Wirtschaftstheorie: die Nutzenmaximierung.

Oftmals wird in den zeitgenössischen Wirtschaftstheorien nicht eindeutig zwischen den Begriffen „Eigeninteresse" und „Nutzenmaximierung" differenziert: Folgt jemand dem eigenen Interesse will er doch in der Regel auch den eigenen Nutzen steigern, so die gängige Meinung. Doch der ideengeschichtliche Ursprung der beiden ökonomischen Verhaltensprinzipien ist grundverschieden: Während Smith in der Tat erstmals das „Eigeninteresse" in der Wirtschaftstheorie akzentuierte – auch wenn sein Eigeninteresse in Wahrheit nichts mit dem Egoismus des Wirtschaftsmenschen zu tun hat[167] –, leitet sich die Vorstellung der individuellen „Nutzenmaximierung" aus dem Bentham'schen Utilitarismus ab, der in Smith' Gefolge wesentlichen Einfluss auf die Politische Ökonomie ausübte. Die Tatsache, dass beide Begriffe aus unterschiedlichen Philosophien stammen, ist nicht zu unterschätzen, denn hinter der jeweiligen Wortbedeutung verbergen sich verschiedenartige Ethikkonzepte. Mit dem utilitaristischen Nut-

---

165 Zu den Charaktermerkmalen des Homo Oeconomicus Kirchgässner 1991, Dietz 2005 und Rolle 2005.

166 Oftmals dient er auch als Sinnbild für den „perfekten" Menschen. Frederike Habermann skizziert ihn als *„jung, dynamisch, gesund, unabhängig, erfolgreich etc."*. Diese Deutung widerspricht der eigentlichen Intention des Homo oeconomicus, denn er soll keinen Menschen versinnbildlichen, sondern abstrakt-ökonomische Annahmen bündeln. Vgl. Habermann, Frederike, Hegemonie, Identität und der Homo Oeconomicus, in: Gender and Economics, Hrsg. Bauhardt, C./Caglar, G., Wiesbaden 2010, S. 151.

167 Siehe I.1.

zen fließt nicht nur eine neue Kategorie in die Wirtschafttheorie ein, sondern auch eine neue Moralbegründung, die sich nachhaltig auf das Selbstverständnis der Ökonomik ausgewirkt hat.

2.1 Die naturwissenschaftliche Methode und das Individuum

Der Utilitarismus entwickelte sich mit der industriellen Revolution im Großbritannien des 18. und 19. Jahrhunderts und entspringt einer *„materialistischen Weltanschauung"*[168]. Begründet hat ihn der englische Rechtsanwalt und Privatgelehrte Jeremy Bentham, mit seinem Hauptwerk *„Introduction to the Principles of Morals and Legislation"*[169] *(1789)*. Die Zeit Benthams war von einem Umbruchdenken geprägt, in dem die traditionelle Philosophie mit ihren religiösen und metaphysischen Elementen verstärkt an Zustimmung verlor, während die empirisch-rationalistischen Naturwissenschaften auf dem Vormarsch waren. Mit seiner für die damalige Zeit äußerst unprätentiösen Nutzenethik gelang es Bentham ebendiesen gesellschaftlichen Wandel einzufangen.[170] Deshalb erklärt auch Joseph Schumpeter den Erfolg des Utilitarismus aus seiner Modernität und Praxisnähe. Die Nutzenethik sei eine Lebensphilosophie[171], die auf ein normatives System mit ausgeprägter Richtung verzichtet und stattdessen ein umfassendes System der Sozialwissenschaften, mit einer einheitlichen analytischen Methode konzipiert.[172] Deshalb passe der Utilitarismus auch *„in vollkommener Weise zu dem materialistischen (antimetaphysischen) Rationalismus den man als Begleiterscheinung des Liberalismus und des Erwerbssinnes betrachten kann"*.[173]

Bentham war ein großer Bewunderer der Naturwissenschaften mit einer ausgeprägten Affinität zur Newton'schen Methode, weshalb er versuchte, die empirische Vorgehensweise der Naturwissenschaften auf die Sozialwissenschaf-

---

168 Gaulke 1994, S. 87.
169 Bentham, Jeremy, Eine Einführung in die Prinzipien der Moral und der Gesetzgebung. Hrsg. Höffe, O., Tübingen 1992, S. 55.
170 Einige Interpreten sehen in Jeremy Bentham eher einen Sozialreformer als einen Philosoph. Als Kopf der „philosophical radicals" bewirkte er eine Reihe von Reformen. Ausführlich Köhler, Wolfgang R., Zur Geschichte und Struktur der utilitaristischen Ethik, Frankfurt a.M. 1979, S. 15. Auch Mill war der Ansicht, dass Benthams Stärke nicht unbedingt in seiner scharfsinnigen philosophischen Argumentation lag: *„ He was not a great philosopher, but he was a great reformer in philosophy"*. Vgl. Mill, John S., Bentham, in: Collected Works of John Stuart Mill, Volume X, Hrsg. Robson, J.M., Toronto 1969, S. 80.
171 Schumpeter fügt dem hinzu, dass die utilitaristische „Lebensphilosophie" an Flachheit kaum zu überbieten sei. Vgl. Schumpeter 2009, S. 510.
172 Vgl. Ebenda.
173 Ebenda.

ten zu übertragen.[174] Die Praxisrelevanz des Philosophierens ist Bentham ein besonderes Anliegen:[175] Einerseits fungieren Beobachtungen und Erfahrungen als Erkenntnisquelle seiner Theorie – aus ihnen sollen die zentralen Prinzipien der Gesellschaft extrahiert werden – , andererseits erhebt Bentham den Anspruch, dass die Ergebnisse seiner philosophischen Untersuchungen anhand der Realität nachweisbar sein müssen.[176] Besteht also eine Diskrepanz zwischen Theorie und Wirklichkeit, ist die Theorie untauglich.[177]

Die stark empirisch-praktische Ausrichtung der Bentham'schen Nutzenethik ist für die hier angestellte Untersuchung insofern von Bedeutung, als aus ihr folgt, dass alle ihre Prämissen detailgetreue Abbildungen der Wirklichkeit sein müssen. Bei Bentham dürfen allein aus methodischen Gründen keine reduzierten Prämissen verwendet werden, wie das später in der reinen Ökonomik der Fall ist. Somit handelt es sich bspw. auch bei Bentham ausdrücklich um einen Menschen aus Fleisch und Blut und nicht um eine reduktionistische Modellprämisse. Ebenfalls aus empirischen Gründen verzichtet Bentham auf religiöse und metaphysische Annahmen, schließlich offenbart sich das Phänomen Gottes nicht an objektiven Merkmalen, weswegen es weder empirisch zu erfassen noch zu belegen ist.[178]

Wie in den Naturwissenschaften üblich folgt Bentham einer induktiven Schlussweise. Seine Untersuchungen beginnen beim Individuum, dem kleinsten Teil der Gesellschaft, von dem ausgehend Erkenntnisse über den gesamtgesellschaftlichen Zusammenhang gewonnen werden. Über das Individuum selbst sagt Bentham, dass es ausschließlich von zwei Axiomen bestimmt ist: Den Empfindungsdeterminanten „Freude" und „Leid" bzw. „Lust" und „Unlust".[179] Bentham setzt die Bedingtheit des Menschen durch die genannte psychologische Gesetzmäßigkeit als selbstevident voraus.[180] Indessen kommt in der „Axiomatisierung

---

174 Bentham bezeichnet sich selbst als Newton der Moralphilosophie. Ausführlich zu Benthams Methodik Hottinger 1998, S. 208.
175 Vgl. Hottinger 1998, S. 207.
176 Vgl. Hottinger 1998, S. 210-211.
177 Diesen Umstand wird Gary S. Becker später scharf kritisieren. Für ihn liegt der Grund für die „Unzulänglichkeiten" des Bentham'schen Utilitarismus in dessen Bedürfnis, alle theoretischen Ergebnisse mit der Realität in Übereinstimmung zu bringen. Vgl. Becker, Gary S., Ökonomische Erklärung menschlichen Verhaltens, Tübingen 1983, S. 8.
178 Persönlich lehnte Bentham die Autorität der Kirche ab, er wird sogar als „aggressiver Atheist" beschrieben. Dennoch nimmt Bentham gemäß seiner empirischen Vorgehensweise zur Kenntnis, dass viele Menschen an einen real existierenden Gott glauben. Diesen Tatbestand versucht er in seinen Ausführungen über die verschiedenen Arten von Freud und Leid zu berücksichtigen. Vgl. Hottinger 1998, S. 211.
179 Vgl. Bentham 1992, S. 55.
180 Bentham orientiert sich dabei an der Assoziationspsychologie. Begriffe und Gedanken sind dieser Forschungsrichtung nach, aus elementaren Bewusstseinsinhalten, insbesondere Sinnes-

des Individuums" die Adaption der naturwissenschaftlichen Methode besonders gut zum Ausdruck: „Lust" und „Unlust" funktionieren bei Bentham wie die Newton'schen Mechanik – als ein „soziales Gravitationsprinzip".[181]

2.2 Von der Gesinnungs- zur Verantwortungsethik

„Die Natur hat die Menschheit unter die Herrschaft zweier souveräner Gebieter – Leid und Freude – gestellt. Es ist ihnen allein aufzuzeigen, was wir tun sollen, wie auch zu bestimmen was wir tun werden. Sowohl der Maßstab für Richtig und Falsch als auch die Kette der Ursachen und Wirkungen sind in ihrem Thron festgemacht. Sie beherrschen uns in allem, was wir tun, was wir sagen und denken: Jegliche Anstrengung, die wir auf uns nehmen können, um unser Joch von uns zu schütteln, wird lediglich dazu dienen, es zu beweisen und zu bestätigen. Jemand mag zwar mit Worten vorgeben, ihre Herrschaft zu leugnen, aber in Wirklichkeit wird er ihnen ständig unterworfen bleiben."[182]

Dieses Zitat beinhaltet eine moralphilosophische Besonderheit: „Freud" und „Leid" legen nämlich nicht nur fest, was der Mensch tatsächlich tut, sondern auch, was er tun soll – sie diktieren also in gleicher Weise „Sein" und „Sollen" der Menschen.

Insofern handelt es sich beim Utilitarismus gleichermaßen um eine (1) „psychologische" und eine (2) „ethische Theorie".[183] (1) Mit der „psychologischen Theorie" beschreibt Bentham die Grundstruktur menschlichen Handelns. Der Hedonismus hat hier eine deskriptive Funktion, weil er lediglich darauf verweist, dass die Bedingtheit des Menschen durch „Freud" und „Leid" unausweichlich ist. Jede menschliche Handlung ist vom Streben beherrscht, unter den jeweils gegebenen Bedingungen einen Zustand zu erreichen, der dem Individuum ein maximales Nutzennetto einbringt.[184] Gemäß dieser Auffassung bildet das Erreichen eines Lust–Maximums gleichzeitig Handlungsziel und Handlungsursache. (2) Analog dazu schreibt Bentham dem fortwährenden Zwang, das eigene Los zu verbessern, eine ethische Funktion zu. Somit fallen psychologische Gesetzmäßigkeit und moralisches Handeln im Utilitarismus zusammen: sittlich richtig ist das, was faktisch geschieht. Anders als bei Kant, findet sich die Be-

---

eindrücken, zusammengesetzt. Aus diesem Grund wird die Assoziationspsychologie auch als „atomistische Psychologie" bezeichnet. Auch Bentham geht davon aus, dass alle menschlichen Ideen letztlich Empfindungen entspringen, diese Ideen können kombiniert werden und führen so zu komplexen Vorstellungen. Dazu Rolle 2005, S. 118.
181 Vgl. Hartfiel, Günter, Wirtschaftliche und soziale Rationalität, Stuttgart 1968, S. 96.
182 Bentham 1992, S. 55.
183 Vgl. Gaulke 1994, S. 89.
184 Vgl. Hartfiel 1968, S. 98-99.

gründung sittlicher Normen nicht in der moralphilosophischen Frage „Was ist gut?", sondern in der Frage „Was bringt mir den größten Nutzen?". Der größte Nutzen entspricht dem höchsten Ziel der eudämonistischen Ethik, dem größten Glück, und ist die Maßeinheit für ein gutes Leben. Hier zeigt sich, dass der Nutzen im Utilitarismus zum entscheidenden Kriterium des menschlichen Lebens avanciert, denn er ist der Faktor anhand dessen das Individuum Güter, Handlungen und im Prinzip alles in seinem Universum einer Bewertung unterzieht.[185] Selbst das Glück ist letztlich bei jeder Gelegenheit ein Gegenstand der Berechnung und der Kalkulation, von Gewinn und Verlust.[186]

Dafür, dass die Kosten-Nutzen-Kalkulation tatsächlich ihre ethische Wirkung entfalten kann, sorgt das sogenannte „Nützlichkeits"- bzw. „Utilitätsprinzip". Dieses Prinzip ist Dreh- und Angelpunkt der nutzenethischen Argumentation Benthams, denn es billigt oder missbilligt jede Handlung in dem Maße, wie sie zur Vergrößerung oder Verminderung des Nutzens eines Menschen oder einer Gruppe beiträgt.[187] Das „Utilitätsprinzip" ist der Inbegriff der Koppelung von Faktizität und Ethik. Ebenso wie die Bedingtheit des Menschen durch „Lust" und „Unlust" hält Bentham das „Nützlichkeitsprinzip" für selbstevident.[188]

Wie zuvor angedeutet sind nach Ansicht Bentham's alle „Lust" und „Unlust"-Empfindungen eines Menschen messbare Größen. Hier wird das Ausmaß der Übertragung der naturwissenschaftlichen Methode auf die Sozialwissenschaften deutlich, Bentham geht nämlich sogar so weit, die Ethik selbst zu berechnen. Errechnet wird der „Gratifikationswert" einer Handlung, der die individuell zu erwartende Nutzenbilanz versinnbildlicht. Der „Gratifikationswert" ergibt sich aus der Lust einer Handlung abzüglich ihrer Unlust. Das Individuum kann bereits vor der Handlung die Lustempfindung seines Tuns bemessen. Zur Ermittlung des Gratifikationswerts dient das „hedonistische Kalkül", das sich auf sechs Kriterien richtet, die ihrerseits den Wert der Empfindung beeinflussen: (1) Die Intensität der zu erwartenden Gratifikation, (2) ihre erwartete Dauer, (3) ihre erwartete Gewissheit, (4) die Nähe des Eintreffens, (5) ihre Folgeträchtigkeit und (6) ihre Reinheit.[189] Dank der Messbarkeit der Empfindungen können verschiedene Handlungsoptionen verglichen werden, um eine möglichst positive individuelle Nutzenbilanz zu erhalten.[190]

---

185 Vgl. Pribram, Karl, Die Entstehung der individualistischen Sozialphilosophie, Leipzig 1912, S. 12.
186 Ebenda.
187 Vgl. Bentham 1992, S. 56.
188 Vgl. Bentham 1992, S. 55/S. 58.
189 Vgl. Bentham 1992, S. 79.
190 Vgl. Bentham 1992, S. 80.

An dieser Stelle sei auf einen viel diskutierten Aspekt der Bentham'schen Nutzenethik hingewiesen, der aus den genannten Bewertungskriterien resultiert: Alle sechs Kriterien geben nämlich Auskunft über die Quantität einer Empfindung, nicht aber über ihre Qualität, sprich, es wird nicht zwischen körperlichen und geistigen Freuden unterschieden. Allein die „Menge" der Empfindung zählt. Eben auf diesen Grundsatz bezieht sich auch Benthams berühmter Aphorismus, dass bei gleicher Menge Freude kegeln genauso gut sei wie Poesie.[191] Weil der Mensch bei Bentham nicht im Besonderen – also in seinen geistigen Anlagen – angesprochen wird, sondern allein in seiner körperlichen Existenz, bezeichnen zahlreiche Kritiker sein Denkmodell auch als „Schweinephilosophie".[192]

Die Messung des Nutzens einer Handlung vollzieht sich zunächst allein auf der Ebene des Individuums. Erst einmal ist jeder selbst dafür verantwortlich eine möglichst positive Nutzenbilanz zu erzeugen, erst später kommt die gesamtgesellschaftliche Perspektive hinzu. Letzterdings geht es Bentham darum, das „größte Glück der größten Zahl" zu produzieren. Wie bei Smith steht auch bei Bentham der Mensch grundsätzlich in einem gesellschaftlichen Kontext.[193] Doch der Standpunkt des Utilitarismus ist deutlich „individualistischer" als der der schottischen Moralphilosophie: Während bei Smith das Handeln des Individuums von vornherein auf bestehende gesellschaftliche Werte ausgerichtet ist, ergibt sich die Wohl der Gemeinschaft bei Bentham erst aus der Addition der individuellen Nutzenbilanzen.[194] Zwar berücksichtigt der Bentham'sche Mensch bei seinem Tun auch andere Handlungsinteressen, das geschieht jedoch vor allem, um das Individualinteresse nachhaltiger durchsetzen zu können.[195] Letztlich

---

191 Vgl. Bentham, Jeremy, The Rationale of Reward, in: Works of Jeremy Bentham Bd. II, Edinburgh 1843, S. 253.

192 Der Schotte Thomas Carlyle prägte die Bezeichnung „pig philosophy" – also „Schweinephilosophie" –, weil es sich seines Erachtens beim Utilitarismus um eine Lebensauffassung handelt, die nur Schweinen würdig ist. Vgl. Birnbacher, Dieter, Anmerkungen, in: Mill, J.S., Utilitarismus, 2006, S. 195.

193 Auf diesen Aspekt macht Hottinger aufmerksam. Vgl. Hottinger 1998, S. 246 ff.

194 Die Bentham'sche Vorstellung von der Addierbarkeit individueller Nutzenfunktionen zu einer Gesamtnutzenfunktion die dem Gemeinwohl entspricht, wird von zahlreichen Theoretikern kritisiert. Gunnar Myrdal hält nicht nur die Vorstellung, es sei möglich Lust- und Unlustquantitäten zu bestimmen für äußerst fragwürdig, sondern auch den Wusch die Addition unmöglich sei. Vgl. Myrdal, Gunnar, Das politische Element in der nationalökonomischen Doktrinbildung, Bonn-Bad Godesberg 1976, S. 37.

195 Vgl. Bentham, Jeremy, Deontology, together with A Table of the Springs of Action and Article on Utilitarismus, Hrsg. Goldworth, A., Oxford 1983, S. 179. Es muss darauf hingewiesen werden, dass Bentham in seinen Ausführungen auch die „Sympathie" als ein mögliches Verhaltensprinzip anspricht. Allerdings ist ihre Bedeutung bei Bentham eine andere als bei Smith. Bei Bentham ist die Sympathie in erster Linie auf das Wohlbefinden des Individuums ausgerichtet. Zur Rolle der Sympathie im Bentham'schen Utilitarismus siehe Goldworth, Andy, The

sind Einzel- und Gesellschaftsinteresse unmittelbar miteinander verknüpft, da sich analog zum individuellen Nutzen der Gesamtnutzen potenziert.[196] Das öffentliche Wohl ist somit die Summe der Privatwohle.

Die Möglichkeit, die Einzelinteressen zu addieren, legt indes die Vermutung nahe, dass interpersonelle Nutzenvergleiche angängig sind, was voraussetzen würde, dass eine allgemeine Vorstellung von Glück existiert. Dem widerspricht Bentham mit der Bemerkung, dass jeder Mensch eine andere Vorstellung davon hat, was das Glück als solches ausmacht.[197] Trotzdem sieht er sein nutzentheoretisches Konzept dadurch nicht infrage gestellt, schließlich sei die Addition verschiedener Nutzenbilanzen ein praktikables Instrument der Politikgestaltung.[198]

Insgesamt lässt sich daher feststellen, dass der Utilitarismus einerseits eine teleologische Ethik entwirft, in der alles zielgerichtet ist, und andererseits eine Handlungsethik, da über die Folgen einer Handlung ihre moralische Qualität entscheidet und nicht die Gesinnung des Akteurs. Demgegenüber handelt es sich, wie gezeigt, bei der Smith'schen Moral- und Wirtschaftsphilosophie um eine Kombination aus gesinnungs- und handlungsethischer Moralauffassung. Mit dem Einfluss des Utilitarismus auf die Wirtschaftstheorie kommt es daher zu einer Akzentverschiebung in Bezug auf Moralbegründung, da in der Nutzenethik, die für Smith so wichtige gesinnungsethische Komponente, nicht mehr vorkommt. Darauf wird zu einem späteren Zeitpunkt noch zurückzukommen sein.

2.3 Der nutzenkalkulierende Mensch in der Ökonomie

Der orthodoxe Utilitarismus ist nicht nur eine Begleiterscheinung einer materialistischen Weltanschauung, wie eingangs mit Gaulke festgestellt, sondern nimmt auch ganz explizit zu wirtschaftlichen Themen Stellung. Bentham bekundet in seinen Ausführungen eine große Affinität zur Smith'schen Wirtschaftstheorie und adaptiert wesentliche Elemente dessen Systems, bspw. sein Plädoyer für eine liberale Wirtschaftsordnung, seine Preistheorie und das Prinzip der Arbeitsteilung.[199]

Das ökonomische System versteht Bentham ebenso wie Smith als natürlichen Teilbereich der Gesellschaft. Wie gesagt, muss es sich allein aus methodi-

---

Sympathetic Sanction and Sinister Interest in Bentham's Utilitarism; in: Parekh, B., Jeremy Bentham. Critical Assessments, London 1993.
196   Vgl. Hottinger 1998, S. 252.
197   Vgl. Hottinger 1998, S. 252.
198   Vgl. Ebenda.
199   Vgl. Bentham 1843, S. 228.

schen Gründen bei der Ökonomie um ein Abbild der Realität handeln, Gleiches gilt für den Wirtschaftsmenschen. Doch im Gegensatz zu Smith, der mit dem Eigeninteresse in der Wirtschaft ein anderes Verhaltensprinzip betont als im gesellschaftlichen Verkehr, ist Bentham der Auffassung, dass sich die wahre Natur des Menschen erst vollends in der Ökonomie entfaltet – das utilitaristische Verhaltensprinzip sich in der Ökonomie erst wahrhaft bewährt:[200] Hier erlangen Güter ihren spezifischen Wert durch die Freude, die sie beim Konsumenten auslösen und die Freude wiederum korrespondiert mit dem Glück des Menschen. Daher gilt in der Ökonomie der utilitaristische Grundsatz: Je größer der Reichtum, umso größer die Freude, desto größer das Glück. Die Anlagen des utilitaristischen Menschen sind mithin perfekt auf den Funktionsmechanismus der Wirtschaft ausgelegt.

Wie erwähnt, greift Bentham auch das Prinzip der Arbeitssteilung auf, allerdings ist es bei ihm das Ergebnis einer klugen Nutzenkalkulation:[201] Auf der Suche nach der ihm den optimalen Nutzen bringenden Wirtschaftsweise gelangt das Individuum zu der Einsicht, dass ein arbeitsteiliges System allen Beteiligten einen größtmöglichen persönlichen Nutzen bescheren kann. Die Arbeitsteilung ist bei Bentham das unmittelbare Resultat einer individuellen Nutzenkalkulation, wohingegen sie bei Smith aus der Neigung zu handeln und zu tauschen hervorgeht. Was den Anstoß zur Arbeitsteilung begründet, darin unterscheiden sich Wirtschaftstheorien grundlegend: Im Utilitarismus resultiert sie aus dem individuellen Kalkül, in der Smith'schen Moralphilosophie aus der sozialen Neigung.

Am Beispiel der Arbeitsteilung wird der versteckte Einfluss der Bentham'schen Nutzenethik auf die Wirtschaftstheorie deutlich: Bentham greift auf ein Wirtschaftprinzip seines Vorgängers zurück und begründet es mit seinem Nutzenkalkül. Das individuelle Streben des Menschen nach größtmöglichem Reichtum ist indes im Utilitarismus nicht nur eine anthropologische Grundaussage, sondern es wird sogar, erstmals in der Geschichte der ökonomischen Theorie, als ethisch richtig bezeichnet. Die Bentham'sche Vorstellung von der Nutzenmaximierung als wesentliches und richtiges Verhaltensprinzip wird sich später in der Wirtschaftstheorie unter dem Namen „ökonomisches Prinzip" manifestieren. Der Unterschied zum Smith'schen Eigeninteresse ist offensichtlich: Während Smith ein dem Menschen angestammtes „sozial-moralisch begrenztes Eigeninteresse" akzentuiert, vertritt Bentham ein „ethisch gerechtfertigtes individuelles Nutzenkalkül". Die Vorstellung von einem rein egoistischen nutzenmaximierenden Akteur in der Wirtschaftstheorie ist somit mehr ein Produkt der Bentham'schen Nutzenethik als der Smith'schen Wirtschaftstheorie.

---

200 Vgl. Bentham 1992, S. 28.
201 Vgl. Bentham 1983, S. 179.

3. Die Linie der „Begrenzung" der Ökonomie und „Entfremdung" des Menschen

3.1 Die Logik der ökonomischen Interaktion – David Ricardo

Während mit dem Utilitarismus zunächst eine Philosophie vorgestellt wurde, die einen nachhaltigen Einfluss auf die Grundprämissen der Wirtschaftstheorie hatte, soll nun ein rein ökonomisches Konzept gezeigt werden, das eine weitere Abkehr vom Smith'schen Denken markiert. Die Rede ist von David Ricardo, der mit der Veröffentlichung seines Hauptwerks „*Grundsätze der Politischen Ökonomie und Besteuerung*"[202]*(1817)* eine völlig neue Form der theoretischen Beschäftigung mit der Wirtschaft wählt. Er gilt als Begründer einer strengen Analytik in der Wirtschaftstheorie.[203] Ricardo sagt über sich, er habe grundsätzlich „*niemals über Politische Ökonomie nachgedacht*", bis er zufällig Adam Smith' WN in der Hand hielt und daraufhin beschloss, sich mit der Materie näher zu beschäftigen.[204] Offenbar ließ sich Ricardo zwar von Smith inspirieren, für seine eigene Theorie wählte er jedoch eine andere Methodik als der Schotte und hatte auch ein anderes Erkenntnisziel vor Augen. Letzteres nennt Ricardo gleich zu Beginn der Ausführungen in den Principles:

> „*Die Gesetze aufzufinden, welche diese [die Verteilung der Erträge auf die Produktionsfaktoren] Verteilung bestimmen, ist das Hauptproblem der Volkswirtschaftslehre.*"[205]

Sein maßgeblicher Beitrag zu den Volkswirtschaften liegt dementsprechend in der Fokussierung auf die Verteilungstheorie – sprich, die Verteilung der Erträge auf die Produktionsfaktoren – die für ihn das Kernproblem der Wirtschaftslehre darstellt, im Gegensatz zu Smith, der die Produktionsvorgänge ins Zentrum seiner Theorie rückt.[206] Neben der Verteilungstheorie ist Ricardo insbesondere

---

202 Vgl. Ricardo, David, Grundsätze der Politischen Ökonomie und Besteuerung, Hrsg. Neumark, F., Frankfurt a. M. 1980.
203 Vgl. Kurz, Heinz D., David Ricardo, in: Klassiker des ökonomischen Denkens Bd.1, Hrsg: Kurz, H. D., München 2008, S. 137.
204 Vgl. Eltis, Walter, David Ricardo, in: Klassiker des ökonomischen Denkens, Hrsg. Starbatty, J., München 1989, S. 189.
205 Ricardo 1980, S. 33.
206 Vgl. Gaulke 1994, S. 66.

für seine Werttheorie bekannt, die auf einer Arbeitswertlehre basiert,[207] sowie für seine Außenhandelstheorie, aus der hervorgeht, dass der Handel zwischen zwei Staaten auch dann sinnvoll sein kann, wenn eines dieser Länder bei allen Gütern hinsichtlich der Produktionskosten unterlegen ist.[208]

Mehr noch als die inhaltlichen Abweichungen vom Smith'schen Denken, ist für die hier angestellte Untersuchung Ricardos methodische Neuorientierung von Interesse. Den Erläuterungen zur Methodik muss vorausgeschickt werden, dass die ricardianische Wirtschaftheorie auf jede Form der metaphysischen und philosophischen Begründung verzichtet.[209] Anders als Smith und Bentham versteht Ricardo das Funktionieren der Ökonomie nämlich als Mechanismus, der streng getrennt von allen moralischen Erwägungen zu analysieren ist.[210] Ein Grund für die Abkehr vom Smith'schen Glauben an eine gute Ordnung liegt womöglich darin, dass zu Zeiten Ricardos bereits in der Praxis offensichtlich wurde, dass der gesellschaftliche Fortschritt sich unterschiedlich auf die einzelnen Klassen auswirkte; denn diejenigen, die den Motor des Fortschritts am Laufen hielten, waren letztlich nicht dieselben die davon profitierten.[211] Statt auf eine natürliche Güterverteilung im naturrechtlichen Sinne zu vertrauen, entwickelt Ricardo daher ein Konzept der theoretisch idealen Güterverteilung, welches das Verteilungsproblem in seinen Grundsätzen lösen soll.[212] Hierfür bedient er sich, im Gegensatz zu Smith und Bentham, einer rein deduktiven Methodik, was bedeutet, dass er seine wissenschaftlichen Erkenntnisse nicht aus Erfahrungen und Beobachtungen ableitet, sondern von einer *„hypothetischen Idealwelt auf die unendlich komplexere Wirklichkeit"* schließt.[213] Ricardo geht in seiner Untersuchung der Ökonomie nicht mehr von „realen Erscheinungen" aus, sondern setzt ganz bewusst an spezifisch ökonomischen „hypothetisch-abstrakten Prämissen" an, die weder soziologische noch politische Phänomene betreffen. Mittels dieser abstrakten Vorbedingungen kreiert Ricardo einen idealen ökonomischen Tauschverkehr, unabhängig von allen Fragen der Politik, Ökonomie und Ethik.[214] Derart ver-

---

207 Vgl. Ricardo 1980, S. 35 ff.
208 Vgl. Ricardo 1980, S. 194 ff.
209 Vgl. Pribram 1992, S. 324.
210 Diese Vorgehensweise wirkte sich auch auf Ricardos praktische Gestaltungsvorschläge aus. So ließ er bspw. bei der Gestaltung der Arbeitgeber-Arbeitnehmer-Beziehungen soziale und humane Elemente unberücksichtigt. Vgl. Pribram 1992, S. 324-325.
211 In den 40 Jahren nach Erscheinen des Wohlstands der Nationen hatte sich die englische Gesellschaft in zwei Blöcke gespalten. Für David Ricardo war sie daher keine große Gemeinschaft mehr wie noch einst bei Adam Smith. Dazu Heilbroner, Robert, Die Denker der Wirtschaft, München 2006, S. 77.
212 Vgl. Hartfiel 1968, S. 83.
213 Vgl. Kurz 2008, S. 137.
214 Vgl. Neumark, Fritz, Einführung, in: Ricardo, David, Grundsätze der Politischen Ökonomie und Besteuerung, Hrsg. Neumark, F., Frankfurt am Main 1980.

wandelt sich mit Ricardo die Wirtschaftstheorie von einer deskriptiven zu einer analytischen Disziplin.[215] Die Ausgangsprämissen seiner Theorie setzt Ricardo als selbstevident voraus. Dieses Forschungsprogramm führt erstmals in der ökonomischen Theoriegeschichte zu einer Vorstellung von der Wirtschaft als abstraktes, eigenständiges System, in dem Phänomene wie Preis- und Einkommensentwicklung, Beschäftigung etc., systeminhärenten Gesetzmäßigkeiten unterliegen, weshalb Ricardo auch als Begründer der *„reinen Ökonomik"* gilt.[216]

Besonders deutlich werden die Konsequenzen dieser methodischen Neuorientierung am Beispiel des Wirtschaftsakteurs. Bei ihm handelt es sich nunmehr um ein Modell, das den Menschen auf spezifisch wirtschaftliche Eigenschaften reduziert. Das reduktionistische Modell will ausdrücklich keine Verhaltensweisen des realen Menschen widerspiegeln, sondern lediglich methodisch sinnvoll sein. Ricardo erklärt die rationale Nutzenmaximierung zum wesentlichen Verhaltensprinzip seines *„nothing but economical man"*.[217] Dass diese Verhaltensannahme dem hedonistischen Kalkül des Utilitarismus gleicht, hat vornehmlich funktionale Gründe, denn das Verhalten eines konsequent rationalen und nutzenmaximierenden Akteurs ist vollständig berechenbar. Irrationales Verhalten versteht Ricardo indes als Irregularität, die in der Wirtschaftsanalyse unberücksichtigt bleiben soll.[218] Fasst man den Homo oeconomicus als symbolischen Ausdruck für die Abkoppelung der ökonomischen Theorie von der Lebenswelt, kann man David Ricardo in der Tat mit Peter Ulrich als *„Geburtshelfer"*[219] desselben bezeichnen.[220]

Durch die Verwendung der deduktiven Methode entsteht zwangsläufig eine Diskrepanz zwischen Wissenschaft und Wirklichkeit, da die theoretischen Erkenntnisse auf Basis abstrakter Prämissen nur selten mit der komplexen Realität übereinstimmen. Zwar schließt Ricardo irrationales Verhalten aus, in der Realität

---

215   Vgl. Ebenda.
216   Der Terminus „reine Ökonomie" steht für eine „reine Wissenschaft von der Wirtschaft". Die „reine Ökonomie" fragt danach, wie Wirtschaft unter idealen Bedingungen funktioniert. Die Wirtschaft wird dabei als eigenständiges System verstanden; Phänomene wie Preis- und Einkommensentwicklung, Beschäftigung etc. unterliegen systeminhärenten Gesetzmäßigkeiten. Von allen nicht wirtschaftlichen Phänomenen wird abgesehen.
217   Vgl. Pribram 1992, S. 327.
218   Vgl. Hartfiel 1968, S. 84.
219   Vgl. Ulrich 1993, S. 196.
220   Interpreten wie Hinrich Borchers und Götz Briefs sind der Auffassung, Ricardo, der selbst Börsianer war, habe täglich im realen Leben erfahren, welche elementare Bedeutung der individuellen Nutzenmaximierung im wirtschaftlichen Verkehr zukommt. Insofern sei seine Annahme über das wesentliche Verhaltensprinzip des Wirtschaftsmenschen nicht willkürlich-abstrakt, sondern vielmehr quasi-empirisch. Vgl. Briefs, Götz, Untersuchungen zur klassischen Nationalökonomie, Jena 1915, S. 264.; Vgl. Borchers, Hinrich, Das Abstraktionsproblem bei David Ricardo, Jena 1929, S. 78.

gehen jedoch die Akteure häufig nicht rational vor, weshalb die Modellergebnisse durchaus von realen Marktereignissen abweichen. Dieses Problem löst Ricardo äußerst pragmatisch: Er interpretiert die Diskrepanzen zwischen Realität und Modellanalyse kurzerhand als Probleme der Wirklichkeit, nicht aber der Theorie.[221] Besteht also ein Widerspruch zwischen idealtypischen Ergebnissen und realen Vorkommnissen, hat sich die Realität an der Theorie auszurichten und nicht umgekehrt. Dieser Standpunkt verkehrt die Vorstellung des Bentham'schen Utilitarismus in sein Gegenteil, dort war die Realitätsnähe das signifikante Merkmal für die Eignung einer Theorie.

Die Tatsache, dass Ricardo aus seiner außerordentlich abstrakten ökonomischen Analyse weitreichende praktische Schlussfolgerungen zog, ohne das Problem der Diskrepanz zwischen Theorie und Wirklichkeit zu beachten, hält Joseph Schumpeter für eine der größten Schwächen der ricardianischen Wirtschaftstheorie. Hierfür prägte er die Bezeichnung „Ricardian Vice":[222]

„Er war an eindeutigen Ergebnissen interessiert, denen eine unmittelbare und praktische Bedeutung zukam. Um solche Resultate zu erzielen, zerlegt er das allgemeine System in einzelne Teile, die er in möglichst großen Komplexen zusammenfaßte und auf Eis legte – so daß möglichst viele Dinge „eingefroren" und „gegeben" sein mußten. Sodann häufte er vereinfachende Annahmen aufeinander bis alle Schwierigkeiten beseitigt waren, und schließlich blieben ihm einige variable Gesamtgrößen, zwischen denen er unter den gemachten Annahmen nichtumkehrbare Beziehungen aufstellte, so daß das gewünschte Resultat schließlich nahezu als Tautologie herauskam [...] Die Methode, Resultate dieser Art zur Lösung praktischer Probleme heranzuziehen, werden wir künftig als Ricardianisches Übel [Ricardian Vice] bezeichnen."[223]

Mit seiner Kritik trifft Schumpeter das Kernproblem der Theorie, denn es mangelt ihr in der Tat an einer fundierten methodischen Grundlegung.[224] Nichtsdestotrotz verhilft Ricardos Unterscheidung zwischen Realität und idealtypischer

---

221 Vgl. Hartfiel 1968, S. 84.
222 Vgl. Schumpeter, Joseph, History of Economic Analysis, Hrsg. Schumpeter, E. New York 1954. Vgl. Arndt, Helmut, The Ricardian Vice, in: Festgabe für Friedrich Bülow, Hrsg. Stammer, O./Talheim, K., Berlin 1960.
223 Schumpeter 1954, S. 473.
224 Walter Eltis wendet gegen Schumpeters Kritik ein, dass dieser trotz der abstrakten Grundlegung erstaunliche Prognosen stellen konnte. Bspw. äußerte sich Ricardo im Mai 1822 in einer seiner letzten Reden vor dem Unterhaus optimistisch zu den Wachstumsaussichten Großbritanniens – eine bemerkenswerte Prognose, die sonst niemand traf. Eltis ist daher der Auffassung, dass sich Ricardos Analyseverfahren als äußerst funktional erwies. Dadurch kann er Schumpeters Kritik jedoch nicht widerlegen, schließlich zielte diese nicht auf die Prognosefähigkeit der Theorie, sondern auf ihre schlechte methodische Fundierung. Vgl. Eltis 2008, S. 205.

Modellanalyse sowohl methodisch als auch inhaltlich einer Emanzipation der Nationalökonomie von nicht wirtschaftlichen Fragen. Unter Ökonomie versteht Ricardo als erster Theoretiker eine Wissenschaft mit eigener Logik ohne Realitätsanspruch; sie befasst sich einzig und allein mit der wirtschaftlichen Interaktion in einem begrenzten Raum. Mit der Begrenzung des eigenen Forschungsbereichs auf einen un-politischen, un-ethischen und un-sozialen Raum geht folgerichtig eine Entfremdung des Wirtschaftsakteurs auf einen *„nothing but economical man"* einher. Die Wirtschaft begreift Ricardo also als einen abstrakten Ort der Interaktion der Wirtschaftsmenschen.

3.2 Zwischen Abstraktion und Wirklichkeit – John Stuart Mill

Die ricardianische Vorstellung von einer abstrakten Wirtschaft und einem spezifisch ökonomischen Akteur, hat sich bis heute in den Wirtschaftswissenschaften gehalten. Gerade in der ökonomischen Neoklassik setzte man verstärkt auf eine unabhängige Betrachtungsweise ökonomischer Bewegungen. Dafür, dass die Abstraktion der Ökonomie zu einem derartigen Erfolgskonzept heranreifte, ist nicht allein David Ricardo verantwortlich, sondern v. a. auch John Stuart Mill. Dass ausgerechnet Mill ein Protagonist der „reinen Ökonomik" sein soll, mag auf den ersten Blick überraschen, schließlich ist er vorrangig als Philosoph bekannt, der sich nicht nur mit ökonomischen, sondern auch mit philosophischen und politischen Themen befasste.[225] Intuitiv könnte man meinen, Mill sei genauso wie Bentham und Smith an einer ganzheitlichen Wirtschaftstheorie interessiert gewesen, in der auch philosophische Überlegungen ihren Platz haben. Diese Einschätzung trifft auf Mills ökonomisches Hauptwerk *„Principles of Political Economy with Some of Their Applications to Social Philosophy"*[226]*(1848)* auch zu, denn darin bindet er die Politische Ökonomie über ihre materielle Bestimmung hinaus an ein qualitatives Wertesystem. Doch der hier angesprochene Einfluss auf die Wirtschaftswissenschaften gründet weniger auf Mills ökonomischem Denken, als vielmehr auf seiner Methodenlehre. Mill ist der erste Theoretiker, der sich um eine detaillierte methodische Fundierung der Politischen Ökonomie bemühte, in der er, in Anschluss an Ricardo, für die Verwendung einer

---

225 Außerdem war sein Denken bekanntermaßen stark von den sozialen Problemen seiner Zeit geprägt – das gilt freilich auch für Mills ökonomisches Denken. Vgl. de Marchi, Neil, John Stuart Mill, in: Klassiker des ökonomischen Denkens, Hrsg: Starbatty, J., Hamburg 2008, S. 279. Vgl. Amonn, Alfred, Nationalökonomie und Philosophie, Erfahrung und Denken, Berlin 1961, S. 107.

226 Mill, John Stuart, Grundsätze der Politischen Ökonomie mit einigen ihrer Anwendungen auf die Sozialphilosophie, übers. Gehring, H., Jena 1921.

deduktiven Methode plädierte. Mit seinen Ausführungen zur Methodik gelingt es ihm das zu fundieren, was bei Ricardo noch fragwürdig erschien, wodurch er letztlich für das Fortbestehen der abstrakten Ökonomie sorgte.[227]

Am Anfang von Mills Methodenerläuterung steht die Unterscheidung zwischen „science" und „art". Während „science" mit Tatsachen zu tun hat – sich also mit dem befasst, was tatsächlich „ist" –, möchte „art" Regeln aufstellen – sie setzt sich entsprechend mit dem normativen Bereich des „Sollens" auseinander.[228] Für die Faktenlehre der „Wissenschaft" ist es wichtig, dass sie ihre Phänomene exakt bestimmt und ordnet, sie muss ihren Gegenstandsbereich klar definieren. Dagegen ist die „Kunst" freier in der Beobachtung ihrer Phänomene, sie kann diese je nach Bedarf so weit verfolgen, wie es für das Aufstellen der jeweiligen Verfahrensregeln nötig ist. Da die „Kunst" das „Ganze" erfassen will, arbeitet sie interdisziplinär, weshalb sich eine klare Abgrenzung ihres Gegenstandsbereichs erübrigt.

Nach Mills Auffassung haben es die Klassiker der Politischen Ökonomie versäumt, die genannte Trennung der beiden Bereiche einzuhalten. So habe bspw. Adam Smith die Aufgabe der Wirtschaftstheorie darin gesehen, „zu lehren, auf welche Weise eine Nation reich gemacht werden kann".[229] Vor dem Hintergrund der Mill'schen Unterscheidung von „science" und „art" würde die Politische Ökonomie damit jedoch in den Zuständigkeitsbereich der „Kunst" fallen.

„Wenn die politische Ökonomie eine Wissenschaft ist, so kann sie also keine Sammlung praktischer Regeln sein, obwohl es, wenn sie keine nutzlose Wissenschaft sein soll, natürlich möglich sein muß, auf der Grundlage ihrer Erkenntnisse praktische Regeln aufzustellen."[230]

Mill ordnet die Politische Ökonomie grundsätzlich dem Bereich der „Wissenschaft" zu, während die Ethik in den Zuständigkeitsbereich der „Kunst" fällt. Wie alle Sozialwissenschaften hat sie es mit der Klärung von sozialen Phänome-

---

227　Briefs kommt in seiner Untersuchung zur Methodenlehre in der Nationalökonomie zu einem anderen Urteil. Er ist der Auffassung, dass Mill mit seiner Methodenlehre Ricardos ökonomische Theorie erst zu einer wirklichkeitsfernen Theorie macht. Demnach reiche Mill keine methodische Fundierung der ricardianischen Ökonomie nach, sondern rücke Ricardo vielmehr in ein falsches Licht: „Ricardo, der ganz Unmethodische, wurde zur Methode. Hatte bisher niemand, weder Ricardo selbst noch seine Epigonen gezweifelt, daß seine Gesetze empirisch seien, seine Lehren Wirklichkeitswert beanspruchten, so erschütterten Mill und Cairnes nun die traditionelle Stellung." Vgl. Briefs 1915, S. 105.
228　Mill, John, Stuart, Einige ungelöste Probleme der Politischen Ökonomie und Besteuerung, Hrsg. Nutzinger, H., Campus 1976, S. 148.
229　Mill 1976, S. 149.
230　Mill 1976, S. 149 f.

nen zu tun, deren „Ursache" wissenschaftlich nicht endgültig zu erfassen ist. Diese „Ursache" ist der Mensch mit all seinen Facetten und Verhaltensweisen, ihn zu verstehen fällt eigentlich in den Aufgabenbereich der „Kunst". Da der Mensch aber eine wichtige Prämisse der Politischen Ökonomie ist, weist Mill letzterer eine „Zwischenposition" zwischen „art" und „science" zu: Sie muss die *„Gesetze der Materie und des Verstandes"* kombinieren.[231] Beispielhaft nennt Mill die Weizenproduktion. So unterliegt die Erzeugung von Weizen vielen Gesetzen der Materie, wie bspw. der Steuerung des Keimens der Saat, dem Klima etc., und andererseits dem Gebot des Verstandes, *„daß der Mensch Nahrung besitzen möchte, und daß er infolgedessen die notwendigen Mittel einsetzt, um Nahrung zu bekommen".*[232]

Um dieser komplexen Herausforderung nachzukommen, bedarf es einer spezifischen Methodik. Um die Wirkursachen ihrer Phänomene zu bestimmen verwenden die Naturwissenschaften in der Regel eine „rein-induktive" Methode, d.h. sie stützen sich auf Erfahrungen und Beobachtungen. Ein solches Forschungsprogramm kann in den Sozialwissenschaften jedoch nicht gelingen, da sich nicht alle wichtigen Erscheinungen empirisch erfassen lassen. Zur Klärung sozialer Phänomene empfiehlt Mill daher die „deduktive Methodik".[233] Innerhalb der deduktiven Methode unterscheidet er wiederum zwischen der „geometrisch oder abstrakt deduktiven Methode" und der „physikalisch oder konkret-deduktiven Methode".[234] Der Unterschied liegt darin, dass in der „geometrischen Methode" alle möglichen sozialen Phänomene einzig auf eine Ursache zurückgeführt werden, während die „physikalische Methode" dem Umstand Rechnung trägt, dass verschiedene Erscheinungen auch unterschiedliche Wirkursachen haben. Dadurch ist die „physikalische Methode" deutlich differenzierter als die „geometrische Methode", weshalb Mill Erstere auch zur „wahren Methode" der Sozialwissenschaften erklärt.[235] An dieser Stelle kritisiert Mill seinen geistigen Vater Jeremy Bentham, der seiner Auffassung nach, dem Utilitarismus fälschlicherweise eine „geometrische Methode" zugrunde legt. Wie zuvor dargestellt, können laut Bentham alle Erscheinungen des menschlichen Lebens auf die Empfindung „Freud" und „Leid" zurückgeführt werden, für ihn ist also das hedonisti-

---

231 Vgl. Mill 1976, S. 155.
232 Mill 1976, S. 155.
233 Ausführlich Hottinger 1998, S. 335-336.
234 Mill, John Stuart, System der deduktiven und induktiven Logik, übers. Gompertz, T., Aalen 1968, S. 895.
235 Während Mill in seinen frühen Werken die Politische Ökonomie noch mit der Geometrie vergleicht, ordnet er sie in der „Logik" der physikalischen Methode zu. Der Grund hierfür ist, dass Mill erst in der Logik eine Ausdifferenzierung der deduktiven Methode vornimmt. Vgl. Mill 1968, S. 894. Vgl. Hottinger 1998, S. 337.

sche Kalkül die einzige Wirkursache. Damit wird Bentham der komplexen menschlichen Natur in Mills Augen nicht gerecht.

Die „physikalisch-deduktive Methode" vollzieht sich in drei Schritten: (1) Am Anfang steht die Ermittlung der Ursachen, (2) darauf folgt die Schlussfolgerung, die Beschreibung des jeweiligen sozialen Phänomens, und (3) am Ende steht die Verifikation der Ergebnisse.[236]

(1) In einem ersten Schritt muss die Ursache der jeweiligen sozialwissenschaftlichen Disziplinen bestimmt werden.[237] Dabei gilt der Grundsatz, dass alle Phänomene der Gesellschaft auch Phänomene der Natur sind.[238]

Die menschlichen Motivationen sind die Wirkfaktoren der sozialen Erscheinungen. In jedem Systemzusammenhang ist eine andere Verhaltensweise des Menschen typisch. An dieser Stelle formuliert Mill das bis heute in der Politischen Ökonomie unumstößliche Postulat, dass aus der Fülle menschlicher Verhaltensweisen nur die für die jeweilige Disziplin prägnante herausgegriffen werden soll. Der Mensch wird aus methodischen Gründen als „als-ob-Annahme" formuliert. Der „Hypothetisierung" des Akteurs spricht Mill eine grundlegende Funktion in der Theoriebildung zu: Seiner Ansicht nach konstituiert sich jede Sozialwissenschaft erst durch den Entwurf dieses „künstlichen" Menschen.[239]

Entsprechend wird in der Politischen Ökonomie der Mensch so betrachtet, als ob sein ganzes Streben in der Anhäufung von Reichtum liege.[240] Der Mensch ist von der Natur also darauf ausgerichtet, den größeren Reichtum einem geringeren vorzuziehen.

„Sie [die politische Ökonomie] behandelt nicht die Gesamtheit der menschlichen Natur... . Sie abstrahiert völlig von anderen Leidenschaften oder Motiven des Menschen mit Ausnahme solcher, die als dem Streben nach Wohlstand beständig entgegengesetzte Grundsätze angesehen werden können, nämlich Abneigung gegen Arbeit und der Wunsch nach sofortiger Befriedigung kostspieliger Bedürfnisse[....]Nicht das jemals ein Politischer Ökonom so töricht gewesen wäre, anzunehmen, die Menschheit sei wirklich so beschaffen, sondern vielmehr, weil dies die Art und Weise ist, wie eine Wissenschaft zwangsläufig vorgehen muß."[241]

---

236 Vgl. Frambach 1993, S. 71.
237 Diese Gesetze werden induktiv, unter Verwendung einer "vierfachen Methode" der experimentellen Forschung bestimmt. Mill formuliert vier methodische Regeln: (1) die Methode der Übereinstimmung, (2) die Differenzmethode, (3) die Methode der Residuen und (4) die Variationsmethode. Vgl. Frambach 1993, S. 70-71.
238 Vgl. Mill 1968, S. 572.
239 Vgl. Hartfiel 1968, S. 88.
240 Vgl. Frambach 1993, S. 74.
241 Mill 1976, 161.

Als grundlegendes Prinzip der Politischen Ökonomie identifiziert Mill das hedonistische Kalkül, wie es der Bentham'sche Utilitarismus beschreibt und auch
Ricardo in seine Theorie einsetzt. Daraus ergibt sich schlussendlich die Vorstellung vom Homo oeconomicus als Wirtschaftsakteur:

> *„ Ganz genauso geht die politische Ökonomie von einer willkürlichen Definition des
> Menschen als eines Wesens aus, das beständig das tut, was ihm die bei dem gegebe-
> nen Wissensstand erreichbare größte Menge an notwendigen Gütern, Annehmlich-
> keiten und Luxus unter Einsatz der geringsten Menge Arbeit und physischer Selbst-
> verleugnung verschafft ".*[242]

Wie bereits erwähnt, stellt die Reduktion des Menschen auf das hedonistische
Kalkül eine methodische Verkürzung dar, trotzdem ist Mill der Überzeugung,
dass dieses Verhaltensprinzip eines der relevantesten menschlichen Motive ist:[243]
„ [...] of all hypothesis equally simple, (it) is the nearest to the truth. "[244]
Daraus leitet Mill auch seine Forderung nach einer Vorrangstellung der Politischen Ökonomie vor allen sozialwissenschaftlichen Disziplinen ab.

(2) In einem zweiten Schritt wird nun von den genannten Ursachen auf deren Wirkung geschlossen, um in der Folge (3) die theoretischen Ergebnisse anhand realer Vorgänge und Erfahrungen zu verifizieren.[245] Mit diesem letzten
Schritt möchte Mill der ökonomischen Theorie ihre Realitätsnähe wiedergeben,
denn anders als Ricardo hält er die Überprüfbarkeit der Ergebnisse anhand der
Realität für ein signifikantes Merkmal ihrer Brauchbarkeit.[246] Dies soll mittels
einer Minderung des Abstraktionsgrades gelingen, damit man mit den abstrakt
gewonnen Prinzipien an realen Problemen ansetzen kann.

Anders als Smith und Bentham will Mill folglich mit seinem *„ economic
man "*[247] aus methodischen Gründen einen „künstlichen" Menschen in die ökonomische Modellanalyse einsetzen. Die einzelnen sozialwissenschaftlichen Disziplinen sollen ihre Theorien ausdrücklich nicht auf Basis eines komplexen Menschenbildes entwerfen. Trotzdem bleiben Mills Erläuterungen zum Abstrakti-
onsgrad seiner Grundprämissen letztes Endes unklar. Einerseits will er den Men-

---

242 Mill 1976, S. 167.
243 Vgl. Frambach 1993, S. 74.
244 Ebenda.
245 Vgl. Mill 1968, S. 907.
246 Vgl. Mill 1968, S. 893.
247 Gemäß Joseph Persky findet sich der Begriff „economic man" erstmals bei J.K. Ingram „A
      History of Political Economy" 1888. Persky sieht seinen Ursprung jedoch bei Mill: „While
      John Stuart Mill is generally identified as the creator of economic man, he never actually used
      this designation in his own writings. But the term did emerge in reaction to Mill's work." Vgl.
      Persky, Joseph, Retrospectives. The Ethology of Homo Economicus, in: Journal of Economic
      Perspectives 9, 1995, S. 222.

schen ausdrücklich als Modell verstanden wissen und die Wirtschaft theoretisch abstrakt betrachten, andererseits scheint er die Gewinnmaximierung durchaus für ein wesentliches Charaktermerkmal des realen Menschen zu halten. Auf diese Widersprüchlichkeit macht Hartfiel mit der Feststellung aufmerksam, dass Mill nicht eindeutig darlegt, wie die einzelnen Sozialwissenschaften zu dem sie konstituierenden Menschenbild gelangen.[248] So glaube Mill einerseits den Wirtschaftsmenschen in *„certain departments of human affairs"* vorzufinden, andererseits hebe er den willkürlichen, abstrakten, apriorischen Charakter der Wirtschaftswissenschaften und ihres Akteurs hervor.[249] Hartfiel sieht den Grund für die Unklarheit darin, dass Mill noch nicht erkannt hat, wie wichtig die Unterscheidung zwischen Modell und Wirklichkeit ist.[250]

Wie eingangs bereits erwähnt, kehrt Mill mit seinen Principles ein Stück weit von den abstrakten Prämissen der reinen Ökonomik ab. In seinem ökonomischen Hauptwerk widmet er sich verstärkt der Frage nach einer gerechten Güterverteilung. Hierfür unterscheidet Mill zwischen zwei Grundkomponenten der Wirtschaftstheorie, der Produktion und der Verteilung, auf die er letztlich seine Differenzierung zwischen „art" und „science" überträgt.[251] Während die Produktion in den Bereich der „science" fällt, da sie sich mit den Eigenschaften der Gegenstände befasst, ordnet Mill die Verteilungsgesetze der „art" zu, weil es sich hierbei um ausschließlich vom Menschen gemachte Normen handelt, die nur von ihm geändert werden können.[252] Damit verbleibt er zwar für die Produktion im Rahmen der klassischen Theorie und beim Homo oeconomicus, rekurriert jedoch im Bereich der Verteilung – der ihm nach eigenem Bekunden deutlich wichtiger ist als die Produktion – auf den realen Menschen, an den er seine utilitaristischen Wertmaßstäbe anlegen kann.[253] Die Trennung von Produktion und Verteilung, die Mill selbst für das Hauptverdienst seines Werkes hielt, wurde in der Literatur heftig diskutiert.[254] So bspw. von Ryan, der darauf hinweist, dass Produktion und Verteilung wechselseitig miteinander verschränkt sind, was bedeutet, dass die Verteilung sich stets auf die Produktion auswirkt, etwa auf die Motivation des Arbeiters, der eine bestimmte Maschine bedient.[255]

Insgesamt kann man von einer „Mittlerposition" sprechen, die Mill in der Entwicklungsgeschichte der Ökonomie einnimmt. In methodischer Hinsicht sorgt er ohne Zweifel für eine weitere Emanzipation der Ökonomie von sozialen

---

248 Vgl. Hartfiel 1968, S. 89.
249 Vgl. Hartfiel 1968, S. 99.
250 Vgl. Ebenda.
251 Vgl. Gaulke 1994, S. 160.
252 Vgl. Ebenda.
253 Vgl. Gaulke 1994, S. 161.
254 Vgl. Myrdal 1932, S. 109.
255 Vgl. Gaulke 1994, S. 165.Vgl. Ryan 1974, S. 164.

und moralischen Fragen, indem er die ricardianische Abstraktion der Wirtschaft überzeugend grundlegt. Dabei verliert Mill jedoch nicht aus dem Auge, dass auch bei der abstrakten Modellanalyse die Praxiskompatibilität der Ergebnisse eine wichtige Rolle spielt. Daher trennt er später in seinen wirtschaftstheoretischen Ausführungen auch zwischen Fragen der gerechten Verteilung, die auf Basis eines realen Menschenbildes geklärt werden sollen und denen der Produktion, die mit einem Homo oeconomicus auskommen. So ist Mill durchaus zu attestieren, dass er selbst der Frage nach der Moral in der Wirtschaft einen Platz einräumt. Mit Blick auf die Entwicklungsgeschichte der Ökonomik konnte er trotzdem dem Verschwinden der Moral aus der Ökonomie nichts entgegensetzen, was nicht zuletzt seinen eigenen Methodenerläuterungen geschuldet ist.

3.3 Die ökonomische Isolation des Handlungssubjekts - Die Grenznutzenschule

Prinzipiell spielt die Kategorie des „Nutzens" in jeder Wirtschaftstheorie nach Jeremy Bentham eine wichtige Rolle. So ist bspw. auch bei Mill und Ricardo das Verhalten des Akteurs ausschließlich auf die individuelle Nutzenmaximierung ausgerichtet. Bei den Klassikern der Politischen Ökonomie ist der Wert des erstrebten Wirtschaftsgutes indes ein „objektiver", feststehender Wert, der sich aus der Summe von Gebrauchs- und Tauschwert ergibt. Hier hat der Warenwert nichts mit der subjektiven Einschätzung des Akteurs zu tun, sondern fließt als feste Größe in die individuelle Nutzenkalkulation ein.

Die klassische Vorstellung von einer „objektiven Werttheorie" verändert sich mit dem Aufkommen der sogenannten „Grenznutzenschule"[256], oder auch „Marginalrevolution" genannt, die sich in den siebziger Jahren des 19. Jahrhunderts durchsetzte.[257] Das innovativ Neue der „Grenznutzenlehre" ist, dass ihre Vertreter die „subjektive Wertschätzung" – also den marginalen individuellen Nutzen – als wertbestimmenden Faktor für das Wirtschaftsgut zugrunde legen. Hier bestimmt also die Wertschätzung des Käufers den Wert einer Ware. So avancierte der Begriff des „Nutzens" in der ökonomischen Neoklassik zur zentralen Idee des gesamten nationalökonomischen Systemaufbaus.[258]

Die „Grenznutzenschule" lässt sich in drei Richtungen aufteilen. Eine Variante ist die „anglo-amerikanische Grenznutzenschule", die von William Stanley

---

256 Der Begriff „Grenznutzen" wurde vom österreichischen Ökonomen Friedrich von Wieser eingeführt. Zur Bedeutung des Terminus vgl. Pribram 1992, S. 522 f.

257 Vgl. Manstetten 2000, S. 66.

258 Vgl. Gabler Wirtschaftslexikon, http://wirtschaftslexikon.gabler.de/Definition/grenznutzenschule.html. Abgerufen am 20.04.2011.

Jevons[259] begründet und von dessen Schülern Francis Edgeworth und John B. Clark fortgeführt wurde. Eine zweite Variante ist die sogenannte „Wiener oder auch Österreichische Schule" um ihren Begründer Carl Menger[260] und dessen Nachfolger Eugen Böhm-Bawerk und Friedrich von Wieser. Als dritte ist die von Léon Walras[261] begründete und Vilfredo Pareto sowie Enrico Barone weitergeführte „Lausanner Schule" zu nennen.[262] Mit der zeitgleichen Veröffentlichung von Jevons und Mengers Hauptwerken im Jahr 1871 wird die Geburtsstunde der Neoklassik datiert. Allen drei Schulen ist selbstverständlich die Idee des Grenznutzens gemein, doch unterscheiden sie sich in ihren geistigen Wurzeln: Der Jevon'schen Lehre liegt die utilitaristische Philosophie zugrunde, Menger stützt sich wesentlich auf die Erkenntnisse der introspektiven Psychologie, während Walras' mathematische Variante an die Wahrscheinlichkeitsrechnung anknüpft.[263]

3.3.1 William Jevons und der Wirtschaftsmensch als „pleasure-machine"

Das Denken von William Stanley Jevons – der nicht nur Ökonom, sondern auch Moralphilosoph gewesen ist – basiert auf der Sozialphilosophie des Utilitarismus, weshalb diese Richtung auch als „utilitaristische Variante" der Grenznutzenlehre bezeichnet wird.[264] Jevons adaptiert das utilitaristische Verhaltensprinzip nicht nur, weil er es für ökonomisch sinnvoll hält, wie bspw. vor ihm Ricardo oder Mill, sondern weil er ebenso wie Bentham grundsätzlich davon überzeugt ist, dass alles menschliche Verhalten von den Empfindungsdeterminanten „Freud" und „Leid" bestimmt ist. Da also mit dem hedonistischen Kalkül bereits alles über den Menschen gesagt ist was sich sagen lässt, formuliert Jevons auch seine anthropologische Grundaussage mit Verweis auf Bentham:

---

259   Jevons, William S., The Theory of Political Economy, Hrsg. Collison Black, R., New York 1970.

260   Menger, Carl, Grundsätze der Volkswirtschaftslehre, Hrsg. Hayek, F.v., Tübingen 1968.

261   Walras, Maria-Esprit Léon, Elements of pure economics, Hrsg. Jaffé, W., Fairfield 1977.

262   Vgl. Schwalbe, Ulrich, Léon Walras, in: Klassiker der ökonomischen Denkens, Hrsg.: Kurz, H. D., München 2008.

263   Mit der genannten Kategorisierung folgt die Darstellung Karl Pribram. Anders als Pribram begründet Hans Frambach die Genese der neoklassischen Strömungen aus der (1) Entwicklung der Naturwissenschaften (Walras), (2) der Philosophie des Utilitarismus (Jevons) und der (3) Philosophie des Positivismus (Menger). Vgl. Pribram 1998, S. 523 f.; Vgl. Frambach1993, S. 84-142.

264   Vgl. Pribram 1998, S. 523.

„Die Natur hat die Menschheit unter die Leitung zweier souveräner Herrscher gestellt – pain and pleasure[...] ".[265]

Jede menschliche Handlung und jegliche Form der ökonomischen Rationalität ist letztlich auf die Maximierung von Freude und das Vermeiden von Schmerz gerichtet. Wie bei Bentham hängt auch bei Jevons die Menge an empfundener Lust und Unlust von folgenden Umständen ab:[266] von (1) der Intensität, (2) der Dauer, (3) der Gewissheit und Ungewissheit, (4) der Nähe und Ferne, (5) der Folgenträchtigkeit, (6) der Reinheit der Lust bzw. Unlust und (7) dem Ausmaß der Empfindungen.

Die drei letzten Aspekte spielen nach Ansicht Jevons nur in Bezug auf die Theorie der Moral eine Rolle und haben keinerlei Bedeutung für die reine Ökonomie.[267] Jevons vollzieht also eine klare Trennung zwischen der reinen Ökonomik und der Ethik. Darüber hinaus separiert er die geistigen und moralischen Empfindungen von den körperlichen, indem er sie in eine relativistische Ordnung, ähnlich der Maslow'schen Bedürfnispyramide, bringt.[268] Dem Stillen von Hunger und Durst räumt Jevons oberste Priorität ein, wohingegen der Befriedigung geistiger und moralischer Bedürfnisse eine nachgeordnete Rolle zukommt. Diese Aufteilung macht deutlich, dass Jevons zwar Mills qualitative Unterscheidung verschiedener Arten von Freude kennt, aber ausschließlich die körperlichen Freuden heraussucht, da nur sie in den Zuständigkeitsbereich der reinen Wirtschaftstheorie fallen.[269] Aus diesem Grund wird das Menschenbild der utilitaristischen Grenznutzenlehre auch in Anlehnung an Edgeworth als „pleasuremachine" bezeichnet.[270] Fragen der Moral behandelt Jevons weder theorieimmanent noch außerhalb der Theorie.[271] Schließlich gibt es auch keine moralische Regel,

„ *...die uns verbietet, zwei Grashalme statt einem wachsen zu lassen, wenn dies durch weisen Einsatz von Arbeit erreicht werden kann* "[272],

so Jevons' Begründung. Daher dürfe der Nutzenbegriff auf keinen Fall eingeschränkt werden, schon gar nicht von moralischen Forderungen.[273]

---

265   Jevons 1970, S. 92.
266   Vgl. Jevons 1970, S. 92.
267   Vgl. Jevons 1970, S. 94 ff.; Vgl. Frambach 1993, S. 118.
268   Vgl. Frambach 1993, S. 114-115.
269   Vgl. Jevons 1970, S. 93/S. 102 ff.
270   Vgl. Woll, Helmut, Menschenbilder der Ökonomie, München 1994, S. 65.
271   Vgl. Schernikau, Frank, Die Verbindung von Ethik und Ökonomie am Beispiel der Wohlfahrtstheorie, Frankfurt a.M. 1992, S. 53.
272   Ebenda.
273   Vgl. Jevons 1970, S. 105 ff.

Jevons überwindet die klassische Aufteilung des Wertbegriffs in Tausch-
und Gebrauchswert indem er sie mit der subjektiven Wertschätzung um eine
dritte Dimension erweitert.[274] Die zentrale Idee von Jevons war, dass der Wert
eines Gutes keine feste sondern eine veränderliche Größe ist.[275] Demnach ist der
Wert eines Gutes nicht nur von Person zu Person verschieden, sondern auch für
ein und dieselbe Person je nach Umständen.[276] Seine drei Kategorien sind der (1)
Gebrauchswert einer Ware, (2) ihr Tauschwert und (3) der Grenznutzen, der sich
aus der subjektiven Wertschätzung des Akteurs ergibt. Mithilfe der Wertschätzung gelingt es Jevons, das von Smith aufgeworfene „Wertparadoxon" von Ge-
brauchs- und Tauschwert aufzulösen, welches besagt, dass Wasser, wenn es in
ausreichendem Maße vorhanden ist, zwar einen hohen Gebrauchs-, aber einen
niedrigen Tauschwert hat, umgekehrt ein Diamant über einen hohen Tausch-,
aber niedrigen Gebrauchswert verfügt.[277] Anders ausgedrückt, es gibt Situationen
in denen sich Tausch- und Gebrauchswert diametral entgegenstehen. Indem die
subjektive Wertschätzung nun als weiteres Wertmaß eingeführt wird, lässt sich
also dieses Paradoxon auflösen. Demzufolge nimmt der Wunsch, Wasser zu
konsumieren, mit zunehmender Sättigung ab, während ein Diamant deshalb
begehrt wird, weil er ein knappes Gut ist. Der Wert eines Gutes hängt also nicht
von dessen subjektiv empfundenen Gesamtnutzen ab, sondern von seinem
Grenznutzen. Diese Einsicht formuliert Jevons als allgemeines Gesetz, wonach
sich der Grad des Nutzens umgekehrt proportional zur verfügbaren Menge des
Gutes verhält.[278] Sprich, der erste Liter Wasser, den wir zum Trinken benötigen,
ist lebensnotwendig und vermittelt demnach einen sehr hohen Nutzen. Mit zunehmender Wassermenge, die pro Tag verfügbar ist, werden dagegen immer
weniger dringliche Bedürfnisse befriedigt.[279] Im Begriff des Grenznutzens
kommt die utilitaristische Prägung der Jevon'schen Wirtschaftstheorie voll zum
Tragen. Jevons definiert das Wirtschaftsgut als *„jegliches Objekt, Substanz,
Aktion und Dienstleistung, von denen jedes Freude erzeugen und Leid abwenden
kann.* "[280]

Entsprechend versteht er den „Umstand der Dinge" als Ausdruck für „Freude" und „Leid", den Nutzen als Ausdruck des Verhältnisses verschiedener Menschen zu ganz bestimmten „Freuden" und „Schmerzen".[281]

---

274   Vgl. Frambach 1993, S. 115.
275   Vgl. Suntum, Ulrich von, William Jevons, in: Klassiker des ökonomischen Denkens, Hrsg.:
      Kurz, H. D., München 2008, S. 273.
276   Vgl. Ebenda.
277   Vgl. Ebenda.
278   Vgl. Rolle 2005, S. 140.
279   Vgl. Suntum 2008, S. 274.
280   Vgl. Frambach 1993, S. 119.
281   Ebenda.

3.3.2 Carl Menger und der Mensch als Bündel von Bedürfnissen

Die „psychologische Variante" der Grenznutzenlehre erklärt das Verhalten des Wirtschaftsmenschen auf Basis psychologischer Erkenntnisse. Wichtige Denkanstöße für seine Theorie erhielt Menger[282] aus experimentalpsychologischen Untersuchungen der beiden deutschen Psychologen Ernst Heinrich von Weber (1795-1878) und Gustav Theodor Fechner (1801-1887).[283]

Die zentrale Vokabel in Carl Mengers subjektiver Werttheorie[284] ist die „Bedürfnisbefriedigung" des wirtschaftenden Akteurs. Dementsprechend definiert der Österreicher die Ökonomie als vorsorgliche Tätigkeit des Menschen, den eigenen Güterbedarf zu decken.[285] Der Wert eines Gutes oder einer Dienstleistung ergibt sich ausschließlich aus subjektiven Vorlieben oder Einschätzungen der Individuen.[286] Die Wirtschaft basiert hier auf einer Kausalgesetzlichkeit, sie bewegt sich zwischen einem Anfangs- und einem Endpunkt.[287] Der Anfangspunkt ist das Individuum mit seinen ihm unmittelbar zur Verfügung stehenden Gütern, der Endpunkt liegt bei der Deckung des Güterbedarfs.[288] Mit anderen Worten, die Ökonomie beginnt beim Bedürfnis des Individuums und endet mit der Bedürfnisbefriedigung. Damit ist auch schon alles Wichtige über den Menger'schen Wirtschaftsmenschen gesagt: Er ist ein Bündel von Bedürfnissen.

Aus diesen Bedürfnissen resultiert der spezifische Wert eines Wirtschaftsgutes. Menger nennt vier Voraussetzung die zwingend erfüllt sein müssen, damit

---

282 Menger wurde v.a. durch den sog. „Methodenstreit" mit Gustav Schmoller bekannt. Dabei ging es um die Frage, ob wissenschaftliche Forschung auf Grundlage der deduktiven oder der induktiven Methode betrieben werden sollte. Während Schmoller für die Verwendung einer induktiven Methode eintrat, plädierte Menger für die Anwendung einer deduktiven Methode. Vgl. Wendt, Siegfried, Geschichte der Volkswirtschaftslehre, Berlin 1968, S. 96 ff.

283 Vgl. Pribram 1992, S. 525. Zum Einfluss psychologischer Theorien auf die Entwicklung einiger Aspekte des Wertproblems Eaton, Howard O., The Austrian Philosophy of Value, Oklahoma 1930, S. 19 ff.

284 Menger unterscheidet zwei Arten von Theorien, die das wertende Verhalten von Individuen erklären können: die Theorien der subjektiven Bewertung einerseits und der objektiven Bewertung andererseits. Wie der Name schon sagt, erklärt Erstere das wertende Verhalten aus subjektiven Urteilen, Letztere beschreibt wertendes Verhalten als Resultat von Urteilen die anhand eines „objektiven" Maßstabs gefällt werden. Auf den ersten Blick scheint die Vorstellung von einem „objektiven" Wertmaßstab darauf hinzudeuten, dass Menger an eine überindividuelle Wertvorstellung glaubt. Das ist jedoch nicht der Fall. Menger versteht unter den „objektiven Wertmaßstäben" nichts anderes als ökonomische Restriktionen, nach denen sich das Individuum richten muss. Bspw. die Zeit oder die Güterknappheit. Zu Mengers „objektiver Wertlehre" vgl. Milford, Karl, Carl Menger, in: Klassiker des ökonomischen Denkens, Hrsg. Kurz, H. D., München 2008, S. 312 ff.

285 Vgl. Menger 1968, S. 44.

286 Vgl. Milford 2008, S. 314.

287 Vgl. Menger 1968, S. 262.

288 Vgl. Frambach 1993, S. 132.

ein Gut tatsächlich Güterqualität erlangt:[289] (1) Die Erkenntnis bzw. Voraussicht eines menschlichen Bedürfnisses muss gegeben sein. (2) Das angestrebte Gut muss so beschaffen sein, dass es zur Bedürfnisbefriedigung taugt. (3) Das Wirtschaftssubjekt muss diesen Kausalzusammenhang erkennen. (4) Der Mensch muss über das Gut verfügen können. Fehlt nur eine dieser vier Voraussetzungen, verliert das „Objekt" seine Güterqualität.[290]

Der Kriterienkatalog zeigt, dass ein Wirtschaftsgut niemals eine „absolute" i.S.v. kontinuierliche Güterqualität besitzen kann, da sich sein Wert stets situativ nach den temporären Bedürfnissen des Handlungssubjekts richtet.[291] Preise lassen sich entsprechend als ungeplantes Ergebnis des Zusammenspiels des wertenden oder unintendierten Verhaltens der Menschen erklären.[292] Lässt der Bedarf nach, verliert das Wirtschaftsgut automatisch seinen spezifischen Wert.[293] Frambach stellt in diesem Zusammenhang fest:

„Der Wert ist ein Urteil der wirtschaftenden Menschen über die Bedeutung der in ihrer Verfügung befindlichen Güter zur Aufrechterhaltung ihres Lebens und ihrer Wohlfahrt und ist deshalb außerhalb des menschlichen Bewusstseins nicht vorhanden."[294]

In der Theorie von Carl Menger ist die stark subjektivistische Ausrichtung der Grenznutzenlehre besonders augenfällig: Es geht ausschließlich um die Beziehung zwischen *einem* Handlungssubjekt und *einem* Wirtschaftsgut.[295] Für die Wertbestimmung des Gutes bedarf es keiner Interaktion der Individuen mehr, wie dies in der ökonomischen Klassik noch der Fall ist.[296] Indem nun erstmals der *einsam* wirtschaftende Mensch im Zentrum steht, vollzieht sich eine weitere Akzentverschiebung im Verständnis dessen, was Ökonomie ausmacht. Es kommt zu einer weiteren Begrenzung des Gegenstandsbereichs der Ökonomik. Während Ricardo noch eine Interaktion zwischen verschiedenen methodisch bereinigten Modellmenschen betrachtet hat, blickt die Grenznutzenlehre nun auf eine Subjekt-Objekt-Beziehung. Moralische Fragen sind in einer solchen Theorie obsolet, weil es niemanden mehr gibt, den das Handeln des Akteurs betrifft.

---

289 Vgl. Menger 1968, S. 2. Vgl. Frambach 1993, S. 133.
290 Vgl. Ebenda.
291 Vgl. Menger 1968, S. 213.
292 Vgl. Milford 2008, S. 316.
293 Vgl. Rolle 2005, S. 139.
294 Frambach 1993, S. 137.
295 Diese Aussage wird auch durch Mengers „objektive Werttheorie" nicht in Frage gestellt, denn wie bereits erwähnt, handelt es sich dabei nicht um überindividuelle Wertvorstellungen, die eine Verständigung der Individuen voraussetzen würde, sondern um Restriktionen, wie etwa die Güterknappheit.
296 Hartfiel spricht in dem Zusammenhang auch von „ent-soziologisierten Ökonomie". Vgl. Hartfiel 1968, S. 99.

Smith würde sagen, dass der Spiegel der Gesellschaft fehlt, in dem sich der Mensch gewahr wird.

Auch Menger differenziert zwischen Gebrauchs- und Tauschwert eines Wirtschaftsgutes. Der Gebrauchswert gibt an, dass ein Mensch das erworbene Gut direkt gebrauchen möchte, der Tauschwert verweist darauf, dass das Gut zum tauschen dient. Ersteres bedeutet somit eine direkte, Letzteres eine indirekte Sicherstellung des Bedarfs.[297] So banal diese Feststellung klingen mag, zeigt sie doch, dass Menger diese beiden klassischen Werttheorien nicht um eine subjektive Werttheorie ergänzt, sondern mit einer subjektiven Werttheorie grundlegt. Die Bezeichnungen Tausch- und Gebrauchswert gibt lediglich Auskunft über die Verwendung des Wirtschaftguts, nicht aber darüber, wie sich der jeweilige Wert generiert, denn dieser ergibt sich allein aus der subjektiven Wertschätzung des Akteurs.

3.3.3 Leon Walras und die Ökonomie als Postulat ökonomischen Handelns

Die Entwicklung einer „Begrenzung der Ökonomie" erreicht mit der „Lausanner Schule" ihren Höhepunkt. Wie eingangs dieses Kapitels erwähnt, handelt es sich bei Léon Walras' Theorie um die „mathematisierte Variante" der Grenznutzenlehre. Die rein mathematische Lösung des Wertproblems, deutet bereits an, dass der gebürtige Franzose auf jede – egal ob utilitaristische oder psychologische – Klärung menschlicher Motive verzichtet. Als größte Errungenschaft der Walras'schen Ökonomie gilt, dass er mithilfe mathematischer Formulierungen die komplexe Struktur der Ökonomie erfassen und Wechselwirkungen zwischen den verschiedenen Marktbereichen aufdecken konnte.[298]

Zunächst soll den Ausführungen zur Walras'schen „reinen Ökonomik" dessen generelle Unterteilung des Systems der Politischen Ökonomie vorangestellt werden.[299] Dieses gliedert sich in drei Bereiche: die „reine Politische Ökonomie", die „angewandte politische Ökonomie" und die „soziale Ökonomie". Innerhalb dieser drei Bereiche unterscheidet Walras zwischen positiven und normativen Fragestellungen:[300] So ist die „reine ökonomische Theorie" durch einen positiven Wissenschaftscharakter gekennzeichnet, während die angewandte „politische" und „soziale Ökonomie" normativen Charakter haben. In den beiden zuletzt genannten Teilbereichen spielen moralische Fragen eine Rolle, in der

---

297 Vgl. Frambach 1993, S. 137.
298 Vgl. Schwalbe 2008, S. 259.
299 Vgl. Frambach 1993, S. 90.
300 Vgl. Ebenda.

reinen Ökonomie hingegen, dem tatsächlichen Kernbereich der Politischen Ökonomie, sind sie bedeutungslos.

Die reine Politische Ökonomie stellt sich bei Walras als quasinaturwissenschaftliche Disziplin dar, die den Charakter einer mathematischen Theorie besitzt.[301] Walras geht es darum, alle ökonomischen Bewegungen vollständig berechenbar zu machen; er versucht die Existenz eines Gleichgewichtes in einer Modellökonomie nachzuweisen.[302] Aus diesem Grund geht er einen Schritt weiter als seine Kollegen: Er koppelt die Preistheorie von der subjektiven Werttheorie ab, aufgrund der das Ökonomische zwangsläufig mit der psychologischen Disposition des Individuums verknüpft ist. Deshalb waren die Ökonomen auch gezwungen, über die Wünsche und Bedürfnisse des Menschen zu spekulieren, so Walras. Das gilt bspw. für Menger, der mit seiner Bedürfnislehre an die Ergebnisse der Psychologie anknüpft, ebenso wie für Jevons, der mit dem Utilitarismus nach einer philosophischen Erklärung menschlichen Verhaltens sucht.[303] Zum einen handelt es sich hierbei laut Walras um laienhafte Erklärungsversuche, schließlich sind Ökonomen keine Experten für menschliches Verhalten. Dadurch erhalte die Wirtschaftstheorie bloß einen pseudo-wissenschaftlichen Anstrich und münde in einen „psychologischen Dilettantismus".[304] Und zum anderen erschweren diese Mutmaßungen in der Regel die Berechnung der Marktbewegungen.

„As to mathematical language, why should we persist in using everyday language to explain things in the most combrous and incorrect way, as Ricardo has often done and as John Stuart Mill does repeatedly in his Principles of political Economy, when

---

301   Vgl. Ebenda.

302   Vgl. Schwalbe 2008, S. 249.

303   Walras' bekanntester Schüler Vilfredo Pareto, der sein Nachfolger auf dem Lehrstuhl in Lausanne war, sprach sich ebenfalls gegen die Verwendung eines „ethisch vorbelasteten Nutzenbegriffs" aus, weshalb er den Begriff des Nutzens durch einen anderen ersetzte. Aufgrund der Tatsache, dass Individuen Dinge wählen können, die ein außenstehender Beobachter für schädlich halten könnte, plädiert Pareto dafür, das Motiv für eine wirtschaftliche Handlung nicht unter dem Begriff Nutzen zu erfassen, sondern den von ihm neu geprägten Terminus *ophélimité* zu verwenden, der den Nutzen einer Sache so bezeichnet wie er einem Individuum erscheint. *Ophélimité* steht für die Einschätzung eines Gutes durch ein Subjekt, insofern sie sich in seinem wirtschaftlichen Handeln ausdrückt. Vgl. Pareto, Vilfredo, Ausgewählte Schriften, Frankfurt a. M. 1972.

304   Wegen dieser Vorgehensweise nennt Schumpeter Walras den „größten aller Wirtschaftswissenschaftler". Sein Denken zeichne sich durch eine „revolutionäre Schöpferkraft" aus. Walras habe als einziger Wirtschaftswissenschaftler ein Werk geschaffen, das tatsächlich mit den Errungenschaften der theoretischen Physik mithalten kann. Vgl. Schumpeter 1965 S. 1010.

these same things can be stated far more succinctly, precisely and clearly in the language of mathematics? "[305]

Die Sprache der Ökonomie ist von nun an also die Mathematik. Der Fokus der ökonomischen Analyse liegt dabei ausdrücklich nicht auf den Preisbildungsprozessen – wie bei Menger und Jevons –, sondern allein auf dem Wahlakt. Schließlich ist der Wahlakt eine beobachtbare Tatsache, während die Entstehung der Preise mit den Wünschen des Individuums verknüpft sind, über die, wie bereits gesagt, nur spekuliert werden kann.

Alle Marktvorgänge interpretiert Walras als eine Wahl zwischen einem Gut, das man erwirbt, und jenem, auf das man verzichtet. Zur Lösung des Preisproblems wird das Verhalten der Marktteilnehmer beobachtet. Die von den Individuen getätigten Wahlvorgänge werden als reine Mengenbeziehungen zwischen gewählten und nicht gewählten Gütern aufgefasst und lassen sich in algebraische Gleichungen überführen.[306] In dieser Weise verwandelt sich das Preisproblem bei Walras in ein Gleichgewichtsproblem: Der Markt befindet sich dann im Gleichgewicht, wenn weder für Käufer noch für Verkäufer ein Anreiz besteht, an den eigenen Gütermengen eine Veränderung vorzunehmen. Wird eine Gütermenge nur um eine Einheit verändert, lässt sich die Auswirkung dieser Abweichung am Markt beobachten.[307] Dementsprechend ist auch der Tauschwert ein Spezifikum, das bestimmte Dinge besitzen. Hierbei handelt es sich um die Eigenschaft das Kaufen und Verkaufen, des Abgeben und Empfangen *von* etwas *für* etwas.[308] All das geschieht in exakten Mengenverhältnissen. Den Markt selbst versteht Walras als einen Ort, an dem getauscht wird.[309] Entsprechend konstituiert sich der Tauschwert auch erst im Markt, denn er resultiert aus dem konkurrierenden Verhalten der Marktteilnehmer.[310]

Stackelberg kommentiert diese Art der Preistheorie wie folgt:

„Nicht mehr die in der menschlichen Psyche unmittelbar wahrgenommene Empfindung, sondern der äußerlich sichtbare Wahlakt steht am Anfang der Werttheorie.

---

305 Vgl. Walras, Léon, Correspondence of Léon Walras and Collected Papers, Hrsg. Jaffè, W., Amsterdam 1965, S. 72.
306 Vgl. Ebenda.
307 Vgl. Rolle 2005, S. 145.
308 Vgl. Frambach 1993, S. 99.
309 Die Bezeichnung „Ort, an dem getauscht wird" ist irreführend, da er an die Smith'sche Wirtschaftslehre erinnert. Entsprechend stellt auch Schumpeter klar, dass Walras' Variante der Grenznutzenlehre rein gar nichts mit der klassischen Lehre vom wirtschaftlichen Handeln zu tun hat, da sie die Veränderungen von Gütermengen so betrachtet, als wenn sie sich automatisch, ohne die Menschen die sie tatsächlich bewirken, vollzögen. Vgl. Schumpeter, Das Wesen und der Hauptinhalt der theoretischen Nationalökonomie, Leipzig 1908, S. 28./S. 86.
310 Ebenda.

Auf die Erklärung, warum der Mensch so und nicht anders wählt wird verzichtet...
Diese Erklärung würde bestimmt manchen interessanten Aufschluss vermitteln. Sie
hat jedoch mit der wirtschaftlichen Theorie nichts mehr zu tun."[311]

Walras' Forschungsprogramm hat weitreichende Folgen, denn es bedeutet letztlich, dass alles, was nicht mathematisch zu erfassen ist, bereits a priori aus dem Untersuchungshorizont der Wirtschaftstheorie herausfällt.[312] Er verbannt noch weit mehr aus der Wirtschaftstheorie als William Jevons: nicht nur die moralischen und sozialen, sondern *alle* Aspekte der menschlichen Natur. In Walras' Theorie weist der Mensch überhaupt keine menschlichen Verhaltensweisen mehr auf, sondern wird zum bloßen „Platzhalter" degradiert. Er steht für den „Auslöser" einer Marktbewegung, die es zu messen gilt. Man könnte sogar so weit gehen zu sagen, dass Walras das Individuum aus der Wirtschaftsanalyse streicht. Die Wirtschaft kommt von nun an ohne den Menschen aus, womit die Frage nach der Moral in der Ökonomie hinfällig wäre.

---

311 Vgl. Stackelberg, Heinrich, Die Entwicklung der Werttheorie, in: Schweizer Zeitschrift für Volkswirtschaft und Statistik, 83 Jg., 1947.
312 Auf diesen Zusammenhang macht Rolle aufmerksam. Vgl. Rolle 2005 S. 145.

4. Die „Entgrenzung" der Ökonomie – Lionel Robbins

Die Zusammenschau der bislang aufgeführten Positionen der Wirtschaftstheorie zeigt einen klaren Trend zur Abstraktion der Disziplin der einen Wandel im Bedingungsverhältnis von Moral und Ökonomie nach sich zog. Der Untersuchungsbereich der Wirtschaft wurde sukzessive enger gefasst. Während die Ökonomie bei Ricardo einen abstrakten Bereich bezeichnete, in dem mehrere Homini oeconomici interagierten, umfasst sie in der Grenznutzenlehre nur mehr eine Beziehung zwischen einem Subjekt und einem Objekt. In ihrer extremsten Form untersucht die Ökonomie bei Walras einzig einen unpersönlichen Wahlakt. Die schrittweise Begrenzung des Untersuchungshorizonts wirkte sich auch auf den Wirtschaftsakteur aus: er wurde nicht nur seiner menschlichen Eigenschaften enthoben, sondern letztlich zu einem Platzhalter der Theorie degradiert. Die „Begrenzung der Ökonomie" steht somit unmittelbar in Zusammenhang mit der „Entfremdung des Akteurs". Erst der beengte Blick auf das Ökonomische machte es überhaupt möglich, das Wirtschaftssubjekt derart zu entmenschlichen, dass es zuletzt nur mehr ein Bedürfnis beschreibt – mit schwerwiegenden Folgen für das Bedingungsverhältnis von Moral und Ökonomie. Denn ohne die Existenz eines Gegenübers, stellt sich auch nicht die Frage nach dem richtigen Verhalten des Menschen – das Thema „Moral" erübrigt sich. Mit dem völligen Verzicht darauf, ein menschliches Bedürfnis zu präsumieren, geht Walras den Weg der Begrenzung der Ökonomik konsequent zu Ende.

Mit seinem vielbeachteten *„Essay On the Nature and Significance of Economic Science" (1932)* schlägt Lionel Robbins nunmehr einen neuen Weg in der wissenschaftlichen Beschäftigung mit der Wirtschaft ein.[313] Der Volkswirt liefert mit seiner Theorie eine Neudefinition des Forschungsgegenstandes der Ökonomik, die bis heute in zahlreichen Standartwerken zu finden ist.[314] Robbins verfolgt im Wesentlichen zwei Ziele: (1) Zum einen möchte er die bis dato strittigen Prämissen seiner Disziplin, v.a. die „ethisch vorbelasteten" Grundlagen der Ökonomik, wie bspw. den utilitaristischen Nutzenbegriff endgültig ablegen.

---

313   Vgl. Robbins, Lionel, An Essay on the nature and significance of economic science, New York 1962.
314   Vgl. Robbins 1962, S. 1.

Folglich plädiert Robbins im Anschluss an Menger und Walras, für eine wertfreie Grundlegung der Politischen Ökonomie. (2) Zum anderen möchte er den Untersuchungshorizont der Wirtschaftstheorie erweitern. Die Ökonomie soll sich nicht mehr auf einen engen Bereich fokussieren, sondern das eigene Forschungsfeld für den Dialog mit anderen Wissenschaftsdisziplinen öffnen.

(1) Prinzipiell hält Robbins den Begriff des „Nutzens" für eine brauchbare Kategorie, doch nur unter der Bedingung, dass er völlig wertfrei, ohne jede ethische Implikation, verwendet wird.[315] Dementsprechend versteht er die Politische Ökonomie als positive Wissenschaft, der ein Wertfreiheitspostulat zugrunde liegt.[316]

„What is of relevance to the social science is, not whether individual judgments of value are correct in the ultimate sense of the philosophy of value, but whether they are made[...]."[317]

Mit dieser Bekundung wendet sich Robbins gegen den utilitaristischen Nutzenbegriff in der Wirtschaftstheorie. Der Grund hierfür ist, dass das hedonistische Kalkül grundsätzlich eine normative Aussage über die Natur des Menschen beinhaltet, wodurch der Wirtschaftsmensch automatisch auf das primitive Verhaltensmotiv des Egoismus reduziert wird. Das habe nicht nur zu einem schlechten Image der Ökonomie beigetragen – i.S.v. Ökonomen schätzten den Menschen per se als egoistisches Wesen ein –, sondern auch vom eigentlichen Kern ökonomischer Untersuchungen abgelenkt.[318] In der Wirtschaftstheorie gehe es nicht um das Verhalten der Menschen, sondern allein um die Konsequenzen menschlichen Verhaltens. Ob der Mensch ein Egoist oder ein Altruist ist sei daher nicht von Belang.

„The general absurdity of the belief that the world contemplated by the economist is peopled only by egoists or "pleasure machines" should be sufficiently clear from what has been said already[...]. So far as we are concerned, our economic subjects can be pure egoists, pure altruists, pure ascetics, pure sensualists, or – what is much more likely – mixed bundles of all these impulses."[319]

Der Begriff des "Nutzens" soll also wertfrei verwendet werden. Grundsätzlich hält Robbins ihn für eine subjektive Größe, die wissenschaftlich nicht zu be-

---

315   Diese Kritik richtet sich gegen Jevons' utilitaristisch inspirierte Wertlehre. Vgl. Robbins 1962, S. 84.

316   Robbins nimmt mit seiner Forderung nach einer Grundlegung der Wirtschaftswissenschaft als wertfreie Wissenschaft explizit auf Max Webers Wertfreiheitspostulat Bezug. Vgl. Robbins 1962, S. 91.

317   Robbins 1962, S. 90.

318   Vgl. Robbins 1962, S. 86.

319   Robbins 1962, S. 94-95.

gründen ist, es könne lediglich festgestellt werden, dass ein Mensch irgendeinen Nutzen aus einer ökonomischen Wahl zieht. Im Fokus soll daher die Wahl und nicht der Nutzen stehen. Nach Auffassung von Robbins reflektiert nicht Letzterer den Wunsch eines Menschen, sondern allein den Wahlakt.[320] In diesem Punkt wird deutlich, wie nahe Robbins mit seiner Grundlegung der Politischen Ökonomie am Walras'schen und Menger'schen Wirtschaftsverständnis liegt.[321] Die Grenznutzentheoretiker lehnen ebenfalls die Verwendung eines normativen Nutzenbegriffs ab und fokussieren ihre Analyse auf den Wahlakt.

Die Tatsache, dass Robbins den „Nutzen" des Akteurs nicht hinterfragen will erhellt, dass er interpersonelle Nutzenvergleiche ebenso wenig für möglich hält, wie die Aggregation der Individualnutzen zu einem sozialen Nutzen.[322] Robbins geht somit auch nicht davon aus, dass Individuen untereinander kommunizieren oder, dass eine Instanz bzw. Institution existiert, die festlegen könnte was Nutzen ist oder zu sein hat.

Für Robbins kennzeichnen zwei Wesensmerkmale das Individuum: die Bedürftigkeit und die Rationalität. Was die Grundlegung des Menschen als Bündel von Bedürfnissen anbetrifft, liegt Robbins auf der Linie von Menger. Damit wendet er sich sowohl gegen die Kant'sche Vorstellung, dass der Mensch als freies Wesen Abstand von seiner animalischen Natur nehmen kann, als auch gegen die Smith'sche Idee von einer menschlichen Natur, der eine Bestimmung jenseits der Verfolgung privater Triebe zugrunde liegt.[323] Die Annahme der Rationalität spielt eine wichtige Rolle in Bezug auf Robbins weitere Prämisse der Präferenzordnung, wonach die Bedürfnisse des Menschen unterschiedliche Relevanz besitzen und mittels der Ratio in eine Reihenfolge zu bringen sind.

Robbins selbst bekennt sich mit seinen Aussagen dazu, dass er zwar möglichst offen gehaltene, aber reale Züge des Menschen präsumieren will, die jeder bei sich selbst entdecken kann.[324] Er beruft sich dabei auf die Alltagserfahrung. Trotzdem bleibt der Robbins'sche Mensch lediglich eine Skizze ohne normativen Inhalt, schließlich wird nichts über die menschlichen Verhaltensmotive, Wünsche oder Ziele ausgesagt. Wie seine Vorgänger entwirft auch Robbins ein reduziertes Menschenbild – eine inhaltsleere Hülle.

(2) Wie erwähnt ist das zweite Ziel der Robbins'schen Neudefinition der Ökonomik die Öffnung der Wirtschaftstheorie für den Dialog mit anderen Wis-

---

320   Auch Manstetten stellt fest, dass der Nutzen bei Robbins lediglich darauf verweist, dass der Mensch bestimmte Alternativen bevorzugt und seine Präferenz dadurch artikuliert, dass er eine Alternative wählt. Vgl. Manstetten 2000, S. 76.
321   Robbins bezieht sich ausdrücklich auf Menger.
322   Vgl. Robbins 1962, S. 126/S. 133.
323   Siehe Kapitel I.
324   Vgl. Robbins 1962, S. 78.

senschaftsdisziplinen. Er widersetzt sich damit der Entwicklung der sukzessiven Begrenzung des eigenen Forschungsbereichs. Wie dargestellt, wurde der „Ausschnitt" der Ökonomie immer kleiner: Anfangs bezeichnete die Wirtschaft noch einen Ort des Handelns und Tauschens, später einen abstrakten Raum der Interaktion – soziale Beziehungen wurden ausgeklammert – und letztlich lediglich eine Beziehung zwischen einem Handlungssubjekt und einem Wirtschaftsgut – alle interpersonellen Beziehungen wurden ausgeklammert. Der Forschungsgegenstand der Ökonomie wurde „autistischer", der „Ort" der Wirtschaft zunehmend eingeschränkt.

Mit seiner Neudefinition der Ökonomik löst Robbins nun diesen Trend auf, indem er die Ökonomie nicht mehr als Ort oder Beziehung definiert, sondern als spezifische Aufgabenstellung:[325]

„Economics is the science which studies human behaviour between ends and scarce means which have alternative uses."[326]

Robbins definiert die Ökonomie als Theorie der Wahlakte unter Knappheitsbedingungen. Damit gelingt es ihm in der Tat, die eigene Disziplin zu öffnen, denn alle Fragen, die das Knappheitsproblem betreffen, fallen nunmehr in den Zuständigkeitsbereich der Ökonomik. Im Umkehrschluss stellt Manstetten treffend fest, dass die ökonomische Analyse nur da nicht vorkommt, wo man entweder nicht wählen *muss* oder nicht *wählen* kann.[327] Manstetten spricht auch von einer „Ent-grenzung" des Forschungsgebiets der Ökonomik durch Lionel Robbins.[328] Wobei an dieser Stelle darauf hinzuweisen ist, dass Robbins mit seinem Ansatz zwar die Ökonomie von ihrer ursprünglichen materiellen Ausrichtung befreit, aber keinesfalls beabsichtigt die Ökonomie, vollständig aus ihrem spezifisch wirtschaftlichen Themenbereich zu lösen. Sein Hauptanliegen ist es, Widersprüche und Probleme der neoklassischen Ökonomik abzulegen, um ihr erneut eine praktische Färbung zu verleihen.[329]

Besonders interessant ist Robbins Ansatz vor dem Hintergrund der unter Punkt 3. dargestellten Entwicklung. Denn hier wurden zwei parallele Verläufe aufgezeigt: einerseits die „Begrenzung" des ökonomischen Forschungsbereichs und andererseits die „Entfremdung" des wirtschaftswissenschaftlichen Menschenbildes. Die Entfremdung des Menschen ging dabei mit der Begrenzung der Forschungsfeldes einher: Indem immer weiter von der Realität abstrahiert und auf die Analyse interpersoneller Beziehungen verzichtet wurde, erübrigte es sich

---

325   Robbins formuliert seine Definition von Ökonomie ausdrücklich in Anlehnung an Carl Mengers Wirtschaftsverständnis. Vgl. Robbins 1962, S. 16.
326   Robbins 1962, S. 16.
327   Vgl. Manstetten 2000, S. 81.
328   Vgl. Manstetten 2000, S. 80.
329   Vgl. Robbins 1962, S. 104 ff.

auch den Menschen mit sozialen Eigenschaften auszustatten. Ins Extrem trieb diese Entwicklung Walras' Wirtschaftstheorie, in der einzig der Wahlakt der Marktteilnehmer den Markt bestimmt. Was die Grundlegung des Akteurs angeht, so knüpft Robbins offensichtlich an die inhaltsleerste Vorstellung von einem wirtschaftenden Menschen an, wie sie am Ende der dargestellten Entwicklung steht. Robbins bezeichnet den Menschen zwar als Wesen mit Bedürfnissen und Präferenzen, doch er schweigt sich bewusst über den Inhalt der Präferenzordnung aus. Gleichzeitig ent-grenzt Robbins jedoch das zuvor so eng abgesteckte Forschungsgebiet der Politischen Ökonomie. Er möchte sie für den Dialog mit anderen Disziplinen öffnen und ihr mehr Realitätsnähe verleihen.

Damit löst Robbins die zuvor dargestellte Verbindung von *Begrenzung* der Ökonomie und *Entfremdung* des Menschenbildes auf und beschreitet einen Weg der *Entgrenzung* der Ökonomie mit einem *entfremdeten* Menschenbild. Die beiden Entwicklungen, die sich zuvor parallel ausgebildet haben, laufen nunmehr in entgegengesetzte Richtungen.

5. Eine ökonomische Erklärung menschlichen Verhaltens – Gary S. Becker

Der Neoliberalist Gary S. Becker, der im Jahr 1992 den Wirtschaftsnobelpreis für sein Hauptwerk „*Eine ökonomische Erklärung menschlichen Verhaltens*"[330] *(1976)* erhalten hat, geht den aufgezeigten Weg von Lionel Robbins konsequent zu Ende, indem er den ökonomischen Ansatz nun auf alle Bereiche des menschlichen Lebens anwendet.[331] Becker versteht die Ökonomie als spezifische Methode die sich, seiner Überzeugung nach, dazu eignet alle Fragen des Lebens zu klären. Deshalb handelt es sich bei Beckers Ansatz nicht nur um einen weiteren Schritt der *Ent-grenzung* des Ökonomischen, sondern um die selbstbewusste Absicht die ganze Welt ökonomisch zu deuten.

Interessant ist Beckers Ansatz vor dem Hintergrund der dargestellten Entwicklung. Denn alle bisher aufgezeigten Positionen der ökonomischen Theoriegeschichte bedeuteten eine schrittweise Abkehr vom Smith'schen Denken. Wie die knappe Aussage über die Becker'sche Theorie bereits andeutet, stellt sein Ökonomieverständnis die extremste Abkehr dar. Trotzdem sieht Becker sich selbst mit seinem Ansatz ganz in der Tradition des Smith'schen Denkens, wie er in seiner Einführung zu seinem Hauptwerk eigens feststellt.[332] Wie ein solches Selbstverständnis zu erklären ist und welche Konsequenzen Beckers Theorie für das Verhältnis von Moral und Ökonomie hat, soll im Folgenden geklärt werden.

5.1 Die Ökonomie als exklusives Verhaltensmuster des Individuums

Der umfassende Erklärungsanspruch, den Becker mit seinem Ansatz proklamiert, basiert auf einer weiteren Neudefinition des Ökonomiebegriffs. Becker knüpft mit seiner Begriffsklärung direkt an Lionel Robbins –„*Allokation knapper Mittel zur Verfolgung konkurrierender Güter*" – an. Wie gezeigt, spielt bereits bei Robbins das Materielle keine Rolle mehr, wodurch der Geltungsbereich

---

330 Becker 1982.
331 Becker bezeichnet diesen Abschnitt selbst als „einleitenden Aufsatz", in dem „*die grundlegenden Merkmale des ökonomischen Ansatzes*" aufgezeigt werden. Siehe Becker 1982, S. 1.
332 Vgl. Becker 1982, S. 2.

der Wirtschaftswissenschaften enorm ausgeweitet wird.[333] Prinzipiell hält Becker diese Definition für äußerst sinnvoll, da sie die Beschränkung des Wirtschaftlichen auf „*das, was Ökonomen tun*"[334], überwindet. Indem Robbins den Wahlzwang und das Knappheitsproblem in den Mittelpunkt der ökonomischen Analyse rückt, verabschiedet er sich erstmals von klassischen ökonomischen Themen, die ausschließlich den Marktbereich betreffen. „Ökonomisch" ist mit Robbins jeder Ort, an dem eine Wahl unter Knappheitsbedingungen stattfindet: Das trifft bspw. auch auf politische Prozesse, die Familie oder die Wissenschaft zu.[335]

Trotzdem weist Robbins Wirtschaftsverständnis in Beckers Augen ein erhebliches Defizit auf: Er versäumt es nämlich, das Verhalten des Menschen klar und deutlich festzulegen.[336] Da sich Robbins bewusst nicht zu den menschlichen Verhaltensmotiven, Bedürfnissen und Präferenzen äußert – ein Akteur wird absichtlich inhaltsleer gehalten –, hält Becker völlig zu Recht bei Robbins grundsätzlich jedes Verhaltensmotiv für denkbar, auch irrationales Verhalten wie bspw. Traditionsbewusstsein und Impulsivität. Das ist jedoch ein Problem für die Wirtschaftstheorie, denn irrationales Verhalten ist weder messbar noch prognostizierbar. Will man also prognosefähige Modelle entwickeln, sollte man das Verhalten des Akteurs auch entsprechend eindeutig bestimmen.

Deshalb definiert Becker die Ökonomie folgendermaßen: In jeder Situation, in der ein Individuum rational seinen eigenen Nutzen maximiert, handelt es sich um Ökonomie.[337] Beckers Begriff der „Ökonomie" bezeichnet somit eine spezifische Verhaltensweise des Menschen. Die Annahme der „rationalen Nutzenmaximierung" ist freilich nicht neu, bereits John Stuart Mill setzt sie in die Wirtschaftstheorie ein. Bei Becker indes ist die Stellung und der Einflussbereich der Annahme eine andere: Während Mill erst den Bereich vorgibt, für den er die Nutzenmaximierung als typisches Verhaltensmuster identifiziert, verkörpert bei Becker die Nutzenmaximierung selbst das Ökonomische.

5.2 Der Mensch als Bündel apriorischer Setzungen und Restriktionen

Doch Beckers' Grundprämissen erschöpfen sich nicht in seiner Definition von Ökonomie. Insgesamt basiert seine Theorie auf drei Grundannahmen: Erstens geht er von der Existenz von Märkten aus, legt zweitens eine stabile, überindivi-

---

333 Vgl. Ebenda.
334 Vgl. Ebenda. Die Definition stammt von Jacob Viner. Zu Viners Ökonomiebegriff Vgl. Boulding, Kenneth E., Eonomic Analysis, New York 1966.
335 Vgl. Becker 1982, S. 2.
336 Vgl. Becker 1982, S. 3.
337 Vgl. Ebenda.

duelle Präferenzordnung fest und unterstellt drittens den Akteuren prinzipiell nutzenmaximierendes Verhalten.[338]

5.2.1 Die Nutzenmaximierung

Mit der Unterstellung der Nutzenmaximierung bewegt sich Becker auf den Wirtschaftswissenschaften vertrautem Terrain. Anders als Walras, Menger und Robbins bleibt Becker mit der Verwendung des Nutzenbegriffs der Tradition des Bentham'schen Utilitarismus treu. Ganz im Sinne des hedonistischen Kalküls unterliegt für ihn alles menschliche Handeln grundsätzlich dem Streben nach einem maximalen, persönlichen Nettonutzen. Darüber hinaus folgt Becker Bentham in der Annahme, dass das Lust-Unlust-Kalkül applizierbar ist: So sei diese Annahme um nichts weniger als auf das gesamte menschliche Verhalten anwendbar.[339] Die von Robbins so kritisch gesehenen ethischen Implikationen des Nutzenbegriffs thematisiert Becker nicht. Allein Benthams Anspruch, seine Theorie mit allen in der Realität beobachtbaren Phänomenen in Einklang zu bringen, hält Becker für einen Fehler.

5.2.2 Stabile Präferenzen

Die Vorgabe der Nutzenmaximierung liegt freilich den meisten ökonomischen Theorien zugrunde. Von daher wirkt sie auf den ersten Blick wohl eher nostalgisch als innovativ. Doch die Besonderheit von Beckers Theorie liegt in der Kombination aller drei Grundprämissen: Denn nicht nur maximieren die Menschen in jeder Lebenslage ihren Nutzen, sondern, sie ziehen auch grundsätzlich den gleichen Nutzen aus den gleichen Präferenzen.[340] Die Präferenzordnung der Menschen ist in Beckers Ansatz sowohl *stabil* als auch bei allen Individuen *identisch*. Sprich, die Präferenzordnungen bestehen nicht nur individuell, sondern sind darüber hinaus überindividuell gleich. Interpersonelle Nutzenvergleiche sind daher durchaus möglich.

„Die Annahme stabiler Präferenzen bietet eine feste Grundlage, um Vorhersagen über Reaktionen auf verschiedene Veränderungen zu machen, und bewahrt den Analytiker vor der Versuchung, alle augenscheinlichen Widersprüche zu seinen Vorher-

---

338 Vgl. Becker 1982, S. 4.
339 Vgl. Becker 1982, S. 8.
340 Freiheit, Reichtum, Gesundheit, Liebe oder Sozialprestige genießen allgemeine Wertschätzung. Vgl. Becker. 1982, S. 3.

sagen dadurch zu ,erklären', dass er einfach eine entsprechende Veränderung der Präferenzen unterstellt. "[341]

Will man menschliches Verhalten erklären und prognostizieren, muss man laut Becker die Präferenzordnung als Konstante betrachten. Wie aus dem angeführten Zitat hervorgeht, bringt diese Konstanz-Annahme, gepaart mit der Hypothese von einer Identität menschlicher Präferenzen, eine weitere Besonderheit mit sich: Denn eine ökonomische Theorie, der diese Annahmen fehlen, laufe Gefahr, zur Tautologie zu werden.[342] Sie könnte nichts mehr wirklich erklären, denn (1) unterschiedliches Verhalten könnte stets mit unterschiedlichen individuellen Präferenzen und (2) verändertes Verhalten mit veränderten Präferenzen „erklärt" werden. Voraussagen wären somit ebenso gehaltlos bzw. gar unmöglich wie eine umfassende Erklärung menschlicher Verhaltensmuster. Zur Verhinderung von (1) dient in Beckers Konzeption die Identitätsannahme; um (2) auszuschließen, wird auf die Konstanz-Annahme verwiesen.

Die als stabil vorausgesetzten Präferenzen beziehen sich nicht nur auf Güter und Dienstleistungen, wie Orangen, Autos oder Gesundheitsdienste. Relevant sind vielmehr alle grundlegenden Objekte, die jeder Haushalt herstellt, wenn er Marktgüter und Marktleistungen, eigene Zeit und andere Faktoren einsetzt. Diese Präferenzen betreffen die elementaren Aspekte des Lebens wie bspw. Gesundheit, Prestige, Sinnesfreuden, Wohlwollen oder Neid, die im strengen Sinne keine Wirtschaftsgüter sind.[343] Diese Vorgabe stabiler Präferenzen bietet Becker zufolge eine feste Grundlage, um Reaktionen auf beliebige Veränderungen vorherzusagen.[344] Auf die inhaltliche Bestimmung der Präferenzen will sich Becker aber nicht festlegen, diese überlässt er anderen wissenschaftlichen Disziplinen.

An dieser Stelle muss die Besonderheit der Becker'schen Prämisse von einer stabilen und identischen Präferenzordnung noch einmal hervorgehoben werden, denn seine Aussage mündet in eine theoretische Kuriosität: Jeder Mensch will nicht nur formal, sondern auch inhaltlich exakt das Gleiche.[345] Alle Menschen ziehen also den gleichen Nutzen aus den gleichen Präferenzen. Danach gestaltete sich das Leben aller Menschen absolut identisch. Dieser Zusammenhang widerspricht offenkundig der Realität. Gerade die Verschiedenheit der Menschen ist ein bedeutsamer Wert der modernen Gesellschaft. Wie Becker

---

341 Becker 1982, S. 4.
342 Nach Ansicht Beckers ist Jeremy Bentham eben dieser Fehler unterlaufen. Bentham habe die Annahme stabiler Präferenzen aufgegeben, weil er stärker daran interessiert war das Nutzenkalkül mit jeglichem Verhalten in Einklang zu bringen, als die theoretischen Möglichkeiten auszuloten. Vgl. Becker 1982, S. 8.
343 Vgl. Becker 1982, S. 4.
344 Vgl. Ebenda.
345 Vgl. Manstetten 2000, S. 98.

diesen offensichtlichen Widerspruch zwischen Theorie und Praxis taxiert, wird zu einem späteren Zeitpunkt besprochen.

5.2.3 Der Marktbereich

Das Marktgleichgewicht ist das dritte Kernelement des ökonomischen Ansatzes von Gary Becker. Mit der Annahme der Existenz von Märkten meint Becker, dass Preise und Marktinstrumente die Allokation knapper Ressourcen in einer Gesellschaft steuern.[346] Sie beschränken die Wünsche der Beteiligten und koordinieren ihre Handlungen.[347] Auf diese Weise erhalten sie die Stabilität des Marktes und fördern das Marktgleichgewicht. Diese Vorstellung vom Marktmechanismus geht letztlich bis auf Adam Smith zurück. Auch er glaubt an eine ausgleichende Systemdynamik der Wirtschaft. Doch bei Smith basiert dieser Mechanismus auf der Vorstellung von einer natürlichen Ordnung und vom Menschen als sozialem Wesen. Zu diesen Punkten äußert sich Becker jedoch nicht. Stattdessen weist er dem Markt mit seinen Gesetzen eine besondere Rolle zu. Er legt nämlich das marktwirtschaftliche Funktionsprinzip auch allen traditionell nicht ökonomischen Bereichen zugrunde. Als einführendes Beispiel nennt Becker das Verhältnis des Preises zur Nachfrage, das eine Erhöhung des Preises zwangsläufig die Nachfrage drosselt. Dies verhält sich auf dem traditionellen Markt bei Waren wie Eiern ebenso wie im neuen, ausgedehnten Marktbereich, z.B. bei Kindern. In diesem Zusammenhang spricht Becker von den „Schattenpreisen", die zwar kaum mit Zahlen bemessen werden können, das ökonomische Prinzip allerdings nicht infrage stellen. Das Gleiche gilt für das Verhältnis von Preis zu angebotener Menge sowie für die hohe Produktivität von Wettbewerbssituationen. Die Ausdehnung der Marktgesetze kann als notwendige Bedingung für die Expansion des ökonomischen Ansatzes betrachtet werden.

Zu den Bedingungen des Marktes sind ebenfalls Informationsbeschaffungs- und Transaktionskosten zu zählen. Der von Gegnern des ökonomischen Ansatzes häufig kritisierten, weil unrealistischen Bedingung der vollständigen Information hält Becker eine andere Theorie entgegen. Er verweist auf das von G. J. Stigler entwickelte Konzept der „optimalen" Information, das sich von der vollständigen Informiertheit unterscheidet.[348] Informationsbeschaffung ist demnach eine rationale Aktion, bei der, wie bei allen anderen Handlungen auch, Kosten und Nutzen gegeneinander abgewogen werden. Das bedeutet, es gibt kein irrationales Verhalten, sondern lediglich unvollständige Informationen, was auf „monetäre oder

---

346 Vgl. Becker 1982, S. 3.
347 Vgl. Becker 1982, S. 4.
348 Vgl. Becker 1982, S. 5.

psychische Kosten" bei der Beschaffung zurückzuführen ist.[349] Doch ist der Akteur stets in der Lage die Situation adäquat einzuschätzen, sprich, die Handlungsalternativen unter Berücksichtigung der Restriktionen rational anzuordnen, um daraus die beste Handlung abzuleiten.

5.2.4 Apriorische Setzungen und Restriktionen

Wie erwähnt birgt der ökonomische Ansatz von Gary S. Becker einige Besonderheiten, die sich erst in der Gesamtschau der Prämissen offenbaren. Aus der Kombination der drei Grundaussagen ergibt sich folgendes Bild: Da jeder Mensch dem Streben nach seinem maximalen Nettonutzen unterliegt und jeder den gleichen Nutzen aus den gleichen Präferenzen zieht, weil die Präferenzordnung bei allen Menschen die gleiche ist, stehen die Menschen vor der Situation, nicht nur formal, sondern auch inhaltlich grundsätzlich dasselbe zu wollen.[350] Dies trifft *immer* zu, weil der Mensch stets rein rational handelt, und *überall*, da alle Bereiche des menschlichen Lebens ökonomische Situationen sind.

Natürlich kann sich auch Becker der Tatsache nicht entziehen, dass Menschen de facto unterschiedlich handeln, ihre Ziele und Handlungsergebnisse folglich divergieren. In der Realität bestehen nun einmal Unterschiede im Verhalten der Menschen, was nach Beckers ökonomischem Modell eigentlich nicht der Fall sein dürfte. Seiner Auffassung zufolge, lassen sich diese Unterschiede aber nicht auf die Schwäche seines Ansatzes zurückführen, sondern auf die Restriktionen, denen das menschliche Leben unterliegt. Verschiedene Umstände, unterschiedliche Informationen und Fähigkeiten wirken auf den Einzelnen im Verfolgen seiner Wünsche ein. Die diversen Marktteilnehmer besitzen mitnichten allesamt vollständige Informationen, und ihre Transaktionen sind keineswegs kostenfrei.[351] Diese Restriktionen macht Becker für die faktisch divergierenden Handlungsweisen der Menschen verantwortlich. Verschiedene Lebensentwürfe und individuelle Entscheidungen resultieren aus der rationalen Abwägung der situativen Bedingungen.

So sei es bspw. vernünftig, wenn reiche Familien weniger Kinder haben als arme, weil der soziale Druck wohlhabende Eltern zwingt, für ihre Kinder überproportional viel Geld auszugeben.[352] Kriminalität wiederum rechnet sich bei einer adäquaten Einschätzung des Risikos.[353] Im Extremfall bedeutet selbst ein

---

349 Vgl. Becker 1982, S. 6.
350 Vgl. Manstetten 2002, S. 98.
351 Vgl. Becker 1982, S. 5.
352 Vgl. Becker 1982, S. 194.
353 Vgl. Becker 1982, S. 43.

Suizid ein Nutzenmaximum, weil der Selbstmörder bei der Erstellung seiner subjektiven Kosten-Nutzen-Bilanz zu einem lebensverneinenden Urteil kommt.[354]

Becker hält es für irrig, aus den unterschiedlichen Aktionen der Menschen auf irrationales Verhalten zu schließen. Die Restriktionen, denen jedes individuelle Verhalten unterliegt, ändern für ihn nichts an der Tatsache, dass der Mensch stets vollkommen rational agiert. Menschliches Handeln ist zweckgeleitet, es findet stets eine rationale Zuordnung knapper Ressourcen auf spezifische Ziele statt. Jeder Einzelne ist bemüht, aus seiner jeweiligen Situation mithilfe der ihm zur Verfügung stehenden Informationen und Fähigkeiten das Beste zu machen, sprich: den maximalen Nutzen zu erzielen.

Wenn ein solcher Zusammenhang dennoch nicht zu erkennen ist, wertet Becker dies als Indiz für den mangelnden Einblick des Betrachters in die Kosten-Nutzen-Kategorien des Akteurs. Letzterem sei es schlicht unmöglich, irrational, das heißt entgegen seinem individuellen Präferenzsystem, zu handeln. Diesen Sachverhalt zu kaschieren wirft Becker wissenschaftlichen Theorien vor, die das scheinbare Auslassen günstiger Gelegenheiten als irrationales Verhalten oder angebliche Veränderung der Präferenzordnung erklären wollen.[355] Menschliches Verhalten sei schließlich nicht schizophren – einmal auf Maximierung ausgerichtet, einmal nicht, manchmal durch stabile Präferenzen motiviert, manchmal durch unbeständige, manchmal zu einer optimalen Akkumulation von Informationen führend, manchmal nicht. Alles menschliche Verhalten kann vielmehr so betrachtet werden, als habe man es mit Akteuren zu tun, die ihren Nutzen, bezogen auf ein stabiles Präferenzsystem, maximieren und sich in verschiedenen Märkten eine optimale Ausstattung an Informationen und anderen Faktoren verschaffen.[356] Hingegen müssen die Entscheidungsträger weder ihre ständigen Maximierungsbemühungen benennen können, noch müssen sie sich dieser bewusst sein.[357] Becker selbst hält seine Theorie deshalb für vereinbar mit der Erforschung des Unbewussten in der modernen Psychologie sowie mit der soziologischen Differenzierung von manifesten und latenten Funktionen.[358]

Die Notwendigkeit Präferenzen und Restriktionen zu trennen, findet sich auch in anderen Theorien des Homo oeconomcus, so zum Beispiel bei Gebhard Kirchgässner, obzwar dieser die Auffassung, Präferenzen seien stabil und identisch, nicht in vollem Ausmaß teilt.[359] Trotzdem liegt er mit Becker voll auf einer

---

354 Vgl. Becker 1982, S. 9.
355 Vgl. Becker 1982, S. 6.
356 Vgl. Becker 1982, S. 15.
357 Vgl. Becker 1982, S. 6.
358 Vgl. Becker 1982, S. 6.
359 Vgl. Kirchgässner 1991, S. 38 f.

Linie, wenn er vorschlägt etwaige Veränderungen des menschlichen Verhaltens durch die gegebenen Restriktionen zu erklären.[360] Dies erläutert er am Beispiel des Umweltschutzes: Kirchgässner zeigt, dass der Bewusstseinswandel in Sachen Umweltschutz in der heutigen Zeit nicht auf Veränderungen im Präferenzsystem, sondern auf veränderte Informationen (z.b.: hat schlechter werdende Luftqualität hat direkte negative Auswirkungen auf den einzelnen Menschen) und veränderte Restriktionen (z.b.: indem durch veränderte Umweltbedingungen die eigenen Handlungsmöglichkeiten eingeschränkt werden) zurückzuführen ist.[361]

Anders als Gary S. Becker schließt Kirchgässner trotzdem eine Veränderung im Präferenzsystem nicht kategorisch aus. Er denkt dabei an das unwiderlegbare Problem, dass in der Realität die Wünsche der Menschen nun einmal differieren. Um dieses Problem lösen zu können, müsse man die Verschiedenheit der Präferenzen anerkennen, so Kirchgässner in seiner Kritik an Becker. Kirchgässner übersieht jedoch, dass der Becker'schen Theorie bereits eine Antwort auf dieses Problem eingeschrieben ist. Wie gesehen, können Einzelentscheidungen nicht der Kategorie der Präferenzen zugeordnet werden. Der bewusst nicht näher spezifizierte Inhalt der Präferenzen eröffnet der Becker'schen Variante stets die Möglichkeit, das Wesen der Präferenzen „eine Ebene über" dem tatsächlichen Problem anzusiedeln. Zum Beispiel liegen die Prioritäten für eine Wahlentscheidung nicht in der Sphäre der Präferenzen. Beckers Vorteilsbegriff liegt nämlich jenseits der Motive der Menschen.

Mit Blick auf die Prämissen und die Restriktionen des ökonomischen Ansatzes von Gary S. Becker ergibt sich ein interessantes Bild: Bei Becker scheint das ökonomische Prinzip das ganze menschliche Verhalten a priori festzulegen. Betrachtet man allein die Prämissen, ohne die Restriktionen, wäre Becker zufolge das gesamte menschliche Leben vorhersehbar. Der Grund, warum das Verhalten der verschiedenen Akteure letztlich doch divergiert und zeitweise irrational erscheint, ist einzig durch die unterschiedlichen Situationen bedingt, in denen sich die Akteure befinden. In dieser Weise schreibt Beckers Ansatz dem Menschen eine quasi mechanische Funktion zu: Zum einen ist er ein vollständig determiniertes Wesen, das stets rein rational die Kosten und Nutzen jeder beliebigen Handlung gemäß einer stabilen Präferenzgrundlage abwägt. Zum anderen ist er verschiedenen Situationen ausgeliefert, die sein Handeln beeinflussen. Diese äußeren Gegebenheiten integriert er in seine rationale Nutzenkalkulation. Mit diesen Prämissen ist nach Becker jede erdenkliche Frage bezüglich des menschlichen Verhaltens und Handelns hinreichend zu beantworten, sodass er

---

360   Vgl. Kirchgässner 1991, S. 39.
361   Für eine ausführliche Darstellung des Beispiels vgl Kirchgässner 1991, S. 41.

eine Lehre vom Menschen formuliert, die scheinbar klar, deutlich und abschließend alles enthält, was sich über den homo sapiens aussagen lässt.

Becker weist im weiteren Verlauf seiner Untersuchung selbst darauf hin,
dass seine Idee, den ökonomischen Ansatz auf sämtliche Bereiche des Lebens
anzuwenden, nicht grundsätzlich neu sei.[362] Er bezieht sich damit auf Überlegungen von Adam Smith, der seiner Auffassung nach den ökonomischen Ansatz
auf politische Handlungen anwendete, sowie auf Jeremy Bentham, demzufolge
das hedonistische Kalkül prinzipiell auf das gesamte menschliche Verhalten
bestimmt. Dagegen ist einzuwenden, dass die beiden Autoren andere Gesell-
schaftsbereiche nicht aus dem Blickwinkel der Ökonomie analysieren, sondern
aus moralphilosophischen Beweggründen. Die Perspektive der Klassiker unterscheidet sich somit fundamental von der Beckers, und die Aussagensysteme
haben andere Implikationen. Das ist Becker jedoch nicht bewusst. Er kritisiert
stattdessen die mangelnde Konsequenz, mit der Smith und Bentham ihre Theorien durchdenken. Diesen Mangel macht Becker gleichsam für das Scheitern
ihrer Theorien verantwortlich.

5.3 Jenseits von Egoismus und Altruismus – Beckers „offener Vorteilsbegriff"

Im vorherigen Gliederungspunkt wurde das Problem der unterschiedlichen Verhaltensmotive bereits angesprochen. Die Motive des Menschen fallen bei Becker
unter die Kategorie der Präferenzen, die er nicht inhaltlich bestimmten möchte,
weil dies seiner Ansicht nach in den Zuständigkeitsbereich anderer wissenschaftlicher Disziplinen fällt. Becker sieht hier besonders die Soziologie, Psychologie
und Anthropologie in der Pflicht. Bislang sei es jedoch noch keiner der Disziplinen gelungen, gesicherte Erkenntnisse über den Inhalt der Präferenzen zu gewinnen.[363]

Becker bemängelt in seinen Ausführungen, in der Ökonomie gehe man
meist davon aus, dass der Akteur seinem eigenen Interesse folgt. So bspw. auch
Adam Smith, der in seiner Schrift die Dominanz des Eigeninteresses postulie-
re.[364] Trotzdem habe man in der Wirtschaftstheorie nie vollständig von der Frage
abstrahieren können, ob ein Akteur nicht wenigstens zeitweise aus altruistischen
Motiven handelt. Diese Frage habe man üblicherweise mit dem Verweis auf die

---

362 Vgl. Becker 1982, S. 7.
363 Vgl. Becker 1982, S. 318.
364 Dass es sich hierbei um eine äußerst vereinfachte Sichtweise auf das Smith'sche Menschenbild
     handelt, wurde unter Gliederungspunkt I.1 gezeigt.

„Natur des Menschen" an andere Disziplinen abgegeben.[365] Becker glaubt allerdings auch von deren Seite keine erhellende Antwort auf die Frage erwarten zu können. Deshalb macht er es sich zur Aufgabe, die Frage nach der Entstehung und dem Sinn des Altruismus mittels seines ökonomischen Ansatzes selbst zu klären.

Grundsätzlich charakterisiert Becker den Altruisten als einen Akteur, der willens ist, seinen eigenen Konsum zugunsten eines anderen einzuschränken.[366]

Sind ein Egoist und ein Altruist gleich wohlhabend, kann man davon ausgehen, dass der Altruist im Zweifel etwas von seinem Wohlstand abgeben wird, während der Egoist bestrebt sein wird, ihn zu konservieren. Außerdem kann man davon ausgehen, dass ein Egoist zu jeder Handlung bereit ist, um seinen eigenen Wohlstand zu erhöhen, während ein Altruist vermutlich freiwillig diejenigen Handlungen unterlässt, die eine negative Wirkung auf andere haben könnten. All das weist darauf hin, dass eine egoistische Person über ein signifikant höheres Einkommen verfügt als eine altruistische.[367] Die Logik des ökonomischen Ansatzes scheint daher auf den ersten Blick von jedem Menschen egoistisches Verhalten zu verlangen, da nur Egoismus zu einer Steigerung des eigenen Nutzens führt. Und umgekehrt dürfte sich kein Mensch altruistisch verhalten, da ein solches Verhalten der individuellen Nutzenmaximierung entgegenläuft.

Doch das gilt nur auf den ersten Blick. Denn Becker kann mit seinem ökonomischen Ansatz nachweisen, dass Altruismus durchaus eine nützliche Verhaltensstrategie darstellen kann.[368]

Für den Nachweis dieser These betrachtet Becker zwei sinnvolle Dimensionen des Altruismus: (1) Zum einen kann Altruismus eine nützliche Verhaltensstrategie für einen Altruisten darstellen. Hier kommt Beckers zuvor angesprochenes Konzept der „Schattenpreise" zum Tragen. Becker vergleicht die verschiedenen Nutzenfunktionen eines Altruisten und eines Egoisten:[369] Für den Altruisten hat der Nutzen eine soziale und eine finanzielle Funktion. Selbst wenn sich der finanzielle Ertrag durch eine altruistische Tat verringert, kann dessen Nutzenbilanz im Ganzen positiv ausfallen, weil die soziale Komponente den

---

365   Vgl. Becker 1982, S. 318.
366   Vgl. Ebenda.
367   Diese Annahme gelte ebenso für Tiere, schreibt Becker, allein der Einfachheit halber beziehe er sich in an dieser Stelle ausschließlich auf den Menschen. Vgl. Ebenda.
368   Becker verweist an dieser Stelle auf die Soziobiologie, welche sich eingehend mit dem Thema Altruismus beschäftige. Das zentrale Problem der Soziobiologie lautet: Wie kann Altruismus, der definitionsgemäß die persönliche Durchsetzungsfähigkeit mindert, möglicherweise durch natürliche Selektion hervorgebracht werden? Die Soziobiologie versucht, dieses Problem mithilfe eines Modells zur „Gruppenselektion" zu lösen. Ausführlich dazu Wilson, Edward O., Sociobiology, Cambridge 1975.
369   Vgl. Becker 1982, S. 318.

finanziellen Verlust kompensiert. Im Fall des Egoisten wäre eine derartige Nutzenkombination hingegen undenkbar, da er keinen Nutzen aus einem sozialen Einkommen zieht. Kommt es nun zu einer Wechselwirkung zwischen einem Altruisten und einem Egoisten, ist folgende Konstellation möglich: ein Geschenk von einem Altruisten an einen Egoisten kann den sozialen Gewinn des Altruisten dermaßen erhöhen, dass dieser den materiellen Zugewinn des Egoisten übersteigt, sodass der materielle Verlust des Altruisten nicht weiter ins Gewicht fällt.[370] Daher ist es möglich, dass sich die Nutzenbilanz von beiden erhöht.

(2) Doch Altruismus kann sich auch für einen Egoisten lohnen. Dann handelt es sich jedoch nicht um „echten" Altruismus – schließlich profitiert ein Egoist nicht von sozialem Einkommen – sondern um „simulierten" Altruismus. Man könnte auch sagen, dass Becker hier eine Form des klugen bzw. vorausschauenden Egoismus anspricht. Er stellt nämlich fest, dass sich zu offensichtlich egoistisches Verhalten zuweilen negativ auf die individuelle Nutzenbilanz auswirken kann. Becker verdeutlicht auch diesen Zusammenhang am Beispiel eines Güteraustausches zwischen einem Egoisten und einem Altruisten: Wenn ein Egoist versucht, dauerhaft sein materielles Einkommen auf Kosten des Vermögens eines Altruisten zu erhöhen, wird der Altruist den Gütertransfer irgendwann nicht mehr mit seinem sozialen Einkommen kompensieren können.[371] Der abnehmende Gesamtnutzen des Altruisten würde letztlich eine Minderung oder einen Abbruch des finanziellen Transfers an den Egoisten nach sich ziehen.

Dementsprechend kann es sich für den Egoisten durchaus lohnen, zeitweise altruistisches Verhalten zu simulieren, bspw. indem er sein eigenes Einkommen mindert, denn das würde langfristig gesehen den Gütertransfer des Altruisten garantieren. Auch umgekehrt hat dieser Zusammenhang einen interessanten Effekt: So kann der Altruist durch die Verknüpfung seines Konsums mit dem des Egoisten, dessen egoistisches Verhalten domestizieren, weil der Egoist gezwungen ist, Altruismus zu simulieren, um den eigenen Nutzen langfristig zu steigern. Die Simulation von Altruismus belegt Becker mit dem Terminus „Rotten-Kid-Theorem" oder auch „Heuchler-Theorem".[372]

Die intuitiv einleuchtende Schlussfolgerung, die Nutzenbilanz egoistischer Personen übersteige immer diejenige von gleich fähigen altruistischen Personen,

---

370 Als Voraussetzung muss dabei gelten, dass das transferierte Gut für beide Akteure keinen inferioren Charakter hat.
371 Vgl. Ebenda, S. 323.
372 Becker prägte den Begriff „Rotten-Kid-Theorem" ursprünglich für folgenden Zusammenhang: Erhalten alle Angehörigen eines Haushaltes vom Haushaltsvorstand regelmäßig Geldgeschenke, dann liegt es auch im Interesse eines Egoisten, das Gesamteinkommen des Haushalts zu erhöhen. Im Prinzip versinnbildlicht das „Heuchler-Theorem" nichts anderes als die Simulation von Altruismus durch Nutznießer. Vgl. Becker, Gary, A Theory of Social Interactions, Journal of Political Economy, 82, 1974, S. 1063-1093. Vgl. Becker 1982, S. 322.

wird in dieser Weise einer bemerkenswerten Modifikation unterzogen. Unter der Voraussetzung, dass die Wechselwirkungen menschlichen Handelns berücksichtigt werden, kann sich sowohl echter als auch simulierter Altruismus lohnen und einen positiven Beitrag zur individuellen Nutzenbilanz leisten. Altruismus gleich welcher Couleur erhält so eine ökonomische Legitimation.

Beckers Beweisführung zielt darauf ab, mit dem Altruismus sogar moralisches Verhalten in seiner extremsten Form in den Kontext des Ökonomischen zu integrieren. Der vollständigen Erklärung des menschlichen Handelns sind damit keine Grenzen mehr gesetzt: Nicht nur die verschiedensten *Handlungszusammenhänge* der Gesellschaft, sondern sogar die *Handlungsmotive* der Menschen können auf diese Weise erklärt werden.

Erst indem Becker diese enorme Reichweite seines Ansatzes demonstriert, offenbart sich die radikale Neuerung seines Ökonomiebegriffs: Hier steht der Mensch mit seinen Präferenzen nicht mehr als notwendige „Grundprämisse" am Anfang der Theorie, sondern die Ökonomie ist selbst in der Lage, die Verhaltensmotive des Menschen zu klären. Es geht eben nicht mehr darum, apriorisch zu bestimmen, wie sich ein Mensch typischerweise verhält, oder – wie das in der mathematischen Variante der Grenznutzenlehre der Fall ist – festzulegen, dass der Mensch gar keine Motive hat. Der ökonomische Ansatz kann selbst klären, welche Motive sinnvoll sind und welche nicht. Beckers Ansatz geht somit hinter die Prämisse des Akteurs zurück: Ist das Handeln des Akteurs „altruistisch" oder „egoistisch", „sittlich richtig" oder „falsch", „gut" oder „böse", „moralisch" oder „unmoralisch" – all das ist für die Ökonomie irrelevant, weil sie über diese Kategorien buchstäblich erhaben ist.

Bei Becker kommt die Ökonomie also ohne Moral aus, denn sie findet bereits vor der Moral statt. Mit Blick auf das, was zu Beginn der Untersuchung über Smith' Ökonomieverständnis gesagt wurde, lässt sich eine bemerkenswerte Bewegung konstatieren: Das Verhältnis von Moral und Ökonomie hat sich von Smith zu Becker in sein Gegenteil verkehrt. Während bei Smith jede Handlung erst auf das gesamtgesellschaftliche Wohl hin abgestimmt wird, geht der Moral bei Becker eine ökonomische Analyse voraus. Stand bei Smith die Ökonomie noch unter dem Vorzeichen der Moral, steht bei Becker umgekehrt die Moral unter dem Vorzeichen der Ökonomie. Becker ist sich dieser Umkehrung der Smith'schen Prämissen nicht bewusst, er selbst sieht sich in der Tradition des Smith'schen Denkens.

5.4 Beckers „Anthropologie"

Gary S. Becker ist nicht daran interessiert, eine Anthropologie des Menschen zu entwerfen. Als Ökonom stellt er sich freilich nicht die philosophisch-anthropologische Frage „Was ist der Mensch?", um anschließend aufzuzeigen, was Menschen wissen, hoffen und tun können.[373] Gerade darin liegt nach Auffassung Beckers und seiner Anhänger die große Stärke des Ansatzes, da die nüchterne Annahme der „rationalen Nutzenmaximierung" nicht nur Raum für alle möglichen Handlungsmotive lässt, sondern – wie eben gezeigt – auch hinter die Motive des Akteurs zurückgeht.

Trotzdem kritisieren zahlreiche Interpreten Beckers Aussagen über den Akteur als „reduktionistisch". So hält Hans G. Nutzinger das Menschenbild für den größten Schwachpunkt von Beckers Ansatz. Mit den kargen Annahmen der Rationalität, Nutzenmaximierung und Präferenzstabilität, liefert Becker nach Auffassung Nutzingers ein derart verkürztes Menschenbild, dass es ihm gar nicht mehr gelingen kann, irgendetwas plausibel zu erklären.[374] Alexander Dietz ist der Meinung, dass eine Theorie mit so wenigen Vorbedingungen zwar nur eine geringe Angriffsfläche für Kritik bietet, aber gleichzeitig nur wenig Überzeugungskraft besitzt.[375] Alles, was Beckers Theorie letztlich aussagen kann, ist Dietz zufolge, dass die Menschen bei ihren Handlungen irgendwelche Absichten verfolgen.[376] Diese Aussage habe zwar den Vorteil, dass sie nie falsch ist, sie verfügt jedoch nur über einen begrenzten Informationsgehalt. Trotzdem erkennt Dietz gerade im *„minimalen materialen Gehalt"* der Becker'schen Methode den Grund für die Funktionsfähigkeit der ökonomischen Theorie in der Breite ihrer Anwendungsmöglichkeiten.[377] Gewiss ist der Kritik zuzustimmen, dass Beckers Annahmen, das menschliche Verhalten betreffend, äußerst begrenzt sind. In Kombination mit seinem umfassenden Erklärungsanspruch, kann das bedeuten, dass nichts, was er sagt, in irgendeiner Weise erhellend ist.

Doch das ist nur eine Deutung der Kombination Beckers minimalistischer Prämissen mit dem totalen Erklärungsanspruch. Manstetten denkt in seinen Ausführungen eine gegenteilige Schlussfolgerung an.[378] So stellt er in den Raum,

---

373   Indem Kant in der *Kritik der reinen Vernunft* die drei zentralen philosophischen Fragen „Was kann ich wissen?", „Was soll ich tun?", „Was darf ich hoffen?" in die grundlegende Frage „Was ist der Mensch?" münden ließ, formulierte er erstmals die Aufgabe einer philosophischen Anthropologie (*KrV* B832 – B833).

374   Vgl. Nutzinger 1997, S. 85.

375   Vgl. Dietz 2005, S. 44.

376   Vgl. Ebenda.

377   Vgl. Ebenda.

378   Vgl. Manstetten 2000, S. 96 f.

dass Becker aufgrund seines ambitionierten Erklärungsanspruchs mittels weniger Prämissen nicht implizit alles über den Menschen sagt, was sich sagen lässt.[379] Auf diesen Gedanken lohnt es sich näher einzugehen. Denn versteht man den Terminus „Anthropologie" in seiner ureigensten Bedeutung, als die *Wissenschaft vom Menschen* und von der *Menschheit*[380], gibt der totale Erklärungsanspruch in der Tat Anlass zu der Frage, ob Becker mit seiner Theorie nicht unfreiwillig eine „Anthropologie" konzipiert. Würde Becker tatsächlich seinem eigenen Anspruch, jede Lebenssituation des Menschen zu erklären, gerecht werden, hätte er faktisch alles Wichtige über den Menschen gesagt. Dann aber wäre dies nicht nur im Sinne der oben skizzierten Definition eine Anthropologie, sondern *die* Anthropologie schlechthin, da keine Frage des menschlichen Lebens mehr offenbliebe.[381] Um Aufschluss darüber zu erhalten, ob in Beckers Theorie womöglich unwissentlich ein anthropologischer Anspruch besteht, ist sein Werk dahingehend zu überprüfen, ob die genannte implizite „Totalerklärung" des *Homo sapiens* vorliegt.

Ein erstes Indiz für eine solche Lesart findet sich in Beckers Äußerung, dass er sein Modell nicht als rein abstrakte Methode verstanden wissen will, sondern die Bemühung des Individuums um maximalen Nutzen für das einzig relevante Verhaltensmuster des Menschen hält. Er weist darauf hin, dass dieses Faktum dem Menschen keineswegs bewusst sein muss und dass sich der Einzelne auch oft nicht in der Lage zeigt, diesen Archetypus seiner Handlungen vor anderen zuzugeben. Deshalb hält Becker seinen Ansatz auch für vereinbar mit den anthropologischen Überlegungen anderer Disziplinen: mit der Betonung des Unbewussten in der modernen Psychologie sowie mit der Unterscheidung von manifesten und latenten Funktionen innerhalb der Soziologie.[382]

Ein weiterer Anhaltspunkt für die Existenz einer Becker'schen Anthropologie ist dessen Überzeugung, mithilfe seines ökonomischen Ansatzes demonstrieren zu können, wie Präferenzen überhaupt entstehen und wie diese in Form von bestimmten Charaktermerkmalen die Aussichten des Einzelnen erhöhen, innerhalb des natürlichen Selektionsprozesses der Evolution zu den Begünstigten zu gehören. So behauptet Becker, die von Ökonomen in der Regel als gegeben vorausgesetzten und vage aus der menschlichen Natur abgeleiteten Präferenzen, seien weitgehend dieselben, die ihren Trägern die größten Überlebenschancen garantieren.[383] Der Haltbarkeitswert von Präferenzen hängt Becker zufolge von

---

379   Vgl. Manstetten 2000, S. 103.
380   Anthropologie (griech., anthropos: der Mensch; logos: die Lehre): Die Wissenschaft vom Menschen.
381   Vgl. Manstetten 2000, S. 103.
382   Vgl. Becker 1982, S. 6.
383   Vgl. Becker 1982, S. 332.

der Fähigkeit ihrer Träger ab, unter verschiedenen sozialen und physischen Umweltbedingungen den maximalen Ertrag zu erzielen. Ganz im Sinne der darwinistischen Maxime *„Survival of the fittest"*, setzen sich im Laufe der Evolution lediglich die *nutzenmaximalen* Präferenzen durch. Nicht der Mensch ist also durch die Evolutionstheorie bestimmt, auch leitet nicht der Wirtschaftswissenschaftler seine Prämissen aus der darwinistischen Anthropologie ab, vielmehr durchzieht das *ökonomische Prinzip der Nutzenmaximierung* die Evolutionsgeschichte und determiniert dadurch das menschliche Verhalten.

Selbst wenn Becker an keiner Stelle explizit einen anthropologischen Anspruch seiner Theorie formuliert, ergibt sich diese Schlussfolgerung doch aus einer Zusammenschau seiner Thesen. Durch sein Bekunden, selbst die Entstehung derjenigen Präferenzen erklären zu können, deren Existenz andere Wirtschaftswissenschaftler axiomatischen Stellenwert beimessen, liefert der Ökonom nicht weniger als einen Beitrag zur Erforschung der menschlichen Polygenese und Ontogenese.

Die genannten Indizien, gekoppelt mit dem Postulat Beckers, mit Hilfe seiner ökonomischen Theorie alles menschliche Verhalten erklären zu können, legen die Schlussfolgerung nahe, dass sein abstraktes Verhaltenssystem tatsächlich anthropologischen Charakter besitzt, und das, obwohl seinem Werk keine genuin philosophisch-anthropologische Fragestellung zugrunde liegt. Dieser anthropologische Anspruch stellt eine beispiellose Innovation innerhalb der Ökonomik dar und pulverisiert alle Grundsätze der Klassik und Neoklassik der Disziplin.[384] Im Dienste der Herausbildung prognosefähiger Theorien wird hier aus methodischen Gründen, nicht etwa aus anthropologischer Überzeugung, ein Menschenbild konstruiert. Das stellt freilich auch das Wertfreiheitspostulat der ökonomischen Neoklassik auf den Kopf. Gerade um sich von normativen Prämissen zu befreien, entledigte man sich der Anthropologie und griff auf abstrakte Annahmen zurück. Becker formt nun aus den abstrakten Annahmen unfreiwillig eine Anthropologie. An dieser Stelle muss nochmals darauf hingewiesen werden, dass Becker seine Annahmen selbst für wertfrei hält. Der normative Anspruch der Becker'schen Theorie liegt somit im Verborgenen.

5.5 Die Exklusion der Willensfreiheit und der Ort der Ethik

Dieses Ergebnis macht es erforderlich, sich nochmals die Prämissen vor Augen zu führen, die Beckers Theorieimperialismus[385] überhaupt möglich machten, um

---

384   Vgl. Kapitel I.1-1.3.
385   Rolle 2005, S. 156.

ersehen zu können, welche Folgen sich aus der Becker'schen „Anthropologie" ergeben. Beckers Mensch erhält sein Antlitz durch die Annahmen der Nutzenmaximierung, Präferenzstabilität und Rationalität. Diese Prämissen haben zur Konsequenz, dass alle Menschen gleich sind: Alle streben nach ihrem maximalen Nutzen, haben die gleiche stabile Präferenzordnung und verhalten sich stets rein rational. Das Ergebnis der individuellen Kosten-Nutzen-Abwägung ist grundsätzlich bei jedem Menschen dasselbe. Faktisches Handeln divergiert lediglich aufgrund verschiedener Nebenbedingungen und Umweltsituationen – diese beziehen die Individuen in ihre Entscheidungen mit ein und verleihen dadurch den Präferenzen unterschiedliches Gewicht. Denkt man den ökonomischen Ansatz Beckers weiter, präsentiert sich der Mensch als vollständig determiniertes Wesen. Seine Natur und die äußeren Umstände legen sein Handeln fest. Im diametralen Widerspruch zu Hannah Arendt, für die das Handeln ein signifikanter Ausdruck menschlicher Freiheit ist[386], hegt Becker nicht den geringsten Zweifel daran, dass sich jeder Mensch, gleich in welcher Situation, für die nutzenmaximale Alternative entscheidet. Er hat keine andere Wahl, als in der Weise zu handeln wie es ihm seine Natur und die Umstände vorschreiben – der Mensch bei Becker ist unfrei. Zu handeln oder nicht zu handeln steht nicht mehr in seiner Macht, da ihm der ökonomische Ansatz keinen freien Willen zugesteht.[387] Jede Handlung ist automatisch die bestmögliche unter den gegebenen Umständen. Die „Anthropologie" Beckers schließt also die Willensfreiheit des Menschen kategorisch aus und damit auch die Moral als Gewissensentscheidung des Menschen.

Denn wenn der Mensch nicht in der Lage ist, selbstbestimmt zu handeln, kann man ihn auch nicht für sein Handeln verantwortlich machen. Schließlich kann man jemandem nur dann vorwerfen, etwas nicht getan zu haben, was er hätte tun sollen, wenn man davon ausgeht, dass er die Möglichkeit gehabt hätte, es nicht zu tun.[388] Wie am Beispiel des Altruismus gezeigt, fristet die Moral in Beckers Theorie lediglich eine Daseinsberechtigung als ein weiteres nützliches Handlungsprinzip. Auch in diesem Fall gilt, dass der Einzelne keine andere Möglichkeit hat, als „moralisch" zu handeln, weil das aufgrund seiner Situation der einzige Weg ist, den größtmöglichen Nettonutzen zu erzielen.

---

386 Vgl. Arendt, Hannah, Vita activa, München/Zürich 2007, Kap. 5.
387 Manstetten macht auf das Problem der Willensfreiheit in der Wirtschaftstheorie aufmerksam; er attestiert dem Becker'schen Akteur einen vollständigen Determinismus. Vgl. Manstetten 2000, S. 101-103.
Nach Auffassung Manstettens ist Beckers Theorie voll und ganz Naturwissenschaft: *„Eine Wissenschaft von der Natur des Menschen; Wissenschaft einer Natur, die in keinem anderen Sinne Natur ist als das, was die Naturwissenschaften mit Natur bezeichnen."* Manstetten 2000, S. 101.
388 Vgl. Manstetten 2000, S. 103.

Was Beckers Ansatz für das theorieinterne Bedingungsverhältnis von Moral und Ökonomie bedeutet, wurde bereits hinlänglich gesagt: Die Moral steht unter dem Vorzeichen der Ökonomie. Doch darüber hinaus geben Beckers Ausführungen Aufschluss über das Verhältnis der wissenschaftlichen Disziplinen von Ethik und Ökonomik zueinander: Beckers Ökonomie positioniert sich gegenüber der Ethik in hegemonialer Absicht, da sein Postulat, alle Bereiche des menschlichen Lebens erklären zu können, den Bereich der Ethik miteinschließt. Die wissenschaftliche Disziplin der Wirtschaftsethik ist in dieser Logik sinnlos, schließlich kann die Ökonomik selbst am besten klären, was die Ethik zu tun hat. Davon abgesehen, würde Becker mit seinem Ansatz bereits implizit den "Ort" der Ethik in einer solchen Wirtschaftsethik vorgeben: Die einzig praktizierbare Form der Ethik kann nach Maßgabe Beckers eine Anreizethik sein, denn nur wenn die ethischen Postulate mit dem individuellen Vorteil des Akteurs korrespondieren, haben sie eine Chance auf Berücksichtigung.

5.7 Zwischenresümee: Von Adam Smith zu Gary S. Becker

Wie einleitend gesagt, sieht sich Gary S. Becker mit seinem Ansatz in der Tradition des Smith'schen Denkens. Diese Selbsteinschätzung ist vor dem Hintergrund der vorangegangenen Darstellung überraschend, da gezeigt werden konnte, dass Beckers Theorie in Bezug auf das Verhältnis von Moral und Ökonomie nicht nur eine *Abkehr* von der Smith'schen Wirtschaftstheorie bedeutet, sondern sogar eine *Umkehr*. Beckers Selbstwahrnehmung stützt sich mithin darauf, dass die Smith'sche Wirtschaftstheorie nicht nur ökonomische Themen in den Blick nimmt, sondern auch Fragen der Politik und Jurisprudenz einbezieht.[389] Nach Auffassung Beckers war es ein Fehler der ökonomischen Neoklassik, diese Fragen aus dem Untersuchungshorizont der Ökonomie zu streichen, den es nun zu korrigieren gilt.

Gewiss ist Becker in der Feststellung zuzustimmen, dass Adam Smith die Ökonomie im Dialog mit anderen gesellschaftstheoretischen Themen belässt. Gerade deshalb kann man Smith auch attestieren, eine „gute" Wirtschaft entwickelt zu haben und eben keine „lebensfeindliche" Ökonomik. Doch übersieht Becker den zuvor skizzierten Wandel, der zwischen seiner Theorie und der von Adam Smith stattgefunden hat. Denn damit haben sich die „Vorzeichen" der Ökonomie gedreht. Das zeigt sich besonders deutlich an Beckers eigenen Prämissen, belegt doch jede einzelne für sich eine Abkehr von Adam Smith: Die Annahme der „Nutzenmaxierung" entstammt der Bentham'schen Philosophie,

---

389 Vgl. Becker 1982, S. 5.

die „Rationalität" entlehnt Becker David Ricardo, die „Präferenzen" sind ein Relikt der Grenznutzenlehre und die Initiative zur „Entgrenzung" des Forschungsbereichs der Ökonomie stammt von Lionel Robbins. Erst die Kombination dieser Prämissen ermöglicht Becker die Totalerklärung des menschlichen Lebens und damit auch der Politik. Das Ergebnis ist somit in Wahrheit eine Umkehr der Smith'schen Wirtschaftslehre: Bei Becker dominiert die Ökonomie alles, bei Smith ist sie nur ein Ausschnitt der unendlich komplexeren Realität. Das Becker'sche Ökonomieverständnis stellt insofern nicht etwa das *Produkt* der Smith'schen Ökonomie, sondern vielmehr das *Produkt einer Gegenbewegung* zur Smith'schen Ökonomie dar.

II. Der Siegeszug des Individuums über die Belange der Gemeinschaft

Ein wesentliches Merkmal des zuvor dargestellten ideengeschichtlichen Prozesses ist, dass sich die Wirtschaftstheorie sukzessive von ihren sozialwissenschaftlichen Bezügen löste. Während bei Smith gesellschafts- und politiktheoretische Fragen noch selbstverständlicher Bestandteil der Wirtschaftstheorie waren, sorgten David Ricardo und John Stuart Mill für eine Emanzipation der Ökonomie von diesen Verbindungslinien. Es folgte eine rasante Entwicklung der Disziplin zu einer abstrakten Wissenschaft mit deduktiver Methode. In der folgenden Darstellung soll gezeigt werden, dass es sich bei der Entwicklungsgeschichte der Ökonomie nicht um einen einsamen Prozess handelt, denn auch die gesellschaftlichen Rahmenbedingungen blieben in der Zwischenzeit nicht unverändert. So hat der wirtschaftstheoretische Prozess der Dekonstruktion der Moral in der Ökonomie im gesellschaftstheoretischen Siegeszug des Individuums über die Belange der Gemeinschaft sein Pendant gefunden.

Dieser Prozess soll anhand drei prägnanter ideengeschichtlicher Positionen verifiziert werden. Die Untersuchung beginnt mit Adam Smith, der das Individuum von vornherein als soziales Wesen mit einer Kenntnis über gesellschaftliche Werte denkt. Ferner beleuchtet sie die beginnende Loslösung des Individuums von seiner Gesellschaftlichkeit bei John Stuart Mill und gipfelt in Friedrich August von Hayeks Vorstellung eines solitären Individuums. Die drei Autoren markieren die wichtigsten Stationen des Prozesses: sie sind Anfangs-, Wende- und Endpunkt der Entwicklung. Ihre Auswahl korrespondiert indes mit den Stationen der zuvor angestellten wirtschaftstheoretischen Untersuchung. Auf diese Weise lässt sich die Parallelität der beiden Entwicklungen versinnbildlichen und die ursprünglichen Bezüge zwischen Wirtschafts- und Gesellschaftstheorie herausstellen. Friedrich August von Hayek ist der einzig neue Theoretiker in der Trias, was dem Umstand geschuldet ist, dass der zeitgenössische Ökonom Gary S. Becker keine gesellschaftstheoretischen Überlegungen anstellt. Von Hayek wurde ausgewählt, weil der ideengeschichtliche Status seines Denkens mit dem von Gary S. Becker korrespondiert. Beide Theoretiker vertreten ohne Zweifel Extremposition innerhalb der untersuchungsrelevanten Gebiete, doch genauso handelt es sich dabei um maßgebliche, respektive tonangebende Beiträge der Wissenschaftsdisziplinen.

1. Das soziale Individuum in der Gemeinschaft – Adam Smith

Ginge es nach dem Wirtschafts- und Sozialwissenschaftler Viktor Vanberg, wüsste man die wissenschaftlichen Verdienste von Adam Smith heute nicht nur in der Wirtschaftstheorie und Moralphilosophie zu schätzen, sondern der Schotte wäre auch ein Klassiker der Soziologie. Seines Erachtens entwickelte Smith – ebenso wie die anderen Vertreter der schottischen Moralphilosophie David Hume, Adam Fergueson und auch Bernard Mandeville – v.a. in seiner Wirtschaftstheorie wesentliche Ideen, die bis heute für die individualistische Erklärung sozialer Phänomene konstitutiv sind. Deswegen versteht Vanberg die schottische Moralphilosophie auch als eine Art geistige Wiege der *„individualistischen Sozialtheorie".*[390] Charakteristisch für diese Denkrichtung sei die Annahme, das Verhalten der Individuen habe verschiedene Folgewirkungen auf die andere Handlungssubjekte reagieren müssen, woraus eine soziale Kontrolle entsteht, die letztlich in ein allgemeingültiges Regelwerk mündet.[391] Oder anders ausgedrückt: Durch die Interaktion der Individuen entsteht automatisch ein Gesellschaftskontext mit internem Kontrollmechanismus.

„Indem die schottischen Moralphilosophen eben diese Grundvorstellung ausarbeiteten, haben sie eine sozialtheoretische Konzeption formuliert, die eine konsistente Lösung der Grundprobleme jeder Sozialtheorie aufzeigt, der Probleme nämlich, wie zu erklären ist, daß sich unzählige individuelle Handlungen zu einem geregelten sozialen Netzwerk verknüpfen, und wie es zu erklären ist, daß der interindividuelle Handlungszusammenhang Resultate zeitigt, die den in ihm verbundenen Handelnden als von ihnen unabhängige, objektive Realitäten erscheint".[392]

Dass die Schotten dennoch nicht in die Annalen der Soziologie eingegangen sind, sei indes dem Umstand geschuldet, dass ihren Theorien eine exakte wissenschaftliche Methode fehlte. Das bedauert auch William C. Lehmann, der sich

---

390   Vgl. Vanberg, Viktor, Zwei Soziologien, Tübingen 1979, S. 6.
391   Vgl. Vanberg 1979, S. 6/15.
392   Vanberg 1979, S. 8.

sogar fragt *„[...] wie es um die Fruchtbarkeit einer Soziologie stünde, die auf dieser statt auf Comteschen und Spencerschen Grundlagen aufgebaut wäre."*[393] Diesem Lob für die Erklärungsleistung der schottischen Moralphilosophie von sozialtheoretischen Problemen lässt sich entnehmen, dass bei Adam Smith durchaus ein „wohl" austariertes Verhältnis zwischen Individuum und Gemeinschaft besteht. Wie die Wechselwirkungen zwischen Individuum und Gesellschaft bei Smith aussehen und in welchem Verhältnis beide zueinander stehen, soll in der folgenden Darstellung geklärt werden. Es gilt darzulegen, dass der Schlüssel zur Smith'schen Gesellschaftsordnung in der sozialen Einsicht der Handlungssubjekte liegt. So ist die Smith'sche Gemeinschaft nicht etwa das Resultat eines kruden Individualismus ihrer Akteure, sondern sie basiert wesentlich auf deren Kenntnis von sozialen Werten, weshalb man auch von einem sozialen Individualismus bei Smith sprechen kann.

Mithin wird im Folgenden die soziale Dimension individuellen Handelns des Smith'schen Individuums skizziert. Drei Grundbausteine des Smith'schen Denkens werden auf ihren „sozialen Gehalt" untersucht: (1) Die Anthropologie des Menschen, (2) das Prinzip der Sympathie und (3) das Prinzip des Eigeninteresses.

(1) *„So wurde der Mensch, der nur in der Gesellschaft bestehen kann, von der Natur jener Situation angepasst, für die er geschaffen war."*[394]

Im Zitat werden zwei Aspekte deutlich. Zum einen, dass der Mensch nur in der Gesellschaft bestehen kann, denn er bedarf grundsätzlich der Hilfe anderer – nicht nur zum Zweck der Arterhaltung und zum simplen Überleben, sondern vor allem auch in Bezug auf das „gute Leben", welches über die bloße Existenzsicherung hinausgeht. Diesen Aspekt verdeutlicht Smith mit seiner Abhandlung über die vier Stadien der Gesellschaft im WN.[395] Parallel zur zunehmenden Entwicklung der Gesellschaft steige auch die wechselseitige Angewiesenheit der Individuen, so Smith' geschichtsphilosophische Diagnose.[396] Während Adam Smith auf der ersten Entwicklungsstufe – dem Volk der Jäger und Sammler – jeder noch spontan für sein eigenes Überleben sorgen kann, gewinnt auf der zweiten Stufe – in der Gesellschaft der Hirtenvölker – bereits der Privatbesitz an Bedeutung, auf der dritten Entwicklungsstufe – die vom Ackerbau gekennzeichnet ist – werden indes Rechtsinstitutionen nötig, um das Eigentum der Menschen zu sichern. Auf der vierten und letzten Entwicklungsstufe handelt es sich um die

---

393   Lehman, William C., Adam Fuergeson and the Beginning of modern Sociology, New York 1930, S. 134. übers. von Vanberg, vgl. Ebenda.
394   Smith TEG, S. 127.
395   Vgl. Smith WN, S. 601 ff. Die Smith'sche Geschichtstheorie findet sich sowohl im WN als auch in der TEG. Vgl. Recktenwald 2008, S. 148. Vgl. Medick 1973, S. 249 ff.
396   Vgl. Medick 1973, S. 249 ff.

moderne, kommerzielle Gesellschaft, die von Handel und Gewerbe geprägt ist. Sie ist derart komplex, dass sich starke Vermögensunterschiede unter den Menschen gebildet haben und Arbeitsteilung notwendig wird.[397] Die Individuen sind nicht mehr in der Lage, sich autark zu versorgen, die wechselseitige Angewiesenheit der Menschen ist hier am größten. Die moderne Großgesellschaft, mit der sich Smith sowohl im WN als auch in der TEG auseinandersetzt, verlangt dem Menschen eine Form des Sozialverhaltens ab. Hierfür hat die Natur den Menschen mit entsprechenden Fähigkeiten ausgestattet, etwa mit dem Sprachvermögen, welches direkt in dessen Fähigkeit zu Handeln und zu Tauschen mündet, dies ist der zweite Aspekt der im oben angeführten Zitat deutlich wird.[398] Die beiden Eigenschaften bewirken eine Kompatibilität zwischen dem Mensch und seiner Umwelt, und sie legen den Grundstein für eine Zweckgemeinschaft:[399]

„Die Gesellschaft kann zwischen einer Zahl von Menschen - wie eine Gesellschaft unter mehreren Kaufleuten – auch aus dem Gefühl ihrer Nützlichkeit heraus, ohne gegenseitige Liebe und Zuneigung bestehen bleiben; und mag auch kein Mensch in dieser Gesellschaft einem Anderen verpflichtet oder in Dankbarkeit verbunden sein, so kann die Gesellschaft doch noch durch eine Art kaufmännischen Austausch guter Dienste, die gleichsam nach einer vereinbarten Wertbestimmung geschätzt werden, aufrecht erhalten werden. "[400]

Doch soll die Gesellschaft dauerhaft fortbestehen, bedarf es darüber hinaus eines moralischen Minimalkonsenses, der allen Individuen ein selbstverständliches Grundanliegen ist:

„Indessen kann eine Gesellschaft zwischen solchen Maßstäben nicht bestehen, die jederzeit bereit sind, einander wechselseitig zu verletzen und zu beleidigen. [...] Eine Gesellschaft kann ohne Wohlwollen weiter bestehen, wenn auch freilich nicht in einem besonders guten und erfreulichen Zustande, das Überhandnehmen der Ungerechtigkeit dagegen müßte sie ganz und gar zerstören. "[401]

Die Gerechtigkeit bildet das Fundament der Gesellschaft, ohne sie kann der Zusammenschluss der Individuen nicht dauerhaft fortbestehen. Sie ist kein Pro-

---

397 Vgl. Smith WN, S. 16.
398 Vgl. Ebenda.
399 Für Smith ist diese Zweckgemeinschaft freilich nicht der ideale Gesellschaftszustand. Seine Idealvorstellung wäre vielmehr eine Gemeinschaft, in der Tugend und Liebe das gesellschaftliche Band darstellen sowie Wohltätigkeit und Selbstlosigkeit herrschen. Doch dieser Zustand ist nach Smith' Ansicht eine Utopie, weil der Alltag dafür sorgt, dass sich Liebe und Tugend nur auf einen begrenzten Personenkreis beziehen können. Vgl. Smith TEG, S. 127-128.
400 Smith TEG, S. 128.
401 Ebenda.

dukt einer Interaktion rein egoistischer Individuen, sondern der Mensch ist bereits natürlich dazu angelegt, die Gerechtigkeit in der Gesellschaft zu wahren. Dies lässt sich aus Smith' Auseinandersetzung mit dem „Vergeltungsgefühl" ableiten.[402] So ist das Vergeltungsgefühl den Menschen „*von der Natur zur Verteidigung und nur zur Verteidigung*"[403] verliehen worden.

„*Es ist der Schutz der Gerechtigkeit und die Sicherheit der Unschuld.*"[404]

Der Mensch ist somit von Natur aus ein soziales Individuum, das nicht nur durch seine Kommunikationsfähigkeit und Handelsnatur zur Interaktion mit anderen fähig ist, sondern zudem über eine natürliche Anlage zu gerechtem Verhalten verfügt. Selbstverständlich darf man sich in der Gesellschaft nicht allein auf die individuellen Anlagen verlassen. Wie Smith in seiner Abhandlung über die verschiedenen Entwicklungsstufen der Gesellschaft zeigt, ist die moderne Gesellschaft derart komplex, dass es Rechtssicherheit, Verträge und Institutionen bedarf, um ihren Bestand nachhaltig zu gewährleisten. Doch ohne die genannte Form der sozialen Einsicht wäre die Etablierung der Gesellschaft gar nicht möglich.

An dieser Stelle sei noch ein Aspekt der Sozialnatur des Menschen erwähnt, der an eine Bemerkung von Hans Medick anknüpft:

> „*Smith [...] betrachtet den Menschen als ein Wesen, das nicht nur von Natur aus „sozial" ist – hätte er lediglich dies behauptet, so wäre er über Aristoteles und Grotius nicht hinaus gekommen -, sondern als ein Wesen, das durch die Kraft und Dynamik der gesellschaftlichen Beziehungen [...] erst richtig „sozial" wird. Die Smithsche Sozialisationstheorie ist gerade als eine Theorie sozialen Lernens auch eine Theorie der Individuierung.*"[405]

Es besteht also eine Wechselwirkung zwischen Individuum und Gemeinschaft. Die Natur des Menschen ist nicht unveränderlich festgelegt, sondern der Mensch entwickelt sich vor dem Hintergrund tradierter Werte weiter.[406] Individuelle Erfahrungen im gesellschaftlichen Kontext führen zu Lernprozessen hinsichtlich der Stellung des Individuums und seines Verhaltens gegenüber seinen Mitmenschen. Dies wirkt sich im Besonderen auf dessen Moralvorstellungen aus. So erlernen die Kinder in ihrer Familie bereits die wesentlichen Prinzipien des menschlichen Lebens, nämlich die wechselseitige Perspektivenübernahme.[407] Sie

---

402 Vgl. Smith TEG, S. 116 ff.
403 Smith TEG, S. 116.
404 Ebenda.
405 Medick 1973, S. 218.
406 Dazu Hueber, Anton, Die philosophische und ethische Begründung des homo oeconomicus, Frankfurt a.M. 1991, S. 108.
407 Vgl. Smith TEG, S. 205/437.

eignen sich also die Instrumente der Moralität, Sympathiefähigkeit und die Unparteilichkeit, an.[408] Smith versteht den unparteiischen Zuschauer auch als einen *„Spiegel gesellschaftlich anerkannter Werte".*[409]

(2) *„Was immer jedoch die Ursache der Sympathie sein und auf welche Weise sie auch erregt werden mag, sicher ist, dass nichts unser Wohlgefallen mehr erweckt, als einen Menschen zu sehen, der für alle Gemütsbewegungen unserer Brust Mitgefühl empfindet[...]."*[410]

Wie bereits in der Auseinandersetzung mit der Entwicklungsgeschichte der Wirtschaftstheorie ausführlich dargelegt, ist das Prinzip der Sympathie in der TEG ein Charakteristikum des Menschen, das ihn ausdrücklich als soziales Wesen ausweist. Die Sympathie umfasst das individuelle Vermögen des Menschen, seine Umwelt wahrzunehmen und zu verstehen, gleichzeitig aber das Bedürfnis des Individuums nach Anerkennung und Anteilnahme der anderen Menschen am eigenen Schicksal. Indem Smith die Sympathie als natürliche Anlage des Menschen postuliert, bindet er das Individuum von vornherein in den gesellschaftlichen Kontext ein.

(3) *„Mag es darum auch wahr sein, dass jedes Individuum in seinem Herzen naturgemäß sich selbst der ganzen Menschheit vorzieht, so wird es doch nicht wagen, den anderen Menschen in die Augen zu blicken und dabei zu gestehen, dass es diesem Grundsatz gemäß handelt."*[411]

Adam Smith rekurriert in seiner Schrift bekanntermaßen nicht allein auf das soziale Prinzip der Sympathie, sondern auch auf das individualistische Prinzip des Eigeninteresses, das er sowohl in der TEG als auch im WN als ein Wesensmerkmal des Menschen anspricht. Im Grunde richtet sich unser individuelles Interesse auf den Erwerb der Mittel, die zur Sicherung des eigenen Überlebens und zum Erhalt der Gattung nötig sind. Der Mensch lernt, dass eine selbstständige Voraussicht und Obsorge zur Befriedigung dieser Bedürfnisse unentbehrlich ist.[412] Smith führt in diesem Zusammenhang den „Anlass" für eigennütziges Handeln ein:

„Obwohl sich die Vorteile der äußeren Glücksgüter uns ursprünglich nur darum als begehrenswert darstellen, weil sie den Bedürfnissen und den Bequemlichkeitsansprüchen des Körpers Abhilfe gewähren, so können wir doch nicht lange in der Welt leben, ohne dessen inne zu werden, dass die Achtung, die wir bei den uns Gleichgestellten genießen, dass unser Ansehen und unser Rang in der Gesellschaft, in der wir

---

408 Vgl. Smith TEG, S. 205.
409 Vgl. Kap. I.1..
410 Smith TEG, S. 9.
411 Smith TEG, S. 123.
412 Vgl. Smith TEG, S. 360.

leben, sehr stark davon abhängt, wie viel wir von jenen Vorteilen besitzen, oder wie viel man wenigstens glaubt, dass wir von ihnen besitzen."[413]

Das Eigeninteresse, die Ökonomie und die gesellschaftliche Anerkennung stehen somit unmittelbar in Verbindung: Das Eigeninteresse ist initial ein notwendiges Prinzip zur Beschaffung überlebensnotwendiger Güter. Durch den Besitz der Güter wird dem Menschen Anerkennung zuteil, diese ist ihm angenehm. Er assoziiert daher Wohlstand mit Anerkennung und richtet entsprechend sein eigenes Interesse auf den Erwerb von Reichtum.[414]

Durch die Koppelung des Wunsches nach Anerkennung mit dem ökonomischen Interesse ergeben sich vier soziale Effekte, die aus dem eigentlich genuin individualistischen Eigeninteresse resultieren. Der erste Effekt ist, dass sich der Wunsch nach Anerkennung wie ein Motor auf die Produktivität auswirkt. Er treibt den Menschen dazu an, sich selbst, seine Produkte und letztlich auch seine Lebensumstände ständig zu verbessern.[415] Der zweite Effekt ergibt sich aus dem Umstand, dass zwar fast alle Menschen nach einem großen Vermögen streben, aber nur wenige dieses Ziel tatsächlich erreichen. Diejenigen, denen der Reichtum verwehrt bleibt, sind gezwungen, auf andere Weise ein gewisses Ansehen zu erlangen: Sie verhalten sich möglichst gesellschaftskonform, damit ihr Lebensstil von der Umgebung gebilligt wird.[416] Obwohl tugendhaftes Leben so gesehen lediglich Mittel zum Zweck ist, hat es doch einen positiven sozialen Effekt. Für eine weitere soziale Wirkung des Eigeninteresses sorgt die Natur selbst, denn letztlich sitzt der Mensch mit dem Glauben, durch Reichtum wahre Anerkennung zu erlangen, einer Täuschung auf. In Wahrheit ist es gar nicht möglich, auf diese Weise das erwünschte Ansehen, Zufriedenheit und Glückseligkeit zu erlangen.

Doch diesen Irrtum hat die Natur absichtlich für den Menschen eingerichtet, um den Wohlstand der Gesellschaft zu gewährleisten – hier ist selbstverständlich die Formel der unsichtbaren Hand angesprochen.[417] Darüber hinaus sorgt die Koppelung des Wunsches nach Anerkennung mit dem ökonomischen Interesse für eine „Sozialisierung" des Eigeninteresses. Diesem Gedanken wurde bereits im ersten Teil der Dissertation ausführlich nachgegangen. So wird dem Eigeninteresse durch die genannte Verbindung eine natürliche Grenze gesetzt: Den Individuen ist bewusst, dass ihre Mitmenschen nicht mit rücksichtslosem Egoismus

---

413 Smith TEG, S. 361.
414 Vgl. Smith TEG, S. 71. Auf diesen Zusammenhang macht auch Olaf Hottinger aufmerksam. Vgl. Hottinger 1998, S. 82.
415 Recktenwald, Horst C., Das Selbstinteresse – Zentrales Axiom der ökonomischen Wissenschaft. Abhandlungen der geistes- und sozialwissenschaftlichen Klasse, Nr. 2, 1986, S. 13. Vgl. Smith WN, S. 16ff.
416 Vgl. Smith TEG, S. 89.
417 Vgl. Smith TEG, S. 314.

sympathisieren – würde ihnen auf diese Weise doch keine Anerkennung zuteil –, deshalb zügeln sie ihr Eigeninteresse so weit, dass sie keinem anderen Individuum einen Schaden zufügen.[418]

Diese drei Kernpunkte münden letztlich in Smith' „System der natürlichen Freiheit".[419] Die soziale Veranlagung des Menschen, die Sympathie und das wohlverstandene Eigeninteresse bilden das Fundament einer guten Ordnung, weil ihnen eine soziale Prämisse gemeinsam ist: die Gerechtigkeit. Weder hebt Adam Smith in seiner Wirtschaftstheorie die soziale Disposition des Menschen explizit hervor, noch rekurriert er auf die Sympathie als Verhaltensprinzip, dennoch schwingen beide Faktoren mit, wenn das Eigeninteresse als wesentlicher Charakterzug des Wirtschaftsmenschen angesprochen wird.[420]

„Gibt man [...] alle Systeme der Begünstigung und Beschränkung auf, so stellt sich ganz von selbst das einsichtige und einfache System der natürlichen Freiheit her. Solange der einzelne nicht die Gesetze der Gerechtigkeit verletzt, lässt man ihm völlige Freiheit, damit er das eigene Interesse auf seine Weise verfolgen kann und seinen Erwerbsfleiß und sein Kapital im Wettbewerb mit jedem anderen oder mit einem anderen Stand entwickeln oder einsetzen kann."[421]

Jedes Individuum ist frei seinem eigenen Interesse zu folgen, doch diese Freiheit gilt nur unter der Vorbedingung der Gerechtigkeit.

Führt man die drei genannten sozialen Dimensionen individuellen Handelns in der Smith'schen Lehre zusammen, wird deutlich, dass bei Adam Smith die Gesellschaftsordnung zwar individualistisch begründet wird, dem Individuum aber eine soziale Verantwortung auferlegt ist. Hierfür ist wiederum eine soziale Einsicht des Menschen unabdingbar, er muss den Standpunkt der anderen in sein Handeln einbeziehen können. Andernfalls wäre eine harmonische Gesellschaftsordnung nicht denkbar und nur so erscheint die Smith'sche Gesellschaft als ein Verbund sozialer Individuen.

---

418 Vgl. Smith TEG, S. 214.
419 Vgl. Smith WN, S. 528.
420 Vgl. Kap. I.1.
421 Smith WN, S. 582.

2. Die soziale Dimension der individuellen Freiheit – John Stuart Mill

Viel mehr noch als Adam Smith steht John Stuart Mill für eine individualistische Perspektive der gesellschaftlichen Fragen. Er ist ein Vertreter des Utilitarismus, bei dem es sich bekanntermaßen um ein individualistisches Ethikkonzept handelt, gleichzeitig ist Mill mit seinem Werk *„On Liberty"* als vorbildlicher Liberaler, der die Freiheit des Individuums für eine Grundvoraussetzung einer guten Gesellschaftsordnung hält, in die Annalen der politischen Ideengeschichte eingegangen. Auf den ersten Blick weist demzufolge alles darauf hin, dass in der Mill'schen Gesellschaftstheorie eine klare Abkehr von der Smith'schen Vorstellung von einem sozialen Individuum stattfindet. Doch hinter Mills individualistischer Argumentation lassen sich ebenfalls wesentliche soziale Elemente ausmachen, die für einen Ausgleich zwischen Individual- und Sozialinteresse sorgen. Insofern rückt Mill zwar ein Stück weit von der Smith'schen Fokussierung auf die Sozialnatur des Menschen ab, indem er seinen Blick auf dessen individuelle Freiheit richtet, doch wichtige soziale Kompetenzen des Handlungssubjekts bleiben trotzdem erhalten. So handelt es sich in der Mill'schen Gesellschaftstheorie weder um einen kruden noch um einen sozialen, sondern um einen moderaten Individualismus. Mills Verhältnisbestimmung von Individuum und Gesellschaft bedeutet insofern keinen Bruch mit der Vorstellung von Adam Smith, sondern vielmehr eine Akzentverschiebung auf das Individuum.

2.1 Die Sozialisierung des Utilitarismus

Wie im ersten Teil der Untersuchung dargestellt, geht Mills geistiger Vater Jeremy Bentham von einem quantitativen Utilitarismus aus. Ihm kommt es also nicht auf die verschiedenen Arten der Empfindungen an, sondern allein auf deren Intensität: Je größer der Nutzen, umso größer die Freude, desto ethischer die Handlung. Das Motiv des Handelnden ist letztlich genauso irrelevant, wie die

Meinung anderer.[422] Benthams berühmter Aphorismus bringt die Idee des quantitativen Utilitarismus auf den Punkt:

„Quantity of Pleasure being equal, pushpin is as good as poetry. "[423]

Wenn primitive Freuden genauso viel Lust bewirken wie edle, dann haben sie die gleiche moralische Qualität. Mit diesem Programm widerspricht der Bentham'sche Utilitarismus allen Grundsätzen der traditionellen Moralphilosophie, in der eine tugendhafte und gerechte Lebensweise die Voraussetzung für ein gutes Leben darstellt. So ist es kaum verwunderlich, dass die orthodoxe Nutzenethik stark kritisiert wurde. Kritiker bezeichneten sie als verkommene Philosophie des flüchtigen Genusses, als *„pig-philosophy"*, in der das Leben der Menschen dem der Schweine gleicht.[424] Außerdem gehe es dem Utilitarismus ausschließlich darum, das individuelle Glück zu maximieren, ohne auf andere Rücksicht zu nehmen. Alle sozialen, gesamtgesellschaftlichen Handlungsfolgen bleiben ausgeblendet. Im Zentrum der Kritik stand also auch die stark individualistische Perspektive des orthodoxen Utilitarismus.

John Stuart Mill möchte mit seinen Ausführungen den Utilitarismus gegen diese Kritikpunkte verteidigen.[425] Er möchte zeigen, dass die praktischen Konsequenzen der Nutzenethik durchaus mit denen traditionell ethischer Prinzipien übereinstimmen können.[426] Zwar suggeriert Mill dem Leser, dass es sich bei seinem Konzept lediglich um eine Klarstellung dessen handelt, was bei Bentham bereits implizit steht, doch in Wahrheit modifiziert er die Bentham'sche Nutzenethik in ihren Grundsätzen.[427] Mill verleiht dem Utilitarismus buchstäblich eine

---

422 Vgl. I.2.1.

423 Bentham, Jeremy, Introduction into the Principles of Morals and Legislation, New York 1948, S. 113.

424 Die wohl bekannteste Kritik am Bentham'schen Utilitarismus – sie sei eine „pig-philosophy"-stammt von Thomas Carlyle. Vgl Birnbacher, Dieter, Anmerkungen, in: Mill, J.S., Utilitarismus, Stuttgart 2008a, S. 195.

425 Den Versuch hierfür unternimmt er in seinem vieldiskutierten Beweiskapitel – dem sogenannten „proof". Laut Birnbacher gehört es *„sicherlich nicht zu den stärksten"* Kapiteln des Essays, da beide Beweisschritte – der Beweis des psychologischen Hedonismus und der Beweis, dass Glück das einzige ist was um seiner selbst willen gewünscht wird – unplausibel sind und mit dem zuvor Gesagten kollidieren. Wolf meint, dass v.a. die Bezeichnung „Beweis" irreführend sei, da es Mill in Wahrheit nicht um einen „Beweis", sondern lediglich um eine *„Darlegung guter Gründe"* gehe. Mill möchte zeigen, dass es keine echte Alternative zum Utilitarismus gibt, da sich niemand einer utilitaristischen Argumentation entziehen kann. Zum Beweiskapitel Wolf, Jean-Claude, Utilitaristische Ethik, in: Geschichte der neueren Ethik 1, Hrsg. Pieper, A., Tübingen/Basel 1992 S. 161;Vgl. Birnbacher, Dieter, Nachwort, in: Mill, J.S., Utilitarismus, 2006, S. 205. Vgl. Buner, Robert, Das moralische Engagement von John Stuart Mill, unter besonderer Berücksichtigung seiner moralphilosophischen und nationalökonomischen Lehren, St. Gallen 1983, S. 66.

426 Vgl. Gaulke 1994, S. 90.

427 Vgl. Mill 2008a, S. 13/21.

neue Qualität: Er vertritt einen qualitativen Utilitarismus.[428] Hierfür differenziert er zwischen Freuden geistiger und körperlicher Art. Die geistigen Freuden sind stets von höherer Qualität und Intensität als die körperlichen, weil sie spezifisch menschlich sind.[429] Würde ein Mensch auf der Ebene der bloßen Sinnlichkeit leben, bliebe er auf der Stufe eines Tiers stehen.[430] Diese Ansicht fasst Mill in dem berühmten Satz zusammen:

„Es ist besser, ein unzufriedener Mensch zu sein, als ein zufriedenes Schwein; besser ein unzufriedener Sokrates als ein zufriedener Narr. "[431]

Prinzipiell gelten auch bei Mill die Grundprämissen des Utilitarismus: Der Mensch folgt seinem hedonistischen Kalkül und sucht aus allem Tun den größtmöglichen Nutzen zu ziehen. Die höchste Befriedigung bescheren ihm laut Mill aber die geistigen Empfindungen. Doch anders als Bentham stellt Mill dem Individuum bei der Nutzenkalkulation einen objektiven Bewertungsmaßstab zur Seite, der ihm hilft, die Qualitätsunterschiede der Empfindungen einzuschätzen. Dieser Bewertungsmaßstab ergibt sich aus den Urteilen anderer Menschen, die über ein hohes Maß an geistiger Bildung und einen breiten Erfahrungsschatz verfügen.[432] Freilich basiert auch deren Meinung auf subjektiven Erfahrungen, doch mittels eines Mehrheitsbeschlusses ist es möglich, eine objektive Richtschnur zu ermitteln, die bei einer situativen Einzelentscheidung einbezogen werden kann.[433] Auf diese Weise kann das Individuum abschätzen, welche Freude von höherer Güte ist als eine andere.

Mill liefert mit dem Verweis auf eine objektive Urteilsinstanz nicht nur ein funktionales Instrument für interpersonelle Nutzenvergleiche, sondern er schreibt darüber hinaus dem Akt der Kalkulation einen sozialen Aspekt ein: Bei jeder situativen Einzelentscheidung wird die Meinung anderer mit einbezogen. Dieses Verfahren erinnert an den Smith'schen „unparteiischen Zuschauer", der ebenfalls die Aufgabe hat, den Standpunkt der Individuen um eine gesamtgesellschaftliche Perspektive zu erweitern. Mill spricht an anderer Stelle sogar selbst von einem *„unbeteiligten und wohlwollenden Zuschauer "*[434] – *„disinterested and*

---

428 Vgl. Mill 2008a, S. 29.
429 Zu den vier höherwertigen Freuden zählen diejenigen des Verstandes, der Empfindung, der Vorstellungskraft und des sittlichen Gefühls. Ausführlich Klopfer, Max, Ethik-Klassiker von Platon bis John Stuart Mill, Stuttgart 2008, S. 421.
430 Vgl. Mill 2008a, S. 29/31.
431 Mill 2008a, S. 33.
432 Vgl. Klopfer 2008, S. 24.
433 Vgl. Mill 2008a, S. 39.
434 Mill 2008a, S. 53.

benevolent spectator"[435] –, allerdings ohne sich dabei ausdrücklich auf Adam Smith zu beziehen.[436]

Grundsätzlich ist Mill jedoch der Auffassung, dass es dem „Nützlichkeits-prinzip" an einer praktischen Handlungsorientierung fehlt. Menschliches Tun sollte sich daher nicht allein an diesem Prinzip ausrichten, weshalb Mill die so-genannten „Sekundärprinzipien" einführt, die für die alltägliche Entscheidungs-praxis wesentlich geeigneter sind. Bei den „sekundären Regeln" handelt es sich um Verhaltensregeln, die im Großen und Ganzen mit den landläufigen Moralge-boten übereinstimmen.[437] Sie bilden die Grundlage der menschlichen Erziehung und dominieren die Entscheidungssituationen des Alltags. Das „Nutzlichkeits-prinzip" kommt nur dann zum Einsatz, wenn die „Sekundärprinzipien" zu kei-nem eindeutigen Ergebnis gelangen. Indem Mill den „Sekundärprinzipien" grundsätzlich Vorrang vor dem „Nützlichkeitsprinzip" einräumt, begünstigt er ein allgemein anerkanntes Regelwerk und damit einen sozialen Standpunkt.

Auch die Motivation des Menschen, die gesellschaftlichen Regeln zu befol-gen, resultiert aus einem sozialen Mechanismus: den sogenannten „äußeren" und „inneren Sanktionen". Mit dem Begriff „Sanktionen" dockt Mill an Bentham an, der den Grund für das Befolgen gesellschaftlicher Regeln in der Angst des Indi-viduums vor Zwangsmaßnahmen entdeckt.[438] Anders als Bentham, der nur die „äußeren Sanktionen" kennt, unterscheidet Mill jedoch zwischen einem „inne-ren" und einem „äußeren Sanktionsmechanismus". Die „äußeren Sanktionen" versteht er als

„die Hoffnung auf die Gunst und die Ungunst unserer Mitmenschen und des Herr-schers des Alls sowie Mitgefühl und andere Empfindungen, die wir den Mitmen-schen gegenüber hegen, und Liebe und Ehrfurcht gegenüber Gott, aus der heraus wir seinen Willen tun, ohne an unseren eigenen Nutzen zu denken."[439]

---

435 Mill 2008a, S. 52.
436 Zur genannten Parallele von „objektiver Urteilsinstanz" bei Adam Smith und John Stuart Mill vgl. Hottinger 1998, S. 348.
437 Vgl. Gaulke 1994, S. 95.
438 An dieser Stelle sei darauf hingewiesen, dass Bentham ebenfalls eine Klassifikation von Sank-tionen vornimmt. Er unterscheidet physische, moralische, politische und religiöse Sanktionen. Als „physische Sanktionen" bezeichnet Bentham unangenehme Folgen von Naturereignissen wie bspw. Gewitter; als „religiöse Sanktionen" bezeichnet er Maßregelungen, die nur in Kom-bination mit irdischen Maßnahmen wirksam sind, sie fallen mit den moralischen Sanktionen zusammen. Vgl. Bentham1970, Kap.III. Doch zwischen „inneren" und „äußeren Sanktionen" unterscheidet er nicht, weil für ihn die öffentliche Meinung mit dem moralischen Gewissen zu-sammenfällt. Zur Idee der Sanktionen Barth, Hans, Die Idee der Sanktionen bei Jeremy Ben-tham und Pierre-Joseph Proudhon, in: Die Idee der Ordnung. Beiträge zu einer politischen Phi-losophie, Zürich 1958, Kap. VI.
439 Mill 2008a, S. 83.

Mit dem Stichwort „äußere Sanktionen" benennt Mill folglich die Furcht vor einer externen Missbilligung. Die gedankliche Verbindung zu Smith' „äußerem Menschen" ist offensichtlich. Auch bei dem Schotten spielt die Angst vor der Missbilligung anderer eine wesentliche Rolle in Bezug auf die Abstimmung der eigenen Handlungen auf das Gesellschaftsinteresse. Das sagt noch nichts über das moralische Urteilsvermögen des Menschen selbst aus, weshalb Smith den „inneren Menschen" entwirft, der das eigene Verhalten moralisch überprüfen soll. Mit seiner Rede über den „inneren Menschen", der das Gewissen versinnbildlicht, öffnet Adam Smith einen Raum, in den Mill mit dem Konstrukt der „inneren Sanktion" eintritt. Die „innere Sanktion" ist

> *„ein Gefühl in und, eine mehr oder weniger starke Empfindung der Unlust, die sich bemerkbar macht, sobald wir unserer Pflicht zuwiderhandeln, und die in einem voll ausgebildeten moralischen Charakter in schweren Fällen so stark wird, dass er vor einer Pflichtverletzung wie vor einer schieren Unmöglichkeit zurückschreckt. Dieses Gefühl, insoweit es uneigennützig ist und sich auf den reinen Gedanken der Pflicht, nicht auf eine ihrer besonderen Ausprägungen oder einen bloßen Begleitumstand richtet, macht das Wesen des Gewissens aus.* "[440]

Wie aus dieser Erklärung hervorgeht, gibt es einige Aspekte in der Mill'schen Nutzenethik, die stärker an die Smith'sche Moralphilosophie erinnern als an den Bentham'schen Utilitarismus. Tatsächlich schreiben einige Interpreten Mill würde die Nutzenethik derart revidieren, dass von ihr kaum etwas übrig bleibt, doch von einer verkappten Renaissance der schottischen Moralphilosophie kann nicht die Rede sein.[441] Mill bewegt sich vielmehr zwischen den beiden Philosophien, was sich in der Verknüpfung von individualistischen und sozialen Elementen äußert. Einerseits hält Mill am individualistischen Standpunkt des Utilitarismus fest, andererseits erweitert er ihn um eine soziale Perspektive, indem er allgemein anerkannte Werte in die individuelle Nutzenkalkulation einbezieht.[442] Denn anders als im quantitativen Utilitarismus werden in der qualitativen Nutzenethik Handlungsregeln nicht ausschließlich nach ihrer Effizienz für den Einzelnen

---

440 Mill 2008a, S. 85.
441 William James schreibt über Mill: *„ Mills gewöhnliche Art zu philosophieren bestand darin, zunächst eine von seinem Vater entlehnte Theorie kühn zu behaupten und dann im Einzelnen an die Gegner der Theorie so viele Zugeständnisse zu machen, dass von dieser praktisch nichts mehr übrig blieb. "* Vgl. Birnbacher 2006, S. 201-201.
442 Auch Wolf macht darauf aufmerksam, dass Mill im Gegensatz zu Bentham mit dem Verweis auf die „inneren Sanktionen" ein Kriterium von Moral anstrebt, das weder mit dem Nützlichkeitsprinzip noch mit den moralischen Meinungen und Gefühlen der Mehrheit zusammenfällt. Mill muss sich konsequenterweise in diesem Punkt von Bentham, schließlich steht er prinzipiell der öffentlichen Meinung kritisch gegenüber, weil sie in eine Tyrannei der Mehrheit pervertieren kann. Vgl. Wolf 1992, S. 158-159.

beurteilt. Stattdessen sind sie autark und wirken gleichsam orientierend bei der Einzelentscheidung der Akteure mit. Das bedeutet jedoch nicht, dass Mill ein gesinnungsethisch korrektes Verhalten der Akteure fordert. Nicht das Motiv, sondern das Ergebnis zählt – hier bleibt er dem Utilitarismus treu. Doch die Befolgung des sozialen Regelwerks birgt die Gefahr, dass das Individuum gegebenenfalls zugunsten des Allgemeinwohls kurzfristig schlechter gestellt ist. Auf diese Weise schafft Mill eine überzeugende Verbindung von Individual- und Gemeinwohl und zeigt darüber hinaus, dass der Utilitarismus tatsächlich mit den Prinzipien der traditionellen Ethik übereinstimmen kann.

2.2 Die soziale Seite des Individuums und die Gesellschaft

Wie aus dem bisher Gesagten ersichtlich wird, spielt das Gemeinwohl respektive die Gesellschaft in Mills Nutzenethik eine beachtliche Rolle. Das zeigt sich auch am Mill'schen Menschenbild. Demzufolge ist der Mensch ein komplexes Wesen, das nicht nur über eine hedonistische Natur, sondern auch über soziale Anlagen verfügt. Im Gegensatz zu Bentham, dessen reduktionistisches Menschenbild er stark kritisiert, verfügt der reale Mensch nach Mills Ansicht nachweisbar über ein natürliches Interesse an der Gemeinschaft, das im Prinzip der Sympathie seinen Ausdruck findet.

„Die Menschen unterscheiden sich von den Tieren [...] darin, dass sie zur Sympathie nicht nur mit ihren Nachkommen [...] fähig sind, sondern mit allen Menschen und sogar allen fühlenden Wesen."[443]

Die Sympathie muss man bei Mill ebenso wie bei Smith in erster Linie als soziale Disposition verstehen. Grundsätzlich ist jeder dazu fähig, die Sympathie auszubilden – der Mensch ist demnach ein „progressive-beeing" –[444], doch hierfür bedarf es einer fachgemäßen Erziehung im Kontext der Gesellschaft.[445] Während sich bei Smith das Potenzial der Sympathie nahezu automatisch entfaltet, ist es für Mill kein „anthropologischer Selbstläufer", sondern lediglich eine „Option" der menschlichen Natur.

„Das gemeinschaftliche Leben ist dem Menschen so natürlich, so notwendig und so vertraut, dass er sich niemals – es sei denn in einigen ungewöhnlichen Fällen oder durch einen bewussten Akt der Abstraktion – anders denn als das Glied des Ganzen

---

443   Mill 2008a S. 153.
444   Vgl. Wolf 1992, S. 166-176.
445   Vgl. Mill 2008a, S. 95.

denkt; und diese gedankliche Verbindung wird desto unauflöslicher, je weiter sich die Menschheit vom Zustand roher Selbstgenügsamkeit entfernt. "[446]

Die Sympathie gibt den Anlass zu Vergesellschaftung, die Entwicklung der Gesellschaft selbst ist ein evolutorischer Prozess.[447] Im Lauf der Zeit wandelt sich die Gesellschaft zu einem unauflöslichen Geflecht. In der modernen Großgesellschaft sind die Menschen in besonderem Maß aufeinander angewiesen. Anders als Bentham stellt sich Mill jedoch die Gesellschaft nicht als einen Zusammenschluss vieler Individuen mit konkurrierenden Interessen vor, stattdessen verkörpert für ihn das Gemeinwohl einen eigenständigen Wert, an dem sich individuelle Ziele ausrichten können.[448]

„Die Stärkung der Gemeinschaftsbindungen und die Entwicklung des gesellschaftlichen Verkehrs bewirken nicht nur, dass der Einzelne ein stärkeres Eigeninteresse daran hat, das Wohlergehen Anderer in ihrer Lebensführung zu berücksichtigen, sondern bringen ihn auch dazu, seine Gefühle mehr und mehr mit ihrem Wohl oder zumindest mit einer stärkeren Berücksichtigung ihres Wohls im praktischen Handeln zu identifizieren. Gleichsam instinktiv gelangt er dazu, sich seiner selbst als eines Wesens bewusst zu werden, dem es selbstverständlich ist, auf die anderen Rücksicht zu nehmen. "[449]

Die Erziehung spielt beim Vergesellschaftungsprozess die entscheidende Rolle. Ohne Bildung verkümmert das soziale und geistige Potenzial der Menschen, bleiben sie einzig auf ihre hedonistische Natur verwiesen.

„Die Fähigkeit, edlere Gefühle zu empfinden, ist in den meisten Naturen eine äußerst zarte Pflanze, die nicht nur an widrigen Einflüssen, sondern schon an mangelnder Pflege zugrunde gehen kann ".[450]

Von daher ist es besonders wichtig, die sozialen Anlagen zu fördern, denn im Gegensatz zu Bentham konstatiert Mill, dass wahres Glück und Zufriedenheit nur in der Gemeinschaft erreicht werden können.[451] Indes muss man zwischen Glück und Zufriedenheit unterscheiden: Zufriedenheit können auch niedere Lebewesen erreichen, während wahres Glück höheren Lebewesen vorbehalten ist, da das Glück unmittelbar an geistige Freuden gebunden ist.[452] Wirklich glücklich

---

446 Ebenda.
447 Vgl. Mill 2008a, S. 54 f.
448 Vgl. Mill 2008a, S. 97.
449 Mill 2008a, S. 97.
450 Mill 2008a, S. 33/35.
451 Vgl. Mill 2008a, S. 49.
452 Allerdings existiert bei Mill kein ausschließliches, bedingungsloses Glück. So wissen alle Individuen, dass Glück immer auch an Leid gebunden ist. Das eine kann ohne das andere nicht existieren. Vgl. Klopfer 2008, S. 423.

werden indes nur die Menschen, die nicht das eigene Glück, sondern das der Gemeinschaft ins Auge fassen. Mill wertet die individuelle Bereitschaft zugunsten anderer auf die eigenen Wünsche zu verzichten – kurz, den Altruismus –, als höchste Tugend, die zu größter Zufriedenheit und letztlich auch Glück führt.

2.3 Die Freiheit des Individuums

Mill nennt bereits in seinem utilitaristischen Werk die persönliche Freiheit als Grundvoraussetzung für Glück und Zufriedenheit. Mit seinem wohl bekanntesten Werk „On Liberty"[453] (1859) widmet er der Freiheit und ihrer Verteidigung sogar eine ganze Schrift. Sein heutiger Ruf als mustergültiger Liberaler und Vertreter eines konsequenten Individualismus gründet auf seinem dort vorgetragenen, leidenschaftlichen Plädoyer für die größtmögliche Freiheit des Individuums.

In „On Liberty" ist ausdrücklich nicht das philosophische Problem der größtmöglichen Willensfreiheit Thema, sondern

„die bürgerliche oder soziale Freiheit, will sagen: Wesen und Grenzen der Macht, welche die Gesellschaft rechtmäßig über das Individuum ausübt".[454]

Die Freiheit des Individuums kann auf mehrfache Art und Weise bedroht werden – sei es durch die Machtausübung eines Königs oder durch die öffentliche Meinung. Um dies zu verhindern, gilt es die Grenze zwischen Freiheit und Macht festzulegen. Hierfür bildet das Individuum den Ausgangspunkt, denn zunächst ist es von größter Bedeutung, dass jeder Mensch völlig frei seinen Wünschen folgen kann. Der individuellen Freiheit sollen nur dort Schranken auferlegt werden, wo sie die Freiheit und das Glück anderer bedroht.[455] Somit versteht Mill den Menschen im Grundsatz als souveränen Herrscher über sich selbst und über seine Grenzen.[456] Der einzig legitime Grund, in die Freiheitsrechte eines Individuums einzugreifen, kann nur der Schutz der Freiheitsrechte anderer Individuen sein.

Prinzipiell traut Mill jedem Individuum die persönliche Reife zu, mit seiner Freiheit verantwortungsvoll umzugehen. Das muss es auch, denn sobald das Individuum in einer Gesellschaft steht, hat es Pflichten übernommen.[457] Mill geht also davon aus, dass der Mensch eine Einsicht in seine Rolle als Teil des großen Ganzen hat, woraus ähnlich wie bei Smith, eine Verantwortung gegen-

---

453   Vgl. Mill, John Stuart, Über die Freiheit, Stuttgart 2008b.
454   Vgl. Mill 2008b, S. 7.
455   Vgl. Mill 2008a S. 113.
456   Vgl. Mill 2008b, S. 17 f.
457   Vgl. Mill 2008b, S. 17 f.

über anderen resultiert. In diesem Zusammenhang sei nochmals darauf hingewiesen, dass sich für Mill aus utilitaristischer Perspektive die starke Betonung der individuellen Freiheit allein dadurch rechtfertigt, dass sie einen gesellschaftlichen, die Wohlfahrt steigernden Nutzen hat.

Die soziale und bürgerliche Freiheit des Menschen umfasst drei Bereiche: (1) Die Meinungsfreiheit, das ist die innere Freiheit des Bewusstseins, genauer die

„[...]Freiheit des Denkens und Fühlens, unbedingte Unabhängigkeit der Meinung und der Gesinnung bei allen Fragen, seien sie praktischer oder philosophischer, wissenschaftlicher, moralischer oder theologischer Natur.“[458]

(2) Die Handlungsfreiheit, das ist die äußere Freiheit des Bewusstseins, also die

„[...]dies Prinzip Freiheit des Geschmacks und der Studien, die Freiheit, einen Lebensplan, der unseren eigenen Charakteranlagen entspricht, zu entwerfen und zu tun was uns beliebt, ohne Rücksicht auf die Folgen und ohne uns von unseren Zeitgenossen stören zu lassen – solange wir ihnen nichts zu leide tun – selbst wenn sie unser Benehmen für verrückt, verderbt oder falsch halten.“[459]

(3) Die Freiheit der Gesellschaft, die Assoziationsfreiheit. Mill definiert diese Freiheit als

„[...]aus dieser Freiheit jedes einzelnen folgt – in denselben Grenzen – diejenige, sich zusammenzuschließen, die Erlaubnis, sich zu jedem Zweck zu vereinigen, er anderes nicht schädigt, unter der Voraussetzung, dass die sich vereinigenden Personen voll erwachsen sind und nicht unter Zwang oder veranlasst durch Vorspiegelungen in eine Verbindung treten.“[460]

In einschlägigen Interpretationen wird die Assoziationsfreiheit als eigentlicher Unterpunkt der Handlungsfreiheit gehandelt.[461] Entsprechend sollen hier lediglich Meinungs- und Handlungsfreiheit näher betrachtet werden.

(1) Für Mill ist die individuelle Freiheit im wesentlichen Meinungsfreiheit. Diese versteht er nicht nur die freie Meinungsäußerung, sondern auch die Freiheit des Einzelnen, entsprechend seinen Überzeugungen zu leben und zu handeln.[462] Dabei ist die Meinungsfreiheit nicht nur wichtig für das Individuum, weil sie den Menschen als denkendes Wesen in seinen Grundanlagen betrifft. Sie hat auch eine gesellschaftliche Relevanz, denn sie dient letztlich der objektiven Wahrheitsfindung. Da es niemals eine absolute Wahrheit geben kann, gilt es, sich der Richtigkeit einer Sachlage im Diskurs anzunähern und sich in Toleranz

458   Mill 2008b, S. 20.
459   Ebenda.
460   Ebenda.
461   Bspw. Gaulke 1994, S. 140.
462   Vgl. Gaulke 1994, S. 142.

vieler gegenüber anderen Meinungen zu üben. In dieser Weise ist es möglich einer Stagnation der gesellschaftlichen Entwicklung entgegenzuwirken, die ihrerseits die Freiheit der Individuen bedrohen würde.[463] Mills Überlegungen zur Meinungsfreiheit korrespondieren insofern mit seinem utilitaristischen Postulat, als die Freiheit sich positiv auf die Gesellschaft auswirkt und dadurch rechtfertigt.

(2) Schwieriger stellt sich der Fall der Handlungsfreiheit dar. Hier äußert sich das Freiheitsproblem am deutlichsten:[464] Wenn jedes Individuum den ureigenen Interessen folgt, geraten auf gesellschaftlicher Ebene diese Interessen zwangsläufig miteinander in Konflikt. Wessen Interesse dabei schützenswert ist und inwieweit die jeweiligen Interessen legitim sind, ist kaum zu ermitteln. Man sieht sich hier also mit dem ökonomischen Problem der konkurrierenden Interessen konfrontiert. Doch Mill konstatiert auch an dieser Stelle die allgemeine Wohlfahrt fördernde Wirkung der Einzelhandlungen. Seines Erachtens bilden die Betonung der Individualität und die Entwicklung der Persönlichkeit jedes Menschen einen Grundpfeiler gesellschaftlichen Fortschritts.

„Wenn man sich klar darüber wäre, dass die freie Entwicklung der Persönlichkeit eine der Hauptbedingungen der Wohlfahrt ist, dass sie nicht nur auf einer Stufe steht mit dem, was man mit den Ausdrücken Zivilisation, Ausbildung, Erziehung, Kultur bezeichnet, sondern in sich selbst ein notwendiger Teil davon und Bedingung alles dessen ist: dann bestünde keine Gefahr, dass man die Freiheit unterschätzt, und die Grenzziehung zwischen Freiheit und gesellschaftlicher Regelung böte keine besondere Schwierigkeit mehr.“[465]

Insofern haben Freiheit und Eigeninteresse zu Unrecht einen schlechten Ruf als Widerpart des Gesellschaftsinteresses, weil auch hier gilt, dass die individuelle Handlungsfreiheit dort endet, wo sie die Freiheit eines anderen betrifft. Die Grenze setzt sich der Mensch mittels seines Urteilsvermögens selbst, entsprechend appelliert Mill an dessen Verstand, der allerdings einer ständigen Schulung bedarf. Das ist Aufgabe der Erziehung.

„Die menschlichen Fähigkeiten der Auffassung, des Urteilens, des Unterscheidungsvermögens, der geistigen Energie, selbst die der moralischen Wertschätzung kann man nur dadurch üben, dass man eine Wahl trifft. Wer etwas tut, weil es Sitte ist, wählt nicht.“[466]

Würde man die Freiheit und Individualität der Menschen einschränken, liefe man Gefahr in eingefahrenen Mustern zu verharren. Mill spricht in diesem Zusammenhang von einer drohenden „Tyrannei der Gewohnheit", die es zu ver-

---

463   Vgl. Mill 2008b, S. 91-96.
464   Vgl. Gaulke 1994, S. 142.
465   Mill 2008b, S. 78-79.
466   Mill 2008b, S. 81.

meiden gilt. Nach Auffassung Mills ist die gesamte Menschheitsgeschichte durch einen fortwährenden Dualismus zwischen Fortschritt und Gewohnheit geprägt.[467] Anders als Thomas Hobbes, für den Freiheit und Individualität zu einem Krieg zwischen den Menschen führt, sind für Mill also diese beiden Merkmale Leitbegriffe des Fortschritts und der Gesellschaftlichkeit.

Aus Mills Ausführungen zur Freiheit wird abermals deutlich, dass das Individuum über das Bewusstsein verfügt Teil der Gesellschaft zu sein. Ähnlich wie bei Smith hat auch das Mill'sche Individuum eine soziale Verantwortung gegenüber anderen. Würde der Mensch seine Freiheitsrechte ohne Rücksicht auf Verluste ausleben, könnte die gesellschaftliche Ordnung nicht fortbestehen. Mill appelliert hier im Besonderen an die Urteilskraft und die Vernunft des Menschen. Nichtsdestotrotz ist der Individualismus bei Mill deutlich stärker ausgeprägt als bei Smith. Mit Mill löst sich das Individuum merklich aus den gesellschaftlichen Banden, für ihn ist die individuelle Freiheit ein konstitutives Element der Gesellschaft. Auch was die Sozialnatur des Individuums anbelangt, ist die Mill'sche Vorstellung deutlich zurückhaltender als die von Smith. Die Sozialnatur ist nicht bei jeder Handlung omnipräsent sondern muss erst ausgebildet werden; bei Mill ist das individuelle Kalkül ursprünglicher als die soziale Neigung. Das Individuum beginnt sich von seiner sozialen Einsicht zu emanzipieren.

---

467   Vgl. Mill 2008b, S. 99 ff.

3. Die Gesellschaft als Domäne des Individuums – Friedrich A. von Hayek

In seinen Werken erhebt Friedrich August von Hayek die individuelle Freiheit zur fundamentalen Norm der Gesellschaft. Entsprechend wird er der Strömung des Libertarismus zugeordnet.[468] Die libertäre Position begreift sich als Monopoltheorie für individuelle Freiheit, sprich, als freiheitliche Theorie überhaupt. Jede Abweichung davon wird von ihren Vertretern als illusionistisch oder gar als totalitär beurteilt.[469] Ein derartiges Theorieverständnis kann man durchaus als radikal bezeichnen: radikal liberal-individualistisch. Das Individuum ist das Maß aller Dinge – von ihm ausgehend werden die Gesellschaft und ihre Institutionen, die Politik und die Ethik konzipiert. Entsprechend hat man es bei Hayek mit einer Form des Individualismus zu tun, die sich in einem wesentlichen Punkt von den Positionen der zuvor genannten Autoren unterscheidet: Hayek betrachtet das Individuum als von Grund auf individualistisch, es verfügt über keinerlei „innere soziale Bindung" mehr, was im Folgenden aufgezeigt werden soll.

3.1 Das solitäre Individuum bei Friedrich A. von Hayek

Am Anfang von Hayeks Denken steht das Individuum. Es ist die kleinste unzerlegbare Einheit von der ausgehend alle gesellschaftlichen Bewegungen erklärt werden. Das Individuum ist somit das Maß aller Dinge und die Gesellschaft, ihre Werte und Institutionen sind das Ergebnis seiner Handlungen. Demnach vertritt Hayek einen methodologischen Individualismus. Christoph Holl stellt jedoch klar, dass es sich hierbei nicht um einen „naiven" methodologischen Individualismus handelt, wie er in der Ökonomie verwendet wird.[470] Das bedeutet, dass es sich beim Hayek'schen Individuum weder um eine Modellannahme noch um ein

---

468 Vgl. Gaulke 1994, S. 200.
469 Vgl. Ebenda.
470 Vgl. Holl, Christoph, Wahrnehmung, menschliches Handeln und Institutionen, Tübingen 2004, S. 64. Agassi beschreibt den Individualismus bei Hayek als einen „institutionellen Individualismus", da die Institutionen eine wesentliche Rolle bei der Ausformung des individuellen Geistes spielen. Vgl. Agassi, Joseph, Institutional Individualism, in: The British Journal of Sociology, Vol. 26, London 1975, S. 144-155.

isoliertes Individuum handelt – wie bei Homo oeconomicus der Fall –, sondern um einen realen Menschen aus Fleisch und Blut, der von vornherein in einem gesellschaftlichen Kontext steht. Hayek lehnt die Verwendung eines Homo oeconomicus zur Theoriebildung ausdrücklich ab. Für ihn ist er ein *„Hausgespenst"* im *„Schrank"* der Wirtschaftswissenschaften.[471]

Ihm geht es nach eigener Aussage vielmehr darum, die *„Menschen in all ihrer Verschiedenheit und Kompliziertheit"* zu betrachten, *„die manchmal gut und manchmal schlecht, oft gescheit, aber noch öfter dumm sind."*[472]

Die Feststellung, dass es sich beim Hayek'schen Individuum ebenso wie bei Smith und Mill um einen Menschen aus Fleisch und Blut handelt besitzt für die hier angestellte Untersuchung besondere Relevanz. Denn anders als bei der zuvor dargestellten Entwicklungslinie, die das gewandelte Bedingungsverhältnis von Moral und Ökonomie in der Wirtschaftstheorie zum Gegenstand hatte, findet auf gesellschaftstheoretischer Ebene keine Abstraktion von der Wirklichkeit statt. Die verwendeten Prämissen und die analysierten Verhältnisse sind bei allen drei Autoren den realen Verhältnissen entlehnt.

Prinzipiell vertritt Hayek einen anthropologischen Skeptizismus.[473] Er begreift die Menschen als von Natur aus ungleich und unvollkommen, sie sind Mängelwesen mit begrenztem Wissen und Verstand. Auch kennen die Individuen ihr „wahres Eigeninteresse" nicht.[474] Auch die Vorstellung der Ökonomen von einem allwissenden Akteur lehnt von Hayek also kategorisch ab. Zwar sind die Menschen für ihn durchaus zielbewusste Wesen, doch sie sind fehlbar, sie handeln nicht immer rein rational.[475]

Gerade weil von Hayek von einer derart defizitären Menschennatur ausgeht, muss er zwangsläufig auch die Vorstellung ablehnen, dass ein Gemeinwohl und genuin gesellschaftliche Werte existieren. Denn wenn nicht einmal jeder einzelne in der Lage ist seine Wünsche zu konkretisieren und zu begreifen, wie soll dann eine Vorstellung von gesamtgesellschaftlichen Werten existieren. Man kann nicht wissen was die Allgemeinheit wünscht, wenn man nicht einmal weiß, was der Einzelne will. Schließlich können Kollektive kein Eigenleben führen, sie sind lediglich das Produkt individuellen Handelns, so Hayek.[476] Gleichwohl bedeutet das nicht, dass von Hayek den Menschen isoliert betrachtet. Für ihn steht der Mensch von Beginn an in der Interaktion mit anderen. Der Hayek'sche

---

471   Vgl. Hayek , Friedrich August von, Geldtheorie und Konjunkturtheorie, Salzburg 1976, S. 65.

472   Hayek 1976, S. 22.

473   Vgl. Hayek, Friedrich August von, Die Verfassung der Freiheit, Tübingen 1971, S. 32.

474   Vgl. Zintl, Reinhard, Individualistische Theorien und die Ordnung der Gesellschaft, Berlin 1983, S. 152.

475   Vgl. Hayek 1976, S. 22.

476   Vgl. Ebenda.

Mensch ist ein Gesellschaftswesen – nicht etwa weil er ein soziales Wesen ist, sondern weil er zwangsläufig in der Gemeinschaft leben muss:

> *„[...] Das soll schon allein genügen, um den albernsten der verbreiteten Irrtümer zu widerlegen: den Glauben, dass der Individualismus die Voraussetzung macht (oder seine Argumente auf Annahmen stützt), daß isolierte oder für sich abgeschlossene Individuen existieren, anstatt von Menschen auszugehen, deren ganze Natur und ihr ganzes Wesen durch ihr Leben in der Gesellschaft bestimmt ist."*[477]

Aus der Kombination von defizitärer Menschennatur und Gesellschaftlichkeit erwächst ein Spannungsverhältnis, aus dem Hayeks Plädoyer für die größtmögliche Freiheit resultiert: Gerade weil der Mensch ein Mängelwesen ist, bedarf er des größtmöglichen Schutzes vor seiner Umwelt, denn nur so kann er seine Individualität entfalten.[478] Oder umgekehrt ausgedrückt: Wäre der Mensch von Natur aus perfekt ausgebildet, ließe sich eine feste Ordnung konzipieren, denn dann wüsste man, was seinem Wesen entspricht.

Doch neben all seinen Mängeln verfügt der Mensch auch über eine wichtige Kompetenz: Er ist lernfähig, und um sein Potenzial ausschöpfen zu können, benötigt er ein größtmögliches Maß an Freiheit. Die Lernfähigkeit ist eines der Hauptmerkmale des Hayek'schen evolutorischen Menschenbildes. Mit fortschreitender Entwicklung bildet das Individuum Sprache und Vernunft aus, der Mensch muss sich folglich erst zum Menschen entwickeln.[479]

Den Wechselwirkungen zwischen Wahrnehmung, menschlichem Handeln und Institutionen kommt bei Hayek eine wesentliche Bedeutung zu.[480] Der Mensch wird in seinem Handeln durch die Institutionen beschränkt und er etabliert sie gleichermaßen, das Wesen des Menschen bildet sich in Wechselwirkung mit den Institutionen aus. Zwar verfügt er über ein genetisch-biologisches und somit angeborenes Wissen, ebenso ist es möglich, dass Wissen durch rationale Erkenntnis entsteht, doch die wichtigste Quelle von Wissen und Werten ist die Evolution.[481] Hayek nennt sie auch „vorsinnliche Erfahrung", diese enthält individuelle und gruppenspezifische Verhaltensregeln.[482]

---

477   Hayek, Individualismus und wirtschaftliche Ordnung, Erlenbach/Zürich 1952b, S. 15.
478   Vgl. Zintl 1989, S. 153.
479   Vgl. Hayek, Friedrich August von, Die drei Quellen der menschlichen Werte, Tübingen 1979, S. 13.
480   Vgl. Holl 2004, S. 64.
481   Vgl. Hayek, Friedrich August von, Recht, Gesetzgebung und Freiheit. Die Illusion der sozialen Gerechtigkeit – Eine neue Darstellung der liberalen Prinzipien der Gerechtigkeit und der Politischen Ökonomie, Bd. 2, Landsberg a.L. 1981, S. 7.
482   Vgl. Hayek, Friedrich August von, Bemerkungen über die Entwicklung von Systemen von Verhaltensregeln, in: Freiburger Studien, Gesammelte Aufsätze von Friedrich August von Hayek, Tübingen 1969, S. 146 ff.

Beim Akt des Denkens verwertet der Mensch nun die „vorsinnlichen Erfahrungen" im Kontext seiner gegenwärtigen Erlebnisse.[483] Sein Verstand dient dazu, seine Erfahrungen zu verarbeiten. Die Beobachtungen prägen das Individuum stärker als sein Verstand, denn auch dieser muss sein Potenzial erst mit der Zeit entfalten.

„Der Mensch hat sicherlich öfters gelernt, das Richtige zu tun, ohne es zu verstehen, warum es richtig war. Und <auch heute noch> sind seine Gewohnheiten ihm häufig dienlicher als das Verstehen."[484]

Im Prozess des Erfahrens spielt der Austausch mit anderen eine wichtig Rolle, denn

„die Vernunft existiert nicht im Singular, als etwas, das einer einzelnen Person gegeben oder verfügbar ist, wie der rationalistische Vorgang anzunehmen scheint, sondern sie muss als interpersoneller Prozess vorgestellt werden, in dem jedermanns Beitrag von anderen geprüft und korrigiert wird."[485]

Im Austausch mit anderen Menschen entwickelt der Mensch sich stetig weiter und kann seine natürliche Anlage zum Fortschritt frei entfalten. Der erworbene Wissenspool an allgemeingültigen Regeln dient letztlich dazu, die eigenen Handlungen zu überprüfen und mit verschiedenen Handlungsoptionen abzugleichen. Insofern unterliegt das Handeln einer „internen Kontrolle".

„The extend to which behavior patterns can be adjusted to the sensory situation probably varies with the level which is in control."[486]

Die „interne Kontrolle" schlägt dem Individuum eine situationsgünstige und gesellschaftsverträgliche Handlungsalternative vor.[487] Der Erfahrungsfundus hilft dem Menschen dabei seine Handlungsweise der jeweiligen Situation adäquat einzuschätzen, indem ein quasiobjektiver Blickwinkel in die Entscheidung mit einbezogen wird. Auf den ersten Blick scheint die „interne Kontrolle" an Smith' „unparteiischen Zuschauer" und Mills „innere Sanktion" zu erinnern. Doch ihre Aufgaben sind grundverschieden: Der Zweck der „internen Kontrolle" ist es nämlich nicht, eine moralische Korrektur des Selbstinteresses vorzunehmen, sie soll vielmehr das Eigeninteresse effektiver durchsetzen.[488] Während bei Smith und Mill die genannten inneren Instanzen das Gewissen versinnbildlichen, hat

---

483 Vgl. Hayek, Friedrich August von, The Sensory Order. An Inquiry into the Foundations of Theoretical Psychology, Tübingen 1952a, S. 104.
484 Hayek 1979, S. 14.
485 Hayek 1952b, S. 127.
486 Hayek 1952a, S. 94.
487 Vgl. Hayek 1952a, S. 126.
488 Vgl. Remboldt, Sandra, Das Bild des Menschen als Grundlage der Ordnung, Köln 2006, S. 306.

man es bei Hayek lediglich mit einem Erfahrungsfundus zu tun. Dieser hilft dabei zu entscheiden, welche Handlung langfristig gesehen die effizienteste ist. Gesellschaftsverträglich bedeutet in diesem Zusammenhang „von der Gesellschaft toleriert". Man kann daher feststellen, dass, anders als bei den zuvor dargestellten Positionen, in der libertären Theorie Hayeks die Berücksichtigung des gesellschaftlichen Standpunktes nicht als soziales Korrektiv fungiert, sondern als weitere Möglichkeit zur Effizienzsteigerung.

Grundsätzlich versteht Hayek das Selbstinteresse als eine innere Kraft, die nicht mit skrupellosem Egoismus verwechselt werden darf, denn sie ist bereits „evolutionär geläutert".[489] Damit ist gemeint, dass sich skrupelloser Egoismus im Lauf der Zeit als nicht überlebensfähige Verhaltensstrategie herausgestellt hat. Mit rücksichtslos egoistischem Verhalten schadet man anderen Menschen, von denen in der Folge Sanktionen zu erwarten sind. Da man jedoch in einer Gesellschaft lebt und auf seine Mitmenschen angewiesen ist, erscheint es sinnvoller, ihnen nicht zu schaden. Man hat hier mit einem assimilierten Selbstinteresse zu tun, ohne dafür ein moralisches Gewissen bemühen zu müssen. An dieser Stelle weist Hayeks Argumentation eine deutliche Parallele zu Beckers Wirtschaftstheorie auf. Wie im ersten Teil der Untersuchung gezeigt, erklärt Becker das Überleben nicht-egoistischer Verhaltensweisen in der Evolutionsgeschichte aus der Beobachtung, dass egoistisches Verhalten zuweilen nicht zu einem nutzenmaximalen Ergebnis führt. Schädigt man einen anderen dauerhaft, führt das in der Regel zu einem irreparablen Vertrauensverlust, wohingegen sich altruistisches Handeln langfristig lohnen kann.

Das Individuum ist bei Hayek somit zwar ein gesellschaftliches Wesen, allerdings ohne „soziale Einsicht". Hierin liegt der wesentliche Unterschied zu den beiden zuvor behandelten Positionen der Ideengeschichte. Das soziale Gewissen hat sich aus dem Individuum revidiert, und der Standpunkt der anderen wird allein deshalb in individuelle Überlegungen einbezogen, weil eine entsprechende Rücksichtnahme positiven Einfluss auf die Durchsetzbarkeit des Eigeninteresses hat.

Trotzdem muss man feststellen, dass eine Kritik am Hayek'schen Liberalismus ins Leere läuft, wenn sie unterstellt, die Tatsache, dass der Mensch ein Gesellschaftswesen ist, werde in der individualistischen Theorie nicht ernst genug genommen.[490] Das Gegenteil ist der Fall. Doch anders als bei den zuvor dargestellten Positionen ist die Gesellschaft keine Richtschnur für das Individuum, sondern das Individuum setzt umgekehrt die Maßstäbe für die Gesellschaft. Dieser Aspekt findet in der individuellen Freiheit seinen Ausdruck. Für von

---

489   Vgl. Ebenda.
490   Vgl. Zintl 1983, S. 154.

Hayek ist die Freiheit in erster Linie ein Artefakt der Gesellschaft, welches bei der Entwicklung der modernen Großgesellschaft übrig geblieben ist.[491] Während man sich früher in kleineren Gruppen einem Führer unterwerfen musste, ermöglicht es die Großgesellschaft dem Individuum, sich frei zu bewegen.[492] Wie sich hier bereits andeutet, betrifft von Hayeks Freiheitsbegriff allein die individuelle Freiheit bzw. die Handlungsfreiheit einer Person. Hinter der Handlungsfreiheit steht die Frage nach der Art, wie ein Individuum über seine Person und seinen Persönlichkeitsbereich bestimmen kann.[493] Dieser Begriff bezieht sich in erster Linie auf den Inhalt und die Grenzen des Privatbereichs. Ein Individuum ist in dem Umfang frei, wie es sich unbehelligt von äußerem Zwang entfalten kann. Eine Gesellschaft ist nur dann frei, wenn sie ihren Mitgliedern individuelle Freiräume zugesteht. Die politische Freiheit kennzeichnet indes die Verfasstheit des öffentlichen Raums.[494]

Die beiden Freiheitsbegriffe schließen sich somit nicht gegenseitig aus, sondern sie bedingen einander. So ist die individuelle Freiheit indirekt ein Merkmal für das Politische, weil das Politische den Bereich verkörpert, welcher von der individuellen Freiheit übrig bleibt.[495] Aus diesem Grund steht Hayek der politischen Verfasstheit des Staates auch nicht indifferent gegenüber, gleichwohl die individuelle Freiheit sein zentrales Anliegen bleibt. Seiner Auffassung nach ist die Demokratie die am besten geeignete Verfassung, denn sie bietet die günstigsten Voraussetzungen zur Verwirklichung der individuellen Freiheit.[496]

Die Handlungsfreiheit spielt insbesondere in Bezug auf die Ökonomie eine wichtige Rolle, denn sie bildet die Basis jeder leistungsfähigen Gesellschaft. Grundbedingung zur Verwirklichung der individuellen Freiheit ist das Eigeninteresse, denn es ist ausschlaggebend für ein funktionierendes Wirtschaftssystem. In diesem Punkt argumentiert Hayek ähnlich wie Smith, bei dem ebenfalls das Eigeninteresse zur Grundbedingung des Wirtschaftsverkehrs erklärt wird.[497]

3.2 Das ganze Leben ist ein Markt

Die Gesellschaft ist bei Hayek eine Anordnung vieler Individuen:

---

491   Vgl. Remboldt 2006, S. 310.
492   Vgl. Ebenda.
493   Vgl. Zintl 1983, S. 155.
494   Vgl. Ebenda.
495   Vgl. Ebenda.
496   Hayek 1979, S. 5.
497   Vgl. Hayek, Friedrich August von, Recht, Gesetzgebung und Freiheit. Die Illusion der sozialen Gerechtigkeit – Eine neue Darstellung der liberalen Prinzipien der Gerechtigkeit und der Politischen Ökonomie, Bd. 2, Landsberg a.L. 1981, S. 23.

„Wir nennen eine Mehrzahl von Menschen eine Gesellschaft, wenn ihre Handlungen wechselseitig aufeinander abgestimmt sind. Die Menschen können in der Gesellschaft ihren Zielen mit Erfolg nachgehen, weil sie wissen, was sie von ihren Mitmenschen zu erwarten haben. Mit anderen Worten, ihre Beziehungen zeigen eine gewisse Ordnung."[498]

Wie bereits zuvor angedeutet, ist das Individuum das Maß aller Dinge und insofern auch die größtmögliche Handlungsfreiheit des Individuums das Kriterium für eine gute Ordnung.[499] Der Mensch muss frei sein, um sich entwickeln zu können, und die Ordnung der Gesellschaft sollte entsprechend flexibel sein, um dem Menschen diesen Freiraum zu gewähren. Es gilt bei Hayek also, der Gesellschaft einen Rahmen zu geben, der dem Menschen die Freiheit offeriert, seine bekannten und noch unbekannten Ziele zu erreichen.

Mit den Begriffen „abstrakte" und „spontane Ordnung" benennt von Hayek das Wechselspiel zwischen dem politischen Rahmen der Gesellschaft und den individuellen Handlungsspielräumen.[500] Der Terminus „abstrakte Ordnung" umfasst die Regeln und Normen der „formell-institutionellen Ordnung". Die Wirklichkeit, die sich in dieser Ordnung abspielt, bezeichnet von Hayek als „spontane Ordnung". Jede denkbare Gesellschaftsordnung besteht aus diesen beiden Komponenten, denn keine „abstrakte Ordnung" ist so starr, dass nicht auch eine „spontane" Ordnung in ihr vorkommen würde. In der „spontanen Ordnung" werden die Regeln der „abstrakten Ordnung" interpretiert und belebt.

Von Hayek plädiert konsequenterweise für eine freiheitlich-abstrakte Ordnung als Rahmen der Gesellschaft, denn diese hält den Bereich der spontanen Ordnung besonders flexibel und gewährt den Individuen ein größtmögliches Maß an Handlungsfreiheit. Eine solche Konzeption sichert Freiheit, Frieden und Fortschritt.[501] Für die Verwirklichung dieser drei erstrebenswerten Ziele sorgt der Wettbewerb, der aus der abstrakten Ordnung entsteht. Die spontane Ordnung funktioniert folgendermaßen:[502] Sofern den Individuen die Handlungsfreiheit durch die abstrakte Ordnung zugesichert ist, werden sie freiwillig kooperieren, wenn das dem wechselseitigen Vorteil dient. Jeder Mensch nimmt dasjenige Wettbewerbsangebot an, von dem er sich den größten Vorteil verspricht, entsprechend richten alle ihr Handeln unweigerlich so ein, dass ihnen möglichst viele Kooperationsmöglichkeiten offenstehen. Die Sozialbeziehungen stehen somit unter dem Vorzeichen des Wettbewerbs.[503]

---

498   Hayek 1969, S. 32.
499   Vgl. Zintl 1983, S. 162.
500   Vgl. Ebenda.
501   Vgl. Ebenda.
502   Vgl. Ebenda.
503   Vgl. Ebenda.

Doch wie gelingt es nun dem Wettbewerb Freiheit, Frieden und Fortschritt zu sichern? Der Fortschritt ist mit Sicherheit die eingängigste Folge des Wettbewerbs. Denn die Konkurrenzsituation treibt bekanntermaßen den Innovationsdrang des Menschen an. Unter Fortschritt versteht Hayek stets den individuellen Fortschritt, nicht irgendwelche allgemeinen absoluten Ziele, das würde seinem liberalen Credo widersprechen.

Die Förderung der Freiheit durch den Wettbewerb ist weniger einsichtig. Hayek erkennt das freiheitsfördernde Element des Wettbewerbs in der Entlastung des Individuums davon, sich mit anderen zu befassen. Die Wettbewerbssituation fokussiert den Menschen auf sich selbst und befreit ihn insofern von unwichtigen zwischenmenschlichen Kontakten. Denn wie eingangs erwähnt, ist das Eigeninteresse die Grundbedingung der Freiheit. Zintl formuliert diesen Zusammenhang wie folgt: Der Wettbewerb leistet seinen Beitrag zur Freiheit des Menschen, indem er ihn paradoxer weise dazu *zwingt,* seinem eigenen Interesse zu folgen.[504]

Am wenigsten eingängig ist wohl der Zusammenhang zwischen Frieden und Wettbewerb. Ungerechtigkeit führt zu Konflikten, diese gefährden den Frieden. Im Wettbewerb gibt es zwar keinen Schutz vor Ungerechtigkeiten doch aufgrund der vorherrschenden Anonymität gibt es laut Hayek auch niemanden, der für die Ungerechtigkeit, verantwortlich gemacht werden kann. Deshalb können die Menschen diesen Zustand auch nicht als ungerecht empfinden.

Das Ergebnis von Hayeks liberalem Individualismus ist somit eine Gesellschaft, die im Sinne der modernen Ökonomik einer Marktsituation gleicht. Hayek findet in dieser Ordnung zahlreiche positive Effekte auf die Entwicklungsfähigkeit des Menschen. Die Rolle des Individuums in der Gesellschaft ist insofern bei Smith und Hayek vertauscht: Das Individuum bei Smith verrichtet seine Tätigkeiten als Teil eines großen Ganzen, bei Hayek hingegen richtet sich die Funktion des Einzelnen allein auf sich selbst – der Mensch ist voll und ganz auf sich verwiesen.

---

504 Vgl. Ebenda.

3.3 Herausforderungen an eine funktionale Ethik

An dieser Stelle sei noch auf Friedrich August von Hayeks Ethikverständnis verwiesen. Hayek konstatiert einen Konflikt zwischen der modernen individualisierten Gesellschaft und der Ethik. Das Individuum ist seines Erachtens aus verschiedenen Gründen nicht in der Lage, dem althergebrachten ethischen Regelwerk nachzukommen. Zum einen ist dies der Verfasstheit des Individuums geschuldet, so überfordert der Anspruch der tradierten Werte die defizitäre Menschennatur.[505] Zum anderen mangelt es den ethischen Regeln der traditionellen Moralphilosophie häufig an der praktischen Umsetzbarkeit.[506]

> *„Alle moralischen Probleme im weitesten Sinne entspringen einem Konflikt zwischen dem Wissen darüber, dass ein bestimmtes erwünschtes Ergebnis auf einem gegebenen Wege erzielt werden kann, und den Regeln, die uns sagen, dass verschiedene Arten von Handlungen vermieden werden müssen. "*[507]

Das Hauptproblem besteht darin, dass die tradierten moralischen Normen heute weitestgehend überholt sind. Sie werden den Anforderungen an eine zeitgemäße Ethik unter der Bedingung der Großgesellschaft nicht mehr gerecht.

In der früheren Kleingesellschaft haben sich moralische Regeln evolutionär herausgebildet. Da die „face-to-face-society" die Struktur eines Gefangenendilemmas hatte, standen die Menschen unter einer ständigen sozialen Kontrolle, wodurch das menschliche Tun fortwährend sanktioniert wurde.[508] Wie zuvor erwähnt, hält Hayek Moral also nicht für eine Gewissensentscheidung oder das Ergebnis von sympathetischen Empfindungen, sondern vielmehr für das Produkt eines „Trail-and-error-Verfahrens". Radikal egoistisches Verhalten hatte keine Chance zu überleben, da die direkt Betroffenen dieses nicht tolerierten.[509] Menschlichkeit ist somit das Resultat der zwangsläufigen, wechselseitigen Angewiesenheit der Individuen aufeinander.

Mit der Entstehung der modernen Großgesellschaft sind die Sanktionsmöglichkeiten der Kleingesellschaft obsolet geworden. Da das Individuum heute über deutlich mehr Freiheit verfügt als früher und sich die Bande der Gesellschaft gelockert haben, kann egoistisches Verhalten nicht mehr in gleicher Weise sanktioniert werden. Mit der Großgesellschaft verlagerte sich auch die Abhängigkeit von der Familie oder dem nächsten Umfeld hin zum arbeitsteiligen Sys-

---

505   Vgl. Hayek 1952b, S. 25.
506   Vgl. Hayek 1952b, S. 10.
507   Hayek, Friedrich August von, Die Sprachverwirrung im politischen Denken, in: Freiburger Studien, Gesammelte Aufsätze von Friedrich August von Hayek, Tübingen 1969, S. 222.
508   Vgl. Remboldt 2006, S. 315.
509   Vgl. Hayek 1981, S. 126 f.

tem. Indes leben die Menschen heute weiterhin mit ethischen Relikten aus jener Zeit, obwohl die Anforderungen der modernen Gesellschaft nun dem instinktiv-moralischen Regelwerk widersprechen.

> *„Unsere ererbten und zum Teil sogar angeborenen Moralgefühle sind teilweise auf die offene Gesellschaft (die eine abstrakte Gesellschaft ist) nicht anwendbar, und die Art >moderner Sozialismus<, die in der Kleingruppe möglich ist und oft einen tief-verwurzelten Instinkt befriedigt, mag sehr wohl in der großen Gesellschaft unmög-lich sein. Ein altruistisches Verhalten zugunsten eines bekannten Freundes, das in der Kleingruppe sehr wünschenswert sein mag, braucht es in der offenen Gesell-schaft nicht zu sein und könnte dort sogar schädlich sein. "[510]*

Entsprechend ist der Mensch zwischen seinen vererbten Instinkten und den realen Anforderungen zerrissen – er schwankt zwischen Anspruch und Wirklichkeit.[511]

Hayek sieht die einzige Lösung für dieses Problem im Abweichen vom angeborenen Regelwerk. Nur so könne man weiterhin echten Fortschritt erreichen.[512] Die Ethik muss sich erst evolutionär, in einem dynamischen Prozess herausbilden.[513] Ziel bleibt, das individuelle Eigeninteresse weiterhin gesellschaftskonform zu halten. Die Gesellschaftskonformität bewegt sich indes zwischen der Mindestanforderung, keinen Schaden anzurichten, und dem Appell an das Individuum, sich der Gemeinschaft als möglichst förderlich zu erweisen. Hayek nennt beispielhaft für die gesuchten modernen Werte, Besitz und Wohlstand.[514]

Hayeks Gesellschaftstheorie beantwortet die Frage nach dem sozialen Zusammenhalt rein individualistisch. Bei seinem Individuum hat die innere soziale Haltung abgedankt, der Mensch ist nicht nur ein individualistisch handelndes, sondern auch ein individualistisch denkendes Wesen. Die Gesellschaftsordnung ist indes das Ergebnis konkurrierender Interessen.

---

510 Hayek 1981, S. 126 f.
511 Vgl. Hayek 1979, S. 43 ff.
512 Vgl. Hayek 1979, S. 21 ff.
513 Vgl. Hayek 1979, S. 39.
514 Vgl. Hayek 1979, S. 35.

Der Ertrag der ideengeschichtlichen Rekurse

Um den Blick für die anschließende Neubewertung der wirtschaftsethischen Debatte „Homann vs. Ulrich" zu schärfen, sollen an dieser Stelle nochmals zwei Kernpunkte der beiden ideengeschichtlichen Verläufe gesondert hervorgehoben werden.

Punkt eins betrifft den Startpunkt beider Bewegungen: die Wirtschafts- und Moralphilosophie von Adam Smith. Während die Vertreter des Adam-Smith-Problems einen unlösbaren Widerspruch zwischen Moralphilosophie und Wirtschaftstheorie ausmachten, herrscht in der heutigen Smithforschung weitestgehend Einigkeit darüber, dass sympathetische Züge und ökonomisches Interesse ineinander greifen. So setzt Smith eben nicht zwei konträre Anthropologien voraus, sondern behandelt in beiden Werken ein und denselben, nämlich sozialen Menschen, der sich lediglich im ökonomischen eigeninteressiert und im zwischenmenschlichen Bereich moralisch verhält.

Das Attribut sozial zeigt indes an, wo der Schlüssel zur integrativen Leseweise liegt: im gesellschaftstheoretischen Überbau der Werke. So findet Smith´ Beschäftigung mit Ökonomie und Ethik in einem klar abgesteckten Rahmen statt. Das gesellschaftstheoretische Dach erlaubt die gedankliche Übertragung der moralphilosophischen Prämissen auf die Ökonomie. Wie eine Folie lässt sich die Ethik auf die Wirtschaftstheorie auflegen, wodurch die Ökonomie unter einem moralischen Vorzeichen erscheint. Insofern fungiert die Gesellschaftstheorie als Bindeglied zwischen Ökonomie und Ethik.

Eben dieser gesellschaftstheoretische Rahmen hat sich im Lauf der ideengeschichtlichen Entwicklung aufgelöst. Spätestens seit Mills methodischer Neudefinition des Ökonomischen kann man sie als völlig autarke Wissenschaftsdisziplin bezeichnen. Die Emanzipation der Ökonomik von ihren gesellschaftlichen Bezügen führte zu einer Veränderung der zugrunde liegenden Prämissen. Der Ausschnitt der Ökonomie wandelte sich von einem Ort der Interaktion zu einer individuellen Wahlentscheidung und der Akteur wurde von einem Mensch zu einem Modell. Im Zuge dessen ist die Moral aus der Ökonomie verschwunden.

Parallel dazu trat das Individuum im Lauf der ideengeschichtlichen Entwicklung einen Siegeszug über gesellschaftliche Belange an. So unterlag auch die Gesellschaftsordnung einem fundamentalen Wandel.

Würde man Smith befragen, wie das wirtschaftsethische Grundproblem – die Versöhnung von Moral und Ökonomie – heute gelöst werden könnte, stünde am Anfang seiner Überlegung wohl der Blick auf die gesamtgesellschaftlichen Bedingungen. Erst aus diesem Kontext heraus könnte er die wirtschaftlichen Funktionsmechanismen neu begründen und eine Antwort auf die Frage geben, wie eine ethische Wirtschaftsordnung in heutigen Zeiten aussehen würde.

Der zweite wesentliche Erkenntnisgewinn der vorangegangenen Reflexion ist der Wandel der Ökonomie von einer normativen Wissenschaft zu einer versteckt normativen Wissenschaft. Im Gegensatz zu anderen sozialwissenschaftlichen Disziplinen hat sich die Wirtschaftstheorie ihrem Selbstverständnis nach von einer normativen zu einer positiven Wissenschaft gewandelt. Bei Adam Smith und Jeremy Bentham war die Ökonomie noch mit moralischen Prämissen durchsetzt.

Unabhängig davon wie moralisch man die Smith'sche Wirtschaftstheorie letztlich deuten möchte, steht doch außer Frage, dass es ihm um die „gute" Wirkung des Marktes ging, weswegen er die „unsichtbare Hand" als ethisches Umverteilungskonzept in den wirtschaftlichen Verkehr integrierte. Jeremy Bentham sorgte mit seinen Ausführungen zur Wirtschaftslehre gar für eine ethische Rechtfertigung nutzenmaximierenden Verhaltens. In der ökonomischen Neoklassik wollte man sich von diesen ethischen Abhängigkeiten lösen – die Wirtschaftstheorie avancierte zu einer positiven, wertfreien Wissenschaft. Das ökonomische Kalkül wurde zu einer wirtschaftlichen Tatsache ohne anthropologischen Richtigkeitsanspruch. Aufgrund der Selbstbeschränkung des eigenen Forschungsbereichs war dies eine akzeptable Vorgehensweise, schließlich ging es der Ökonomie ausschließlich um die Konzeption prognosefähiger Modelle. Das Wertneutralitätspostulat konnte auf diese Weise von David Ricardo über John Stuart Mill bis hin zur Grenznutzenschule aufrechterhalten werden. Indem die Ökonomie mit der Entgrenzung durch Lionel Robbins ihr Betätigungsfeld ausweitete und mit Gary S. Becker eine Totalerklärung des menschlichen Lebens beabsichtigte, verkehrte sich die Wertneutralität neuerlich in eine Normativität. Aus der Becker'schen Kombination rein ökonomischer Prämissen mit einem umfassenden Erklärungsanspruch arrivierte die Ökonomie selbst zu einem normativen Postulat, weil sie *alles* am ökonomischen Kriterium der Effizienz messen will. Becker glaubt indes an die Wertneutralität seines Ansatzes, schließlich gehe es ihm nicht um eine normative Beurteilung, i.S. ob etwas moralisch richtig oder falsch ist, sondern ausschließlich um den ökonomischen Effizienzgedanken, der sich seines Erachtens jeglicher Wertung enthält. Das Beispiel Gary S. Becker macht deutlich, dass die Ökonomie heute als positive Wissenschaft auftritt, obwohl ihren Argumentationsmustern ein versteckt normativer Anspruch zugrunde liegt.

Im Folgenden wird zu zeigen sein, dass beide Ergebnisse vor dem Hintergrund der wirtschaftsethischen Debatte eine besondere Bedeutung gewinnen.

III. Ökonomisches Kalkül vs. Ethische Vernunft: Extrempositionen der Wirtschaftsethik

Wie zu Beginn dargelegt, lässt sich die deutschsprachige Kontroverse der Wirtschaftsethik zwischen zwei Extrempositionen aufspannen: Der „Ökonomischen Ethik" von Karl Homann einerseits und der „Integrativen Wirtschaftsethik" von Peter Ulrich andererseits. Vor dem Hintergrund der zuvor angestellten ideengeschichtlichen Rekurse soll im Folgenden den Ursachen des Konflikts zwischen den beiden Autoren auf den Grund gegangen werden. Hierzu werden vier Komponenten der Theorien analysiert: Ansatz – d.h. Problemdiagnose und Anliegen der Theorie –, Ökonomieverständnis, Ethikverständnis und Konzeption der Wirtschaftsethik. Abschließend werden die immanenten Probleme der jeweiligen Theorie aufgezeigt.[515]

---

515 Gerlach wählt in seiner theologischen Untersuchung der Wirtschaftsethiken eine ähnliche Systematik. Inhaltlich gibt es jedoch kaum Entsprechungen, da in der folgenden Darstellung von vornherein die Konfrontation der Theorien mit den ideengeschichtlichen Rekursen I und II im Zentrum steht. Vgl. Gerlach 2002.

1. Die Zeichen der Zeit erkennen: Karl Homanns Ökonomisierung der Ethik

„Wettbewerb ist solidarischer als teilen."[516]
Für diese provokante These ist der Wirtschaftsethiker Karl Homann bekannt. Die Erläuterung seiner Ansicht anhand der Legende vom heiligen Martin, dem Sinnbild der christlich-abendländischen Solidaritätsmoral, ist mindestens genauso einprägsam wie sein Diktum selbst:[517] Man sagt St. Martin war ein guter Mann, weil er seinen Mantel mit einem frierenden Bettler teilte. Nach Ansicht Homanns war St. Martins Einsatz für den Bettler zwar durchaus gut gemeint, trotzdem führte er nicht zum bestmöglichen Ergebnis. St. Martin hätte besser eine Mantelfabrik eröffnet, den Bettler und zahlreiche andere Menschen eingestellt; so hätte jeder profitiert: Der Bettler und der Rest der Angestellten, weil sie sich von ihrem Lohn einen eigenen Mantel hätten kaufen können, und St. Martin, weil er seinen Mantel behalten und zusätzlich vom Verkauf der Mäntel profitiert hätte. An diesem Beispiel zeigt sich laut Homann, wie eine moderne Umsetzung der christlich-abendländischen Solidaritätsmoral durch den Marktmechanismus aussehen würde.

Vor diesem Hintergrund ist es kaum verwunderlich, dass zahlreiche Kritiker der Überzeugung sind, Homanns Wirtschaftsethik zeige sich für die Ökonomie parteiisch und sie sei nicht an einer Versöhnung von Ethik und Ökonomie interessiert.[518] Homann hingegen nimmt seinen Ansatz anders wahr: Er wende sich keineswegs einseitig dem Ökonomischen zu, sondern versuche lediglich den Anforderungen an eine moderne Ethik gerecht zu werden. Denn eine funktionale Ethikkonzeption muss mit den aktuellen Wettbewerbsbedingungen umgehen können und an die guten Effekte der Marktwirtschaft anknüpfen. Zugunsten der Implementierbarkeit sollte die Wirtschaftsethik auf die Probleme der modernen Ökonomie und Gesellschaft zugeschnitten sein und nicht in traditionellen Mustern verharren. Daher führe ein solcher Ansatz auch nicht zu einem Primat der

---

516 Homann, Karl, Wettbewerb ist solidarischer als Teilen, in: Süddeutsche Zeitung, 09.06.2004, Nr.131, S. 26.
517 Vgl. Homann, Karl, Was bringt die Wirtschaftsethik für die Ethik?, Abschiedsvorlesung an der Ludwig-Maximilians-Universität München am 17. Juli 2008.
518 Vgl. Ulrich 2008; Vgl. Gerlach 2002.

Ökonomie über die Ethik, sondern münde in einen „Paralleldiskurs" beider Disziplinen auf Augenhöhe. Allein dieser Weg führe zu einer Versöhnung der einander entfremdeten Wissenschaftsdisziplinen.

1.1 Der Ansatz: Ökonomie als Ethik

In seinen Ausführungen äußert sich Homann zu den vielen disparaten Ansätzen der deutschsprachigen Wirtschaftsethik. Seinen eigenen Ansatz hält er freilich für den einzig richtigen Weg, während er den anderen Konzeptionen attestiert an der Lösung des wirtschaftsethischen Grundproblems zu scheitern. Der Grund für ihr Scheitern liegt seines Erachtens darin, dass sie bereits in der Grundlegung ihrer Konzeptionen den Antagonismus zwischen Ethik und Ökonomik festhalten. Das gilt gleichermaßen für jene Ansätze, deren Ausgangsparadigma die Ökonomie bildet, und für solche, die ihren Ausgangspunkt in der Ethik finden.[519] Homann unterscheidet vier unterschiedliche Varianten dieser, wie er sie nennt, „dualistischen Modelle".[520]

(1) Das erste Modell geht auf die Position von Niklas Luhmann[521] zurück. Luhmann will den Dualismus nicht auflösen, denn er versteht Ökonomie und Ethik als autonome Subsysteme, die unverbunden nebeneinander existieren. Er löst dieses Problem, indem er es definitorisch ausschließt. Homann kritisiert Luhmanns Herangehensweise heftig. Statt der Gestaltungsaufgabe der Sozialwissenschaften nachzukommen, habe er für alle Versuche, moralische Anforderungen an die Wirtschaft zu stellen, nur Spott und Ironie übrig.[522]

(2) Die zweite Variante, Homann nennt sie „Hierarchie-Modell I"[523], identifiziert den Mangel an Moral in der Wirtschaft als die Wurzel des wirtschaftsethischen Grundproblems und plädiert für eine moralische Durchdringung der ökonomischen Sachlogik. Diese Konzeption setzt auf eine traditionelle Form der Ethik, i.d.R. ist das die Vernunftethik von Immanuel Kant.[524] Nach Ansicht Ho-

---

519 Vgl. Homann, Karl, Ethik und Ökonomik: Zur Strategie der Wirtschaftsethik 1994, in: Vorteile und Anreize, Hrsg. Lütge, C., Tübingen 2002, S. 46.

520 Vgl. Homann, Karl, Fakten und Normen: Der Fall der Wirtschaftsethik 2002, in: Anreize und Moral, Hrsg. Lütge C., Tübingen 2003, S. 182.

521 Vgl. Luhmann 1993.

522 Vgl. Homann 1994, S. 46-47.

523 Vgl. Homann 1994, S. 47.

524 Kant begründet die Ethik aus dem guten Willen. Bei ihm steuert die höherwertige Moral direkt das Handeln, ohne, dass Vorteilsüberlegungen dabei eine Rolle spielen. Nach Homanns Auffassung kehrt diese Argumentation in denjenigen Wirtschaftsethiken wieder, in denen ethisches Ansinnen postulierend und appellierend auftritt. Diese Wirtschaftsethiken erwarten von den Unternehmen, dass sie sich nach den moralischen Appellen zu richten, statt auf den Erfolg zu achten. Vgl. Homann 1994, S. 48.

manns räumt „Hierarchie-Modell I" der Ethik Vorrang vor der Ökonomie ein.[525] Auf diese Position trifft man vornehmlich in öffentlichen Diskussionen, christlichen Theologien, dem traditionellen Naturrechtsdenken, der „neueren Frankfurter Schule" und der „Erlanger Schule". Zwar unterscheiden sich die verschiedenen Ansätze in ihrer jeweiligen Ausprägung, so gibt es strenge Varianten wie die von Peter Ulrich[526] und mildere bzw. situative wie von Horst Steinmann[527], das Paradigma sei jedoch immer dasselbe:

> *„Appelle, Postulate und moralische Schuldzuweisungen sind integraler Bestandteil. Dieses Paradigma befriedigt m.E. nicht, weil man aus der Ökonomik für die Ethik nichts lernen kann und weil die Ethik für die Praxis abstrakt und unfruchtbar bleibt. "*[528]

(3) Genau umgekehrt verhält es sich mit den Ansätzen, die unter „Hierarchie-Modell II" fallen, denn sie geben der Ökonomik einen Vorrang vor der Ethik.[529] Wie eingangs angedeutet, wird Homann vorgeworfen, seine eigene Wirtschafts-ethik falle unter dieses Hierarchie-Modell, weil er einen „ökonomischen Reduktionismus" vertrete. Wie haltbar dieser Vorwurf ist, soll später geklärt werden. Homann jedenfalls weist den Vorwurf klar von sich, denn schließlich münde sein Konzept in einen „Paralleldiskurs" von Ethik und Ökonomie – der noch näher erläutert wird –, außerdem gehe er davon aus, dass es unbedingt einer Ethikkonzeption bedarf. Unter das „Hierarchie-Modell II" fallen nach Ansicht Homanns hingegen v.a. die Theorien, die implizit – teilweise auch explizit – davon ausgehen, dass die Ökonomik ohne jede moralische Interventionen auskommt, wie bspw. Hoppmanns ökonomische Theorie.[530]

> *„Man kann in diesem Paradigma aus der Ethik für die Ökonomik nichts mehr lernen. "*[531]

(4) Die vierte Variante nimmt keine apriorische Überhöhung einer der beiden Disziplinen vor, sondern bemüht sich um eine Vermittlung von Ökonomie und Ethik. Ein bekannter Protagonist dieses Ansatzes ist Peter Koslowski[532].

---

525   Vgl. Ebenda.
526   Vgl. Ulrich 2008.
527   Vgl. Steinmann 1994.
528   Homann 1994, S. 48.
529   Vgl. Homann 1994, S. 55.
530   Homanns Hauptkritikpunkt an Erich Hoppmanns Wirtschaftstheorie liegt darin, dass er offensichtlich eine „andere Moral" als die christlich-abendländische Solidaritätsmoral für angemessen hält. Vgl. Hoppmann, Erich, Walter Eucken – Heute. Festvortrag anlässlich der Walter-Eucken-Preis-Verleihung 1994 gehalten am 18.01.1995, Baden-Baden 1995; Vgl. Homann 1994, S. 47.
531   Homann 1994, S. 48.
532   Vgl. Koslowski 1994.

Aber auch dieser Ansatz vermag das wirtschaftsethische Grundproblem nicht zu lösen. So vermute „ *das bekannte Paradigma des „Sowohl-als-auch" oder der „Durchdringung" beider Ansprüche im Namen der Postmoderne"* zwar richtig, *„dass die Hierarchie-Modelle einseitig sind"*, doch die von ihnen vorgeschlagene Lösung ist trotzdem keine Lösung:[533]

> *„Wie genau das „sowohl-als-auch" ausgelegt wird, bleibt ebenso unklar, einzelfall- und personenabhängig und damit dezisionistisch, wie der Zusatz, die Durchdringung müsse qualitativ sein, ein bloßes Wort ist, das wenig erklärt und das zu willkürlichen eklektischen Mixturen der Forderungen einlädt."*[534]

Homann vermisst an dieser Theorie den nötigen Tiefgang, der eine tatsächliche Überwindung des Dualismus von Ethik und Ökonomie ermöglichen würde.

Alle vier Varianten halten somit bereits im Ansatz am Antagonismus von Ökonomie und Ethik fest. Wie die genannten Beispiele deutlich machen, liegt das einerseits an der apriorischen Überbewertung einer der Disziplinen und andererseits an der starken Betonung ihrer Unterschiede. Möchte man eine funktionale Wirtschaftsethik entwerfen, sollte man diese Fehler also vermeiden; dafür bedarf es zunächst einer klaren Diagnose des wirtschaftsethischen Grundproblems, die bei Homann wie folgt lautet:

> *„Niemand wird (1) ernsthaft bestreiten, dass Normativität in der Realität sozialer Interaktionen eine Rolle spielt. Kaum zu bestreiten ist (2) auch, dass Normativität durch die Entwicklung moderner Großgesellschaften mit funktionaler Ausdifferenzierung gesellschaftlicher Subsysteme unter Systembedingungen gerät, die „Sollen" und „Werte" nicht mehr ohne weiteres wirklich werden lassen."*[535]

Mit diesem Zitat sagt Homann, dass die Ethik zweifelsohne gebraucht wird, doch einzig stellt sich die Frage, wie sie unter den Bedingungen der modernen Gesellschaft zur Geltung gebracht werden kann. Die erste Frage der Homann'schen Wirtschaftsethik scheint demnach nicht zu sein, wie die ethischen Werte auszusehen haben, sondern wie sie angewendet und umgesetzt werden können. Homann sieht offensichtlich in der Realisierung respektive Implementierung der Werte die Hauptaufgabe der Wirtschaftsethik. Seines Erachtens übersehen die anderen Wirtschaftsethiken eben diesen Zusammenhang.

---

533   Vgl. Homann 1994, S. 47.
534   Homann 1994, S. 47.
535   Homann 1994, S. 48.

„Wirtschaftsethik (bwz. Unternehmensethik) befasst sich mit der Frage, welche moralischen Normen und Ideale unter den Bedingungen der modernen Wirtschaft und Gesellschaft (von den Unternehmen) zur Geltung gebracht werden können."[536]

An dieser Stelle wird bereits deutlich, dass Homann die Ethik nicht als ein unabhängiges Gegengewicht zur ökonomischen und gesellschaftlichen Realität versteht, stattdessen zielt sein Konzept darauf ab, die Ethik an den Begebenheiten auszurichten. Diesen Gedanken verdeutlicht Homann anhand einer *„philosophiehistorischen Besinnung"*[537] auf Hegel und dessen Kritik an Kant. Kant begründet die Ethik allein aus dem guten Willen, bei ihm soll die Moral jede Handlung steuern, ohne dass dabei irgendwelche situativ-faktischen Begebenheiten eine Rolle spielen. Bekanntlich gilt bei Kant das Verbot zu lügen sogar dann, wenn die Schergen eines Diktators nach dem Aufenthaltsort eines unschuldig Verfolgten fragen. Indem das *„ethische Ansinnen"* hier rein *„postulierend"* auftritt, erteilt Kant der Frage nach den Bedingungen der Wirklichkeit eine klare Absage.[538] Auf dieses Problem macht Hegel in seiner „Identitätsphilosophie" aufmerksam: Will man eine praktikable Ethik entwerfen, darf man nicht einfach Sollensforderungen bzw. Werte der Wirklichkeit entgegensetzen, sondern muss sie stattdessen *mit* und *in* der Realität entfalten, so Homanns Zusammenfassung der Hegel'schen Botschaft. Übertragen auf die wirtschaftsethische Frage nach dem Bedingungsverhältnis von Ethik und Ökonomie bedeutet das, dass die Ethik nicht autark entwickelt und später *gegen* die Ökonomie angewendet, sondern *mit* und *in* der Ökonomie entfaltet werden soll. Die Aufgabe einer praktikablen Ethik besteht also darin die Funktionsgesetze der Realität selbst sittlich zu machen.[539]

Um das zu bewerkstelligen, muss man Ökonomie und Ethik als Einheit begreifen – sozusagen als identisches Problemfeld –, um daraus ein funktionales Miteinander ableiten zu können. Diese Vorstellung steht hinter Homanns „Paralleldiskurs". Mit ihm möchte Homann den Dualismus von Ökonomie und Ethik bereits in der Grundlegung der wirtschaftsethischen Konzeption vermeiden.

Homann beginnt sein Vorhaben mit einer Rückbesinnung auf die Wirtschafts- und Moraltheorie von Adam Smith. Bei ihm findet Homann die genannte „Identität" der beiden Disziplinen noch vor. Erst in der Folgezeit nach Smith begannen sich Ökonomie und Ethik auszudifferenzieren, sie veränderten sukzessive ihre jeweilige Methodik, ihre Vorstellungen und Ratschläge, mit dem Ergebnis, dass es sich heute bei Ethik und Ökonomik um verselbstständigte Einzelwissenschaften handelt. Vor dem Hintergrund des zuvor angestellten ideenge-

---

536 Vgl. Homann/Bloome-Drees 1992, S. 14.
537 Ebenda.
538 Vgl. Ebenda.
539 Vgl. Ebenda.

schichtlichen Rekurses auf die Wirtschaftstheorie erscheint der Rückgang auf Smith prinzipiell als sinnvolle Idee. Zwar konnte keine „Identität" von Ökonomie und Ethik im Smith'schen Denken nachgewiesen werden, aber es wurde transparent, dass bei ihm Moral und Ökonomie eng verbunden sind.

Doch Homann stilisiert die Verbindungslinien zwischen Ökonomie und Ethik nicht nur zu einer „Identität", sondern deutet fälschlicherweise die Smith'sche Moralphilosophie als erstes Ethikkonzept das an die Bedingungen der modernen Großgesellschaft angepasst wurde. So sei zu Smith' Zeiten die Gesellschaftsstruktur nicht mehr von kleinen überschaubaren Gruppen gekennzeichnet gewesen, in denen das Handeln des Einzelnen unmittelbar kontrollierbar und moralisch sanktionierbar war, sondern von anonymen, losen Verbindungen, die eine soziale ‚face-to-face' Kontrolle erschwerten.[540] Entsprechend lag nach Ansicht Homanns das Hauptverdienst von Smith darin, die althergebrachten moralischen Ideale diesen neuen Begebenheiten anzupassen. So findet man in der Smith'schen Wirtschaftstheorie zwar immer noch die Prinzipien der „abendländisch-christlichen Solidaritätsmoral" vor, die in der TEG im Sympathieprinzip ihren Ausdruck fand, doch die Anwendung der Ethik ist eine neue. Mit Smith vollzieht sich die „paradigmatische Wende" der Ethik:

„Smith erkennt, dass diese Umstellung der Wirtschaft auf Markt und Wettbewerb, auf Investitionen und Wachstum mit der Kontrolle durch Anreize und Recht die moralischen Leitideen der Tradition weit effizienter zu realisieren verspricht als das alte Caritas-Modell."[541]

Das Design der Smith'schen Problemlösung besteht nach Homanns Interpretation in der systematischen Entkoppelung von moralisch erwünschten Handlungsergebnissen und unmittelbar moralischen Handlungsmotiven. Homann bezieht sich explizit auf Adam Smith' bekannten Ausspruch über das Wohlwollen des Metzgers und Bäckers, wenn er feststellt:

„Der Wohl-Stand aller hängt nicht mehr vom Wohl-Wollen der Einzelnen ab."[542]

Vielmehr wird erst in der Marktwirtschaft das individuelle Gewinnstreben ethisch begründet, denn wenn jeder seinem eigenen Interesse folgt, so Homanns Smith-Interpretation weiter, führt das letztlich zum Wohlstand aller. Die Wettbewerbssituation ist erwünscht, weil sie die Menschen zu größtmöglicher Pro-

---

540 Vgl. Homann 1994, S. 50.
541 Ebenda.
542 Für Homann liegt hierin auch die Lösung des Adam-Smith-Problems: Der WN stehe nicht im Gegensatz zur TEG, sondern gilt als deren Einlösung unter den neuen Bedingungen einer zur Volkswirtschaft zusammenwachsenden Wirtschaft. Homann 1994, S. 49.

duktivität anleitet. Wie im obigen Zitat bereits angedeutet, sollten Anreize und Rechte dieses Streben kanalisieren. Die Ökonomik wird so, Homann zufolge, in besonderem Maße für die Ethik fruchtbar gemacht:

„Gewinnstreben dient der Solidarität aller. Wettbewerb und Investition sind solidarischer als Teilen. Privateigentum ist sozialer als Gemeineigentum; u.a.m.."[543]

Die zentrale Erkenntnis, die Homann aus seiner Rückbesinnung auf Smith ableitet ist, dass die Ökonomik ihrem Ursprung nach ethische Qualität besitzt – mehr noch: Homann deutet Smith so, als übernehme die Ökonomie die Aufgabe der Ethik. Das Problem, mit dem die Wirtschaftsethik heute zu kämpfen hat ist Homann zufolge, dass diese ethische Dimension der Ökonomik in Vergessenheit geraten ist. Deshalb sei es die Aufgabe der Wirtschaftsethik, eben diese Wirkung neuerlich stark zu machen, was Homann aufgrund der dargestellten ehemaligen Identität der Disziplinen als ein praktikabler Weg erscheint.

Homanns Smith-Interpretation übersieht jedoch, dass in der Wirtschaftstheorie des Schotten nicht vollständig von den Motiven der Akteure abstrahiert werden kann. Der Smith'sche Wirtschaftsmensch verfügt über ein sozial-moralisches Bewusstsein, das ihn zu wohlverstanden-eigeninteressiertem Handeln anleitet. Ohne diese individualethische Komponente könnte die Smith'sche Wirtschaftgesellschaft nicht bestehen, was v.a. vor dem Hintergrund seiner Moralphilosophie deutlich wird.

Wie zuvor dargestellt, übt bei Smith die Moralphilosophie einen mittelbaren Einfluss auf die Wirtschaftstheorie aus. Bei ihm ist die Ökonomie nicht die neue Ethik, sondern die Ethik allgegenwärtiges Vorzeichen der Ökonomie. Erst durch die *ethischen Voraussetzungen*, kann der Wettbewerb seine *gute Wirkung* entfalten. In Homanns Interpretation erteilt der Schotte umgekehrt dem Wettbewerb einen ethischen Freibrief. Diese Smith-Interpretation überstrapaziert die handlungsethische Komponente dieser Wirtschaftstheorie, was letztlich dazu führt, dass das individuelle Gewinnstreben per se als ethisch richtig erscheint; Homann deutet Smith in diesem Punkt – wie viele andere Ökonomen auch – einseitig utilitaristisch. Diese Smith-Interpretation bleibt indes nicht ohne Folgen, worauf am Ende der Darstellung zurückgekommen wird.

Homann jedenfalls kommt mit seinem Rekurs auf Adam Smith zu dem Schluss, dass die Ökonomie und die Ethik identische Wurzeln und denselben Bereich zum Gegenstand haben, sie sind *„zwei Diskurse ein und derselben Problematik menschlicher Interaktion*"[544]. Aus diesem Grund bestehe prinzipiell die Möglichkeit, alle ökonomischen Analysen in *terms of ethics* zu rekonstruieren.

---

543   Homann 1994, S. 52.
544   Ebenda.

Das Gleiche gilt umgekehrt für die Ethik.[545] Die Hauptaufgabe der Wirtschaftsethik bestehe darin, zwischen den beiden Disziplinen wechselseitig zu übersetzen, weil sie zwar über dasselbe sprechen, jedoch in unterschiedlichen Sprachen.[546]

Bei der Vermittlung von Ökonomie und Ethik sind zwei Grundsätze zu beachten: (1) Zum einen müssen die unterschiedlichen Disziplinen in ihrer jeweiligen methodischen Ausdifferenzierung belassen werden. Die Ergebnisse der Disziplinen können weder willkürlich aufaddiert werden, noch darf beliebig von einem Diskurs in den anderen gewechselt werden, etwa um Argumentationslücken des einen mit Versatzstücken des anderen zu überbrücken.[547] Stattdessen besteht die Grundidee des Homann'schen „Paralleldiskurses" darin, die Gewinne aus der theoretischen Ausdifferenzierung zu realisieren, indem man beide Disziplinen methodisch eigenständig arbeiten lässt und nur bei Bedarf die ökonomische Analyse in den ethischen Diskurs übersetzt oder umgekehrt. Das Übersetzen und Rückübersetzen sei für seine Konzeption von zentraler Bedeutung, so Homann.[548]

(2) Daraus ergibt sich Homanns zweiter Grundsatz, dass vermeintliche Konflikte zwischen Ethik und Ökonomie zweifach „rekonstruiert" werden müssen: Zum einen als Konflikte innerhalb der Ethik und zum anderen als Konflikte innerhalb der Ökonomik.[549] Mit dieser Programmatik konstatiert Homann, dass es eigentlich gar keine Konflikte zwischen Ethik und Ökonomik gibt, sondern lediglich Konflikte innerhalb der jeweiligen Disziplin. Das zeigt sich am Beispiel divergierender Moralvorstellungen in der Ethik. Die Rekonstruktion des Konflikts in der Ethik und der Ökonomik muss indes deckungsgleich verlaufen. Denn„ *Ethik und Ökonomik sind zwei Seiten derselben Medaille, auch wenn sie ganz unterschiedliche Prägungen auf beiden Seiten tragen und eine Eins-zu-eins-Zuordnung so gut wie niemals möglich ist.*"[550]

---

545 Vgl. Ebenda.
546 Vgl. Ebenda.
547 Mit dieser Prämisse kritisiert Homann nochmals implizit das dualistische Modell von Peter Koslowski.
548 Vgl. Homann 1994, S. 54.
549 Vgl. Homann 1994, S. 54-55.
550 Homann 1994, S. 56.

1.2 Die ökonomische Realität und das passende Instrumentarium der Ökonomie

1.2.1 Was ist Ökonomie?

Der Begriff „Ökonomie" steht in Homanns Wirtschaftsethik an zentraler Stelle. Was genau unter „Ökonomie" zu verstehen ist, kann in den jeweiligen Definitionen stark divergieren – das wurde bereits im ideengeschichtlichen Rekurs der Wirtschaftstheorie veranschaulicht.

Homann entwickelt sein Ökonomieverständnis in der Auseinandersetzung mit drei bekannten Definitionen:

(1) Die erste Definition liegt u. a. der Wirtschaftstheorie von Jean Baptiste Say, Alfred Marshall und Jacob Viner zugrunde, sie ist einfach und pragmatisch: *„Ökonomik ist, was Ökonomen tun.* "[551]

Nach Meinung Homanns, mag eine derart reduzierte Definition zwar für die Verständigung im Alltag des Diskussions-, Lehr- und Forschungsbetriebs ausreichen, doch einer kritischen Beurteilung hält sie nicht stand, weil sie über keinerlei inhaltliche Bestimmung verfügt.[552] Trotzdem lobt Homann die praktische Ausrichtung der Definition.[553] Denn sie weist eindeutig darauf hin, dass die realen Bedingungen des Marktes einen Großteil des ökonomischen Aufgabenbereichs ausmachen. Freilich kann diese Definition aufgrund ihrer erheblichen Mängel keine alleinige Gültigkeit besitzen, doch ihr kann eine wichtige Aufgabe als „Korrektiv" zukommen, indem sie abstrakte und gekünstelte Definitionen zurechtweisen und den Leser wieder auf den Boden der Realität zurückholt, so Homann.[554] Hiermit rückt erneut das zentrale Anliegen der Homann´schen Wirtschaftsethik in den Blick: die Ausrichtung der Theorie an den Bedürfnissen der Praxis.

(2) Die zweite Definition bestimmt das Ökonomische über seinen Zuständigkeitsbereich:
„Ökonomik ist die Wissenschaft von der Wirtschaft. "[555]

Hier geht es um den realen „Ort" der Wirtschaft. Diese Definition zeichnet sich nach Meinung Homanns dadurch aus, dass sie sehr plausibel und faktisch weit verbreitet ist.[556] Trotzdem kritisiert er ihre räumliche Beschränktheit. So betreffe die Definition einerseits alles was direkt mit der Wirtschaft zu tun hat –

---

551 Homann, Karl, Ökonomik: Eine Einführung, Tübingen 2005, S. 2.
552 Vgl. Ebenda.
553 Vgl. Ebenda.
554 Vgl. Ebenda.
555 Ebenda.
556 Vgl. Ebenda.

mitunter auch überflüssige Dinge, wie das Gebäude der Zentralbank oder das Design eines Geldscheins, meint Homann zynisch –, andererseits klammert sie wichtige Fragen, die nicht direkt in den Bereich der Wirtschaft fallen, aus, wie bspw. Fragen der Politik, des Rechts und der Kultur.[557] Möchte man jedoch wie die großen Klassiker des ökonomischen Denkens, Adam Smith, David Ricardo, John Stuart Mill und Carl Menger eine ganzheitliche Wirtschaftstheorie entwickeln, dann dürften laut Homann gerade diese Fragen nicht aus dem Untersuchungshorizont der Ökonomie herausfallen.[558] Was Homann mit dieser Feststellung prinzipiell aussagen möchte ist, dass die Klassiker der ökonomischen Theoriegeschichte neben den Fragen der Wirtschaft auch die der Politik, der Ethik und des Rechts einbezogen, weshalb in ihren Theorien – v.a. in der von Adam Smith – die verschiedenen Wissenschaftsdisziplinen noch nicht konfligieren. In diesem Punkt muss man Homann natürlich zustimmen. Trotzdem versteht gerade Adam Smith die Ökonomie als eigenständigen „Bereich", erst aus diesem Verständnis resultiert überhaupt Smith' Berücksichtigung der Fragen anderer Wissenschaftsdisziplinen. Für ihn ist das Ökonomische ein Ausschnitt der Wirklichkeit, ein Ort des Handelns und Tauschens, weshalb von sozialen und politischen Interdependenzen auch nicht abstrahiert werden kann. Aufgrund der realen Wechselwirkungen zwischen Ökonomie und bspw. Politik muss er sich zwangsläufig auch politischen Fragen stellen. Doch bestimmt Smith die Aufgabe der Politik nicht aus einer genuin ökonomischen Vorteilsperspektive – wie Becker es mit seiner ökonomischen Methode tut –, sondern er belässt die Politik in ihrem eigenen „Bereich" und legt ihre Aufgabe in Bezug auf die Ökonomie fest. Es geht Adam Smith um eine *Verhältnisbestimmung* von Ökonomik, Politik, Recht und Kultur zueinander und eben nicht um eine *Bewertung* dieser eigenständigen Domänen aus einem ökonomischen Blickwinkel.

(3) Die dritte Definition, die Karl Homann bespricht, ist von Lionel Robbins:

„Ökonomik ist die Wissenschaft, die menschliches Verhalten untersucht als eine Beziehung zwischen Zielen und knappen Mitteln, die unterschiedliche Verwendung finden können."[559]

Wie zuvor dargelegt, liegt die Besonderheit der Robbin'schen Definition in seinem Verständnis der Wirtschaftswissenschaft als spezifische Fragestellung und der damit einhergehenden ‚Ent-grenzung' der Ökonomik. Ebendiese Neuerung lobt auch Karl Homann, wenn er Robbins attestiert, mit seiner Definition die zuvor beanstandete Bestimmung der Ökonomik über ihren Gegenstandsbereich zu überwinden. Allerdings kritisiert Homann die Fokussierung der

---

557 Vgl. Ebenda.
558 Vgl. Ebenda.
559 Homann 2005, S. 4.; übers. Robbins 1962, S. 16.

Robbin'schen Definition auf das Problem der Güterknappheit. Denn das suggeriere, dass es in der Ökonomik ausschließlich um „technische Probleme" geht, also um den möglichst effizienten Mitteleinsatz. In einer solchen rein technisch ausgerichteten Ökonomie kann der Akteur leicht zum Störfaktor für die Volkswirtschaft werden, wenn er den effizienten Mitteleinsatz gefährdet. Da es in der modernen Wirtschaftstheorie jedoch v.a. um soziale Probleme gehe, hält Homann Robbins Definition mit ihrer materiellen Ausrichtung und der verschwindend kleinen Rolle des Akteurs nicht mehr für zeitgemäß.[560]

Die Kritik an der räumlichen Bindung der zweiten Begriffsbestimmung weist bereits darauf hin, was in der Auseinandersetzung mit der Robbin'schen Definition offensichtlich wird: Auch bei Homann soll die Ökonomik eine spezifische Themenstellung verkörpern. Homanns Distanzierung von Robbins gibt indes Auskunft über den Fokus des Ökonomischen: Es soll nach den Interessen der Akteure gefragt werden.

Das Ergebnis lautet:

„Die Ökonomik befasst sich mit Möglichkeiten und Problemen der gesellschaftlichen Zusammenarbeit zum gegenseitigen Vorteil."

Des Weiteren betont Homann, was in den Zuständigkeitsbereich der Ökonomik fallen soll:

„Ob es sich um die Analyse von Tauschgeschäften auf Märkten, um die Analyse von Unternehmen und ihrer internen Organisation, um die Analyse von Vereinbarungen zwischen Staaten auf einem der verschiedenen „Gipfel" oder um die Analyse von zahllosen anderen Interaktionen handelt, stets zielt die ökonomische Analyse darauf ab, nach den Möglichkeiten und Problemen gesellschaftlicher Kooperation zum gegenseitigen Vorteil zu fragen".[561]

Grundvoraussetzung der Homann'schen Ökonomik ist zwar, dass alle Menschen stets nach ihrem individuellen Vorteil streben, die ökonomische Analyse aber soll auf den gegenseitigen Vorteil der Handlungssubjekte fokussieren.[562] Mit dieser Definition öffnet er die Ökonomik für alle Fragen der menschlichen Interaktion. Da Homann die Ökonomie als eine spezifische Methode versteht, bietet sich ein Vergleich seines Ökonomiebegriffs mit dem von Gary S. Becker an. Auf den ersten Blick scheint sich das Ökonomieverständnis beider Autoren durchaus zu unterscheiden: Becker geht es um jede Form der individuellen Vorteilskalkulation, sei es die Wahl einer Kaffeesorte (hier findet keine Interaktion statt) oder die Rolle des Individuums in einem politischen Entscheidungsprozess (hier geht

---

560 Vgl. Ebenda.
561 Ebenda.
562 Vgl. Homann 2005, S. 5.

es um die Interaktion mit anderen), Homann hingegen hebt ausschließlich auf die Interaktionssituationen ab. Während man Becker zweifelsohne einen umfassenden Erklärungsanspruch attestieren kann, möchte Homann die Erklärungskompetenz der ökonomischen Methode auf Interaktionssituationen beschränken.

> *„Es geht der ökonomischen Methode also nicht um die individuelle Psychologie oder Sozialpsychologie, nicht um die genetische, biologische, psychologische, charakterliche Ausstattung „des Menschen" oder einzelner Menschen. Zur Ableitung der Resultate von Interaktionen wird zwar ein mikroökonomisches Entscheidungsmodell verwendet, allerdings in standardisierter Form, d.h. problembezogener, nämlich auf Dilemmastrukturen fokussierter Form."*[563]

Es geht ihm demnach nicht um die Frage, was ein Individuum wünscht, sondern darum wie es sich im Austausch mit anderen verhält. Doch schränkt das bei genauerem Hinsehen den Zuständigkeitsbereich der Homann'schen ökonomischen Methode keineswegs ein. Denn maßgebend ist was als „Interaktionssituation" zu verstehen ist. Wie zuvor dargestellt konstatiert auch Hayek, dass der Mensch ein soziales Wesen ist, nicht weil er es sein will, sondern weil er es nun einmal sein muss; selbst bei ihm steht der Mensch naturbedingt in Interaktion, damit wäre der Geltungsbereich der Ökonomik umfassend. Sogar menschliche Motive wie Altruismus und Egoismus können auf Basis von Interaktion erklärt werden, wie Becker demonstriert. Er betrachtet den Altruismus als ein Verhaltensmotiv, das sich in der Interaktion mit einem Egoisten als nützliche Verhaltensstrategie entfaltet. Die bloße Fokussierung Homanns auf die Interaktionssituationen bedeutet jedenfalls noch keine Beschränkung der Reichweite der ökonomischen Methode. Je nachdem, was Homann als Interaktionssituation deutet, kann seine ökonomische Methode durchaus umfassende Erklärung beanspruchen.

Homann jedenfalls findet für die analytische Leistungsfähigkeit des Becker'schen Ökonomiebegriffs lobende Worte. Schließlich verdanke die zeitgenössische Ökonomie ihren Erfolg besonders dem ökonomischen Imperialismus der Chicago-School, durch den die ökonomische Methode zu einem wichtigen Instrument in anderen wissenschaftlichen Disziplinen avancierte, wie bspw. in der Soziologie und Psychologie, den Geschichtswissenschaften, der Politologie, Jurisprudenz, Anthropologie sowie der Soziobiologie.[564]

---

563   Homann, Karl, Sinn und Grenze der ökonomischen Methode in der Wirtschaftsethik 1997, in: Vorteile und Anreize, Hrsg. Lütge, C., Tübingen 2002, S. 120.

564   Homann spricht in diesem Zusammenhang zwar nicht vom Ökonomiebegriff im Allgemeinen, sondern von der Analyseleistung des Homo oeconomicus. Doch wie im ersten Teil der Dissertation gezeigt wurde, ist der Homo Oeconomicus bei Becker durch den offenen Vorteilsbegriff bestimmt, der seinerseits den Becker'schen Ökonomiebegriff versinnbildlicht. Vgl. Homann,

1.2.2 Der Homo oeconomicus als Re-Akteur in der Wirtschaft

Obwohl der Homo oeconomicus ein äußerst umstrittenes Instrumentarium der Wirtschaftstheorie ist, setzt Karl Homann diesen Modellmenschen in seine wirtschaftsethische Konzeption ein. Denn er erachtet das reduktionistische Modell des Wirtschaftsakteurs als unentbehrlich für eine funktionale ökonomische Analyse.

Homann spricht in seiner Theorie ausdrücklich von einem Homo oeconomicus, weshalb in der folgenden Darstellung der Terminus für den Homann'schen Akteur beibehalten wird. Im ideengeschichtlichen Rekurs auf die Wirtschaftstheorie wurde dieser Begriff hingegen ganz bewusst nicht verwendet, weil mit dem Modell des Homo oeconomicus eine äußerst unspezifische Vorstellung verbunden ist: Der Ausdruck besagt zum einen, dass es sich bei dem Wirtschaftsakteur um ein abstraktes Modell handelt, und zum anderen, dass das Modell mit der Annahme der individuellen Nutzenmaximierung belegt ist. Demnach würden unter diesen Begriff nahezu alle Wirtschaftssubjekte fallen, die im ersten Teil der Dissertation besprochen wurden (mit Ausnahme des Smith'schen und Bentham'schen Wirtschaftsmenschen, weil es sich bei diesen um „reale" Menschen handelt). Entsprechend wäre bspw. sowohl der nutzenmaximierende Akteur bei John Stuart Mill ein Homo oeconomicus als auch das „Bedürfnisbündel" von Carl Menger. Wie gezeigt, divergieren die spezifischen Charaktermerkmale der beiden Modelle jedoch erheblich.[565] Im Folgenden sollen daher zunächst die Charaktereigenschaften des Homann'schen Homo oeconomicus geklärt werden, bevor seine Rolle in der Wirtschaftethik näher bestimmt werden kann.

Es ist interessant, vorab einen Blick darauf zu werfen, wie Homann die Diskussion um Homo oeconomicus beurteilt. Wie bereits gesagt, handelt es sich bei Homo oeconomicus um ein äußerst umstrittenes Modell, dass sowohl von philosophischer als auch von empirischer Seite kritisiert wird: Philosophen wie Amartai Etzioni, Alfred O. Hirschman und Amartya Sen beanstanden die fehlende Bindung des atomisierten Menschenbildes an die Gesellschaft auf normativer Ebene. Keine Theorie könne es sich leisten von spezifisch menschlichen Wünschen und Bedürfnissen zu abstrahieren, wie das die Ökonomen mit Homo oeconomicus machen, lauten die Bedenken. Psychologen, Soziologen und Naturwissenschaftler bemängeln indes die fehlende empirische Validität des Modells. Die Annahmen, die von den Ökonomen als typisch ökonomisch vorausge-

---

Karl, Homo Oeconomicus und Dilemmastrukturen 1994b, in: Vorteile und Anreize, Hrsg. Lütge, C., Tübingen 2002, S. 75.
565   Zur den Charaktermerkmalen des Homo oeconomicus Kirchgässner 1991, Brennan/Buchanan 1981, Dietz 2005 und Rolle 2005.

setzt werden, ließen sich durch keine Untersuchung belegen, so die Kritik. [566] Am Ende stimmen die Denker darin überein, so Homann, dass es sich bei Homo oeconomicus um ein empirisch verkürztes, normativ gefährliches und die Grundlagen der Gesellschaft bedrohendes Menschenbild handelt.[567]

„Ökonomen gelten daher vielen moralisch sensiblen Intellektuellen als zynisch, insbesondere, wenn sie mit G.S. Becker den Opportunitätskostenkalkül bis ins Ehebett tragen wollen."[568]

Ganz offensichtlich hält Homann die Kritik an Homo oeconomicus für verfehlt. Doch auch die Verfechter des Modells setzen seines Erachtens an der falschen Stelle an: Sie versuchen entweder den Modellmenschen um realistische Charakterzüge zu erweitern, was im Widerspruch zum methodischen Anspruch des Modells stehe, oder sie schränken den eigenen Forschungsbereich erheblich ein, um sich gegen Kritik zu immunisieren, was indes die analytische Reichweite des Modells beschneide.[569] Aus diesem Grund beurteilt der Wirtschaftsethiker beide Verteidigungsstrategien als probleminadäquat, da sie das Modell seiner besonderen Qualität berauben.[570] Stattdessen legt er den Akzent auf die größte Stärke des Modells: seine enorme analytische Aussagekraft.[571] Da es in der Wirtschaftstheorie lediglich um die aggregierten Folgen des Marktverhaltens geht, handele es sich bei Homo oeconomicus auch nicht um ein Menschenbild mit anthropologischem Richtigkeitsanspruch, sondern um ein methodisches Instrument, dass zu ganz spezifischen Forschungszwecken entwickelt wurde: zur ökonomischen Situationsanalyse.

Was die Fokussierung auf die Situation anbelangt, bezieht sich Homann ausdrücklich auf Gary S. Becker, der mit seiner ökonomischen Theorie vorbildlich gezeigt habe, dass nicht der Akteur, sondern die Situationsbedingungen den ökonomischen Prozessablauf dominieren.[572] Wie in der Auseinandersetzung mit Becker gezeigt, verweist der Volkswirt zur Erklärung unerwarteter Verhaltensweisen auf äußere Faktoren, während ein Rückgriff auf die gewandelten Präferenzen oder die Irrationalität des Akteurs untersagt bleibt. Der Becker'sche Akteur entscheidet sich demnach nicht bewusst für oder gegen etwas, sondern bewegt sich mit seiner Umwelt. Hat ein Analytiker das Verhalten eines Akteurs

---

566   Vgl. Homann/Blome-Drees 1992, S. 93. Vgl. Homann1994b, S. 74.
567   Vgl. Homann, 1994b, S. 70.
568   Ebenda.
569   Diese Position wird von Herbert A. Simon und Richard Selten vertreten. Darüber hinaus ist auf die Variante der „Typologie" hinzuweisen, zu deren Vertretern B.S. Frey zählt. Frey geht davon aus, dass die meisten Menschen eigennützig handeln während nur wenige gut- und bösartig sind. Vgl. Homann 1994b, S. 70-73.
570   Vgl. Homann 1994b, S. 73.
571   Vgl. Homann 1994b, S. 74.
572   Vgl. Homann 1994b, S. 76.

falsch prognostiziert, liegt das nicht am willkürlichen Verhalten des Akteurs, sondern daran, dass der Analytiker die Umweltrestriktionen falsch beurteilt hat. Denn der Becker'sche Akteur *agiert* nicht, er *reagiert*.

Homann greift nun in seiner Wirtschaftsethik diese Vorstellung von Homo oeconomicus als „Re-Akteur" auf:

> *„Die Akteure agieren nicht als homines oeconomici, sondern sie reagieren als homines oeconomici auf das Verhalten anderer, das sie in Nachteil bringt.*"[573]

Bereits an dieser Stelle deutet sich an, worauf Homanns Rede von Homo Oeconomicus in Bezug auf die Wirtschaftsethik hinausläuft: Wenn der Akteur auf alles reagiert, was von außen an ihn herangetragen wird, sollte die Wirtschaftsethik die Situation ändern und nicht am Verhalten des Akteurs ansetzen. Auf diesen Gedanken wird später noch ausführlich eingegangen.

An dieser Stelle lohnt es sich einen Blick auf die weiteren Charaktermerkmale des Homann'schen Homo oeconomicus zu werfen. Denn mit den apriorischen Setzungen adaptiert Homann die Becker'schen Prämissen vollständig: Der Homann'sche Akteur handelt stets rein rational, er ist eigeninteressiert und strebt nach einem individuellen Nutzenmaximum. Homann verweist außerdem darauf, dass der Nutzenbegriff unbedingt „offengehalten" werden soll. D.h. es sollten dem Akteur keine Handlungsmotive – bspw. egoistisches oder moralisches Verhalten – unterstellt werden, weshalb es sich auch anbieten würde, den „Nutzenbegriff" – der in der Regel mit egoistischem Verhalten assoziiert wird – durch den deutlich wertneutraleren „Opportunitätskostenbegriff" zu ersetzen.[574] Zudem stellt Homann fest, dass der Nutzen des Handlungssubjekts – ganz i.S. Beckers – nicht zwangsläufig aus ökonomischen Wünschen resultieren muss, er kann auch soziale Wünsche beinhalten. Da es Homann eben nicht darum geht, die Handlungsmotive des Akteurs zu besprechen, stellt er außerdem klar, dass er das Individuum nicht für genuin nutzenmaximierend im utilitaristischen Sinne hält. Bei ihm gilt die Prämisse der Nutzenmaximierung nämlich nur dann, wenn die Situation es dem Handlungssubjekt abverlangt.[575] Wobei diese Feststellung kasuistisch anmutet, wenn man bedenkt, dass der Homann'sche Akteur in Anbetracht der engen Setzungen wohl zu jedem Zeitpunkt in einer Situation steht, in der er eine nutzenmaximale Entscheidung treffen muss.

---

573 Homann 1994b, S. 79.
574 Vgl. Homann 1994b, S. 79.
575 Vgl. Ebenda.

1.2.3 Die Dilemmasituationen der ökonomischen Realität

Der Homo oeconomicus ist also das geeignete Instrument um die Strukturen der Marktwirtschaft zu analysieren. Die Marktwirtschaft selbst ist durch Wettbewerbssituationen geprägt und kann mit dem in der Spieltheorie analysierten Gefangenendilemma interpretiert werden, so Homanns These.[576]

Grundsätzlich sind Dilemmasituationen immer dann vorhanden, wenn mindestens zwei Spieler in einer bestimmten Situation ein gemeinsames Interesse nicht realisieren können, obwohl dies prinzipiell möglich wäre. Die Struktur der Situation und die unvollständigen Informationen der Spieler verhindern eine Antizipation des Gemeinwohls. Daher folgen beide Spieler ihrem individuellen Interesse und schaden sich in der Folge gegenseitig. Die Logik der Situation zwingt somit letztlich zu einer kollektiven Selbstschädigung. In diesem Modell unterscheidet man zwischen Spielregeln und Spielzügen. Die Spielregeln im Grundmodell erlauben keine Kommunikation zwischen den Akteuren und belegen ein bestimmtes Verhalten mit entsprechenden Sanktionen. Die Spielzüge realisieren sich im Verhalten der Akteure, die ihrerseits stets rein rational ihrem eigenen Vorteil folgen.

Die Logik des Gefangenendilemmas kann laut Homann vollständig auf die Marktsituation übertragen werden: Alle Marktteilnehmer – Anbieter und Nachfrager – befinden sich in einer Dilemmasituation, weswegen man auch hier zwischen Spielregeln und Spielzügen unterscheiden kann.[577] Die Spielregeln finden sich in der Rahmenordnung des Wettbewerbs, die einzelnen Handlungen lassen sich als Spielzüge auffassen. Homann veranschaulicht die marktwirtschaftliche Dilemmasituation anhand eines Beispiels:[578] Die Anbieter haben ein Interesse an möglichst hohen Absatzzahlen. Folgt jeder Anbieter seinem individuellen Vorteil, beginnen sie ihre Preise wechselseitig zu unterbieten, um ihr Ziel – hohe Absatzzahlen – zu realisieren. Im gemeinsamen Interesse der Anbieter würde jedoch eine Absprache über Preise und Absatzmenge liegen, dies wird jedoch vom Kartellamt verboten. Insofern verhindern die Regeln des Marktes eine Kooperation und zwingen den Anbieter dazu, sein Individualinteresse durchzusetzen. Sprich, am Markt dürfen die Spieler nicht kooperieren, sondern müssen konkurrieren, und das ist nach Meinung Homanns auch gut so. Denn erst die Dilemmasituation sorgt dafür, dass der Markt seine positive Wirkung entfalten kann. Sie fördert den Innovationsdrang und die Leistungsbereitschaft der Teilnehmer, was gleichermaßen Anbietern und Konsumenten zu Gute kommt. Mit anderen Worten: Die Wettbewerbssituation fördert das Allgemeinwohl. Aus

---

576   Vgl. Homann/Bloome-Drees 1992, S. 29.
577   Vgl. Ebenda.
578   Vgl. Ebenda.

diesem Grund ist die Dilemmasituation in der Ökonomie auch erwünscht und bewusst etabliert worden.

„Die moralische Vorzugswürdigkeit der Marktwirtschaft liegt darin, dass sie das beste bisher bekannte Mittel zur Verwirklichung der Solidarität aller Menschen darstellt ".[579] Denn sie steigert die Effizienz, dadurch erhöht sich der Wohlstand der Menschen und dieser führt seinerseits zu einer allgemeinen individuellen Freiheit.[580] Homann weist somit ausdrücklich dem Gewinnprinzip eine moralische Qualität zu.

„Nicht vom Wohl-Wollen der Anbieter, sondern der Logik des Wettbewerbs verdanken wir den Wohl-Stand breiter Bevölkerungsschichten, wie wir ihn nur in Marktwirtschaften antreffen. "[581] Homann sieht in der Realität der modernen Marktwirtschaft das verwirklicht, was Adam Smith bereits im WN beschreibt: Die wohlstandsfördernde Wirkung des Marktes ist nicht vom Wohlwollen des Individuums abhängig, sondern begründet sich aus der Logik des Systemmechanismus. In diesem Punkt sieht sich Homann explizit in der Denktradition von Adam Smith, schließlich sei er der Urheber des klassischen Konzepts von Spielregeln und Spielzügen.[582] Wie bereits eingangs dargestellt, hält Homann die Entkoppelung von Handlungsmotiven und Handlungsergebnissen für das Verdienst der Smith'schen Wirtschaftstheorie, weshalb es bereits bei ihm keiner gut gemeinten Spielzüge mehr bedarf, sondern lediglich gut durchdachter Spielregeln, soll sich das Spiel zum Wohle aller entscheiden.

Indem Homann eine Verbindungslinie zwischen der Dilemmasituation der Marktwirtschaft und dem Smith'schen Wirtschaftsmechanismus zieht, wird einmal mehr deutlich, dass er die individualethische Komponente der Smith'schen Ökonomie vernachlässigt. Wie erläutert, schließt das Gefangenendilemma eine apriorische Berücksichtigung des Gemeinwohls und somit der Gerechtigkeit durch das Individuum definitorisch aus. Diese jenseits der Logik der Wirtschaftsordnung stehenden Werte, wirken bei Smith indes stets auf das Handeln des Individuums ein, nur so kann die Wirtschaftsordnung ihre gute Wirkung entfalten. Auch die Tatsache, dass Homann einerseits den Geltungsbereich der Ökonomie und den ökonomischen Akteur von Becker übernimmt, andererseits jedoch die Struktur der Ökonomie und die Markteffekte dem Smith'schen Denken entlehnt, macht deutlich, dass Homann nicht zwischen dem komplexen Wirtschaftsmenschen von Adam Smith und dem inhaltsleeren Modell von Gary

---

579   Homann/Blome-Drees 1992, S. 49.
580   Vgl. Ebenda.
581   Homann/Blome-Drees 1992, S. 33.
582   Vgl. Homann/Blome-Drees 1992, S. 20.

S. Becker differenziert. Allerdings ist an der Stelle die Vermengung der Theorien noch unproblematisch, da es Homann lediglich darum geht, den Marktmechanismus und seine Regeln auf analytischer Ebene zu untersuchen. Er möchte nach eigener Aussage auf diese Weise die hypothetischen „worst-case-Szenarien" der Ökonomie ausloten.

Wie dargestellt, hält Homann die Marktwirtschaft für einen Mechanismus, der, befreit von allen Eingriffen, selbst eine ethische Wirkung entfaltet. Mithin stellt sich die Frage, wozu es angesichts der marktinternen Ethik überhaupt einer Wirtschaftsethik bedarf. Homann räumt an dieser Stelle ein, dass in der freien Marktwirtschaft durchaus ethische Konflikte entstehen können, die der Marktmechanismus nicht selbstständig lösen kann. Das Problem bestehe darin, dass die Ökonomie nicht zwischen fehlender Leistung und moralischer Zurückhaltung – beispielsweise im Fall von Waffenproduktion oder Umweltverschmutzung – unterscheidet.[583] Sie bestraft beides gleichermaßen. Bspw. ist ein Unternehmen, das Waffen produziert und diese in Kriegsgebiete liefert, zwar aus ethischer Perspektive äußerst fragwürdig, es kann jedoch seinen Umsatz steigern, wohingegen der moralische Verzicht auf eine Waffenproduktion vom Markt durch einen Einkommensverlust bestraft würde. Die Wirtschaftsethik ist also nötig, um in solchen Fällen einzuschreiten.

1.3 Die gesellschaftliche Realität und das passende Instrumentarium der Ökonomik

1.3.1 Der Homo-oeconomicus-Bedarf in der Ethik

Zunächst legt Homann in seinen Ausführungen zur Ethik dar, was er unter „Moral" und der „traditionellen Ethik" versteht: Moral ist für ihn ein Komplex aus Regeln und Normen, die das Handeln der Menschen bestimmen bzw. führen sollen und aus deren Übertretung Schuldzuweisungen resultieren.[584] Demgegenüber definiert er die Ethik formal als „*wissenschaftliche Theorie der Moral*"[585] – an einer anderen Stelle spricht er von ihr als „*Lehre vom moralisch richtigen Handeln*".[586] Sie befasst sich mit den Prinzipien der Moral, mit dem Zusammenhang der einzelnen Normen, mit ihrer Begründung und Konsistenz, mit ihrer Entstehung und Funktion sowie mit Vorrangregeln in Konfliktsituationen.[587] Wie

---

583   Vgl. Homann/Blome-Drees 1992, S. 34.
584   Vgl. Homann/Lütge 2005, S. 12.
585   Homann 1997, S. 108.
586   Ebenda.
587   Vgl. Homann/Lütge 2005, S. 12.

aus dieser Aufzählung deutlich wird, fokussiert die traditionelle Ethik im Gegensatz zur Wirtschaftstheorie nicht auf ein spezifisches Thema – Ökonomie = die Interaktion unter der Bedingung konfligierender Interessen –, stattdessen hat sie als philosophische Disziplin die Moral in all ihren Aspekten im Blick.[588] Nicht nur die unspezifische, globale Perspektive der traditionellen Ethik lehnt Homann ab, sondern auch die unmittelbar mit ihr verbundene Vorstellung von einer Tugendethik. Denn die Tugendethik setzt auf die moralische Motivation der Akteure, was Homann für unzeitgemäß hält, weil er glaubt, dass dem Menschen unter den Bedingungen der modernen Großgesellschaft eine generelle moralische Eigeninitiative nicht mehr zugemutet werden kann – dieser Gedanke wird im nächsten Gliederungspunkt ausführlich behandelt.

Unabhängig davon macht Homann vor dem Hintergrund des wirtschaftsethischen Grundproblems darauf aufmerksam, dass die traditionelle Vorstellung von einer generellen moralischen Motivation einen „Diskussionsstopp" bedeutet.[589] Diese Aussage lässt sich wie folgt erklären: In der Regel wird die moralische Motivation auf „ethische Gefühle" – wie das bspw. bei den Moralphilosophen Adam Smith und David Hume der Fall ist – oder die „moralische Vernunft" zurückgeführt – diese Position geht auf Immanuel Kant zurück und findet sich aktuell in diskursethischen Ansätzen.[590] Dabei wird grundsätzlich an die moralische und sittliche Pflicht bzw. Motivation des Menschen appelliert, die das Eigeninteresse domestizieren soll. In einer solchen Ethikkonzeption wird also von vornherein die „gute" Moral gegen das „böse" Eigeninteresse in Stellung gebracht, urteilt Homann. Auf Basis dieser Vorstellung sei es nicht möglich Ökonomie und Ethik zu versöhnen.

Aus diesem Grund schlägt Homann vor, in der Ethik auf die „moralisch gute" Voraussetzung eines moralischen Individuums genauso zu verzichten, wie in der Ökonomie die „moralisch verwerfliche" Prämisse eines egoistischen Akteurs aufgegeben werden soll.[591] Stattdessen sollten beide Disziplinen auf ein wertneutrales Prinzip zurückgreifen. Das setzt voraus, dass man hinter die Motive – moralische wie unmoralische – zurückgehen muss oder, wie Homann sagt, die Motive „auf eine unabhängige Variable" zurückführt.[592] Hierfür biete sich der „offene Vorteilsbegriff" an, wie er in der Wirtschaftstheorie verwendet wird.[593] Gemeint ist der (scheinbar) wertneutrale Vorteilsbegriff, mit dem Homann in

---

588   Vgl. Homann 1997, S. 108 f.
589   Vgl. Homann, Karl, Braucht die Wirtschaftsethik eine „moralische Motivation"?, Tübingen 1980, S. 44.
590   Vgl. Homann 1980, S. 34-37.
591   Vgl. Homann 1980, S. 45
592   Vgl. Ebenda.
593   Vgl. Homann 1980, S. 52.

Anlehnung an Gary S. Becker den Homo oeconomicus in der Wirtschaftstheorie belegt. Wie Becker bereits gezeigt hat, ist mit seinem Vorteilsbegriff sogar die Erklärung von Verhaltensmotiven möglich. Homann knüpft daran an, wenn er feststellt, dass die Wirtschaftstheorie mit ihrem „wertneutralen Verhaltensmodell" der traditionellen Ethik sogar einen Schritt voraus ist, weil sie hinter die Motive des Akteurs zurückgehen kann.

Durch die Verwendung dieser neuen „*Vorteilsbegründung der Moral*"[594] würden sich sogar ganz neue Möglichkeiten für die Ethik eröffnen: Die ethischen Normen wären für jede Kultur einsichtig, denn an den eigenen Vorteil zu denken ist kulturinvariant und typisch menschlich. Auch in China können solche ethischen Normen konsensfähig sein, während man mit dem Menschenrechtskanon nicht weiterkommt und auch fundamentalen Muslimen ließen sich vorteilhafte ethische Regeln besser vermitteln als blinde Appelle an das moralische Gewissen.[595]

Indem der Vorteilsbegriff hinter den Dualismus von Eigeninteresse und moralischer Motivation zurückgeht, ist er in besonderem Maße praktikabel, weil man ganz i.S. des „Paralleldiskurses" allen Handlungsmotiven des Menschen gerecht wird.[596] Unabhängig davon ist Homann davon überzeugt, dass das „*unbändige Vorteilsstreben [...] den Kern aller Moral – und sogar des christlichen Liebesgebotes*" bildet.[597] Wie eingangs am Beispiel der Legende vom heiligen Martin erläutert, ist der Wettbewerb nach Ansicht Homanns schließlich solidarischer als teilen.

1.3.2 Die Dilemmasituationen in der gesellschaftlichen Realität

Aber nicht nur die vermeintliche „Objektivität" des Vorteilsbegriffs macht ihn dermaßen attraktiv für die Ethik, so Homann, er ist auch interessant, weil er die praktische Anwendbarkeit der Ethik garantieren kann. Die Grundannahme Homanns zur Ethik lautet, dass sie im Rahmen einer Theorie der Gesellschaft entwickelt werden muss, die Implementierbarkeit ist also ihr Gütesiegel.[598] Die Ethik soll keine Theorie um der Theorie willen betreiben und sich in reinen „Sollen-Forderungen" ergehen, sie muss vielmehr über eine Klarsicht für die Handlungsbedingungen der anonymen Großgesellschaft verfügen. Mit dieser Feststel-

---

594   Vgl. Ebenda.
595   Vgl. Ebenda.
596   Vgl. Homann 1997, S. 120 f.
597   Homann 1997, S. 131.
598   Homann, Karl, Normativität angesichts systematischer Sozial- und Denkstrukturen, in: Wirtschaftsethische Perspektive IV, Hrsg. Gärtner, W., Berlin 1981, S. 19.

lung erhebt Homann die Implementierbarkeit ebenfalls zu *dem* grundlegenden Kriterium einer Ethikkonzeption.

Ebenso wie die Marktwirtschaft, so Homann, ist auch die moderne Gesellschaft durch Dilemmasituationen geprägt, moralisches Handeln ist ausbeutbar. Deswegen darf man auf keinen Fall den Anspruch erheben, dass die Akteure stets aus einer sittlichen Pflicht heraus handeln und damit ihrem Individualinteresse entgegentreten. Das würde in letzter Konsequenz sogar gegen das Gebot der Menschwürde verstoßen, weil das Individuum potenziellen Defektierern schutzlos ausgeliefert wäre.[599] Unter dem Eindruck der Dilemmasituation in der Gesellschaft ist der Mensch sogar gezwungen, seinem eigenen Vorteil zu gehorchen, um sich zu schützen. Darüber hinaus muss er, ganz wie im Hobbes'schen Naturzustand, sogar Präventivmaßnahmen ergreifen, um seine Interessen zu wahren. Die Aufgabe der Ethik ist es nun, diese Dilemmasituation durch eine geeignete Rahmenordnung zu überwinden, denn „[...] *in einer sozialen Ordnung kann der Einzelne seine individuellen Ziele besser und nachhaltiger erreichen als im „Naturzustand", wo das Leben des Menschen nach T. Hobbes „solitary, poore, nasty, brutish and short"* ist.[600]

Die Ethik muss eine gesellschaftliche Ordnung herstellen in der moralisches Verhalten belohnt wird – Homann konzipiert die Ethik somit als Ordnungs- und Anreizethik. Die Ethik trägt den Anforderungen der modernen Gesellschaft Rechnung, indem sie die Moral zum Interesse aller Akteure erhebt, statt blind an deren moralisches Gewissen zu appellieren.[601] Es gilt Spielregeln zu etablieren, die von den Akteuren akzeptiert werden, das Eigeninteresse kanalisieren und damit letztlich den gesamtgesellschaftlichen Wohlstand fördern. Gerade weil die moralische Norm in einer Dilemmasituation keinen unbedingten Gültigkeitsanspruch hat, kann sie nur gelten, sobald das Gefangenendilemma überwunden ist.[602] So sei auch in der Ethik der Smith'sche Leitsatz zu beherzigen, dass der gesamtgesellschaftliche Wohlstand nicht vom Wohlwollen des Einzelnen abhänge, sondern von einem geeigneten Regelsystem.[603] Homann lobt an dieser Stelle abermals Smith' Vorreiterrolle in Bezug auf die Einführung einer Ordnungsethik.

Auf Basis dieser Überlegungen fasst Homann das bisher Gesagte zu seinem Konzept einer „*modernen eudämonistischen Ethik"* zusammen.[604] Darin benennt er die wichtigsten Kriterien für eine gute Ethikkonzeption: Zum einen sei die

---

599   Vgl. Homann 1980, S. 53.
600   Homann 1980, S. 52.
601   Vgl. Ebenda.
602   Vgl. Homann/Blome-Drees 1992, S. 46.
603   Vgl. Homann 1981, S. 21.
604   Vgl. Homann 1980, S. 53 ff.

Möglichkeit des Altruismus prinzipiell nicht auszuschließen, ebenso wie der Egoismus als mögliches Handlungsmotiv denkbar ist. Die Verwendung des „offenen Vorteilsbegriffs" mache es möglich den unterschiedlichen Motivationen gerecht zu werden. Außerdem muss die Ethik die Situationen sowie die davon ausgehenden Anreizstrukturen in der Gesellschaft erfassen. Diese sollen dann den Bezugspunkt für die differenzierte Ausgestaltung moralischer Normierung bilden. Darüber hinaus soll die Ethik dem Streben der Akteure nach individueller Identität Raum geben. Eine wichtige Rolle bei der Selbstfindung spielen die Institutionen und Organisationen.[605] Denn nur unter diesen Voraussetzungen kann eine Ethik ihr Ziel erreichen, nämlich Solidarität unter den Menschen herbeizuführen und diese zu wahren.[606]

1.4 Schlussfolgerungen für die Wirtschaftsethik

Führt man sich die einzelnen Bausteine der Homann'schen Wirtschaftsethik vor Augen, wird die Vorstellung, die hinter dem „Paralleldiskurs" zwischen Wirtschaft und Ethik steht, nachvollziehbar: Sowohl die Marktwirtschaft als auch die moderne Gesellschaft sind durch Dilemmasituationen gekennzeichnet. Die beiden wissenschaftlichen Disziplinen Ökonomik und Ethik befassen sich somit in ihrem jeweiligen Tätigkeitsfeld mit demselben, mit dem Unterschied, dass es in der Ökonomik die Wettbewerbssituation zu etablieren gilt, während in der Ethik die Dilemmasituation überwunden werden müssen. Die beiden Disziplinen Ökonomik und Ethik verlaufen parallel, sie sprechen über dasselbe Thema, jedoch in unterschiedlichen Sprachen. Daher ist es die Aufgabe der Wirtschaftsethik wechselseitig zwischen Ethik und Ökonomik zu übersetzen.

Trotz Homanns selbst auferlegtem Anspruch, beide Disziplinen als gleichberechtigte Partner zu behandeln, soll die wirtschaftsethische Theoriebildung bei der Ökonomik ihren Ausgang nehmen, schließlich gehe es in der Wirtschaftsethik um die Frage nach der Implementierung moralischer Normen und Ideale unter den Bedingungen der Wirtschafts- und Gesellschaftsordnung.[607] Sprich, in einer funktionalen Wirtschaftsethik muss die Ethik auf die realen Anforderungen der Marktwirtschaft zugeschnitten werden, weshalb die Struktur des Marktes Aufschluss über den Bauplan der Wirtschaftsethik geben kann: Die moderne Wirtschaft ist ein zweistufig ausdifferenziertes Handlungssystem mit Spielregeln und Spielzügen, in dem Moral und Effizienz auf unterschiedlichen Ebenen si-

---

605   Vgl. Homann 1980, S. 56.
606   Vgl. Ebenda.
607   Was gleichsam nicht bedeute, dass die ethischen Argumente restlos auf ökonomische Vorteilserwägungen reduziert werden sollen, betont Homann. Vgl. Homann/Blome-Drees 1992, S. 91.

multan abgearbeitet werden können. Daher gilt, die Effizienz in den Spielzügen, die Moral in den Spielregeln.[608] In dieser Weise sei es möglich, Ethik in der Wirtschaft zu etablieren, ohne die Wettbewerbssituation zu unterbinden. Indem die Spielzüge von moralischen Forderungen entlastet werden und die Einhaltung der Spielregeln verbindlich gemacht wird, ist es möglich, die Wettbewerbshandlungen allein an der Effizienz auszurichten und die Moral in den Rahmenbedingungen abzugelten.[609]

Hieraus leitet Homann seine grundlegende These zur Wirtschaftsethik ab: *„Der systematische Ort der Moral in der Marktwirtschaft ist die Rahmenordnung."*[610]

Moralischen Werten kann nur unter dieser Bedingung Gültigkeit verschafft werden; daher muss die Wirtschaftsethik als Ordnungsethik konzipiert werden.[611] Die konkrete Übersetzungsleistung zwischen Ethik und Ökonomik bedeutet in diesem Fall, dass moralische Regeln zu individuellen Anreizen werden. Nur wenn der Akteur erkennt, dass die Einhaltung moralischer Normen ihm persönlich zum Vorteil gereicht, ist die Akzeptanz der Norm gesichert. Die Wirtschaftsethik als Ordnungsethik vollzieht sich somit in Form einer Anreizethik und wirkt in doppelter Hinsicht moralisch: Indem moralische Werte wettbewerbsneutral durchgesetzt werden, kann die Ökonomie weiterhin ihre spezifische moralische Wirkung durch Effizienzsteigerung entfalten. Denn eine Moralisierung der Spielzüge würde notwendig zulasten der Effizienz gehen und dadurch letztlich die individuelle Freiheit einschränken.[612]

Zahlreiche Kritiker werfen Homann vor, mit diesem Ansatz einen „ökonomischen Reduktionismus" vorzunehmen. Homann fühlt sich hier missverstanden. Die Aussage, die Rahmenordnung sei der systematische Ort der Moral, beinhalte keinesfalls, dass dies der einzige Ort ist. Man könne den Unternehmen schließlich auch nicht grundsätzlich ein moralisches Gewissen absprechen. Ganz im Gegenteil sind auch im Wirtschaftssystem *„moralische Innovatoren"* erwünscht, die durch ihre individualmoralischen Handlungen neue Standards setzen. Doch dazu verhelfe nach Ansicht Homanns eben erst eine geeignete Rahmenordnung, die Freiräume für ein solches Handeln schafft. Da diese Freiräume gemäß Homanns Ansatz aus ökonomischer Perspektive gestaltet werden, bleibt allerdings offen, wie groß der moralische Spielraum der moralischen Innovatoren tatsächlich ist. Eines steht jedenfalls fest: Die Ökonomie setzt in dieser Logik den Rahmen für etwaiges moralisches Handeln. Darüber hinaus hat die Rahmen-

---

608   Vgl. Homann/Blome-Drees 1992, S. 35.
609   Vgl. Ebenda.
610   Ebenda.
611   Vgl. Homann/Blome-Drees 1992, S. 36.
612   Vgl. Ebenda.

ordnung freilich die Aufgabe, die Spielzüge der Unternehmer prinzipiell von jeder Rücksichtnahme zu entlasten. Erst unter dieser Voraussetzung kann der Markt nämlich seine genuin moralische Qualität, die Leistungssteigerung, entfalten. Langfristige Gewinnmaximierung ist für Homann kein Privileg der Unternehmen, für das sie sich ständig entschuldigen müssten, sondern vielmehr ihre moralische Pflicht.[613] Eine geeignete Rahmenordnung sollte daher prinzipiell die Gewinnmaximierung unter eine ethische Richtigkeitsvermutung stellen.[614] Letztlich ist es die Aufgabe des Staates, eine solche Rahmenordnung durch eine entsprechende Ordnungspolitik festzulegen. An dieser Stelle räumt Homann ein, dass es zumindest einer minimalen individualethischen Kompetenz bedarf: der Regeltreue. Sie ist nötig, damit die Individuen politische Regeln akzeptieren und befolgen.[615] Warum Homann ausgerechnet hier auf eine individualethische Kompetenz zurückgreift, ist jedoch unklar. Schließlich löst er in seiner Wirtschaftsethik üblicherweise die Frage, warum sich ein Mensch an Regeln halten sollte damit, dass gerade sie zum individuellen Vorteil der Menschen gereichen. Damit wäre das Befolgen politischer Regeln an sich geklärt, ohne, dass eine individualethische Begründung nötig wäre.

Die Frage, die sich angesichts Homanns Argumentation eigentlich stellt, ist, wie eine Gestaltung der Institutionen selbst aussehen soll. Schließlich liegen jedem Bereich der Gesellschaft Dilemmastrukturen zugrunde die zwangsläufig eine Einigung der Akteure unterbinden. Dilemmastrukturen finden sich gleichermaßen in der Politik, der Wissenschaft, der Kultur, der Umwelt etc.. Da Homann die Möglichkeit der Individualmoral unter diesen Bedingungen definitorisch ausschließt und stattdessen eine kollektive Selbstbindung an das etablierte Regelsystem fordert, liegt hier ein Zirkelschluss vor, der über den Ursprung der Moral in den Institutionen keinen Aufschluss geben kann. Nichtsdestotrotz sieht Homann in seinem wirtschaftsethischen Konzept eine reelle Chance zur Einlösung der Forderung der traditionellen Ethik: die Realisierung der Solidarität aller Menschen.[616]

1.5 Ökonomie *statt* Ethik – theorieimmanente Probleme bei Karl Homann

Führt man sich die einzelnen Komponenten der Homann'schen Wirtschaftsethik mit ihren Anschlussstellen an die ökonomische und gesellschaftstheoretische

---

613 Vgl. Homann/Blome-Drees 1992, S. 38
614 Vgl. Homann/Blome-Drees 1992, S. 39.
615 Vgl. Homann/Blome-Drees 1992, S. 40.
616 Vgl. Homann/Blome-Drees 1992, S. 44-45.

Ideengeschichte nochmals vor Augen, lassen sich die theorieimmanenten Problemkreise klar benennen.

Richtungweisend für Homanns Wirtschaftsethik war das Ökonomieverständnis: Prinzipiell stellt für ihn die Ökonomie eine spezifische Methode zur Lösung von Interaktionsproblemen dar. Mit dieser Vorstellung knüpft er direkt an den Endpunkt der im ersten Teil dargestellten Entwicklung, bei Gary S. Becker, an, der die ökonomische Methode als Analysemittel zur Erklärung menschlichen Lebens etabliert. Ganz bewusst greift Homann bei der Gestaltung seiner Wirtschaftsethik auf die Becker'sche Methode zurück, weil er dessen „offenen Vorteilsbegriff" für ein *wertfreies* Instrumentarium hält. Dem realen Systemmechanismus der Ökonomie – also dem Wettbewerb – spricht er indes eine „gute" Wirkung zu. Trotzdem tun sich zuweilen ethische Lücken auf, räumt Homann ein, weswegen es überhaupt wirtschaftsethischer Regeln bedarf. Hier kommt das ökonomische Analyseinstrument ins Spiel, denn mit ihm möchte er jene Regeln ermitteln, die die ethischen Lücken des Systems schließen sollen. Homanns wirtschaftsethisches Regelwerk wird somit am Kriterium der individuellen Vorteilhaftigkeit gemessen und ermittelt.

Anders ausgedrückt: Das wertfreie *Instrumentarium der Ökonomie* ermittelt Regen, die sodann in den *Systemmechanismus der Ökonomie* integriert werden.

1.5.1 Die Ökonomie als exklusives Analyseinstrument der Ethik

Das eigentliche Problem der Homann'schen Wirtschaftsethik entsteht bereits vor der konkreten Ausgestaltung seines Konzeptes, nämlich, wenn Homann die eben skizzierte Systematik der Ökonomie auf die Ethik überträgt. Ebenso wie die Marktwirtschaft ist seines Erachtens auch die Gesellschaft von Dilemmasituationen geprägt – auch hier herrschen also Wettbewerbsbedingungen –, weswegen Ökonomie und Ethik das gleiche Anforderungsprofil aufweisen. Die Anwendung eines traditionellen Ethikkonzeptes erscheint ihm in beiden Bereichen unpraktikabel, da der Systemzusammenhang individualmoralisches Verhalten von vornherein verhindert. Er rechnet folglich in jeder Lebenslage mit ökonomischen Strukturen. Mit dieser Diagnose knüpft er inhaltlich unmittelbar an den Endpunkt des zuvor beschriebenen Individualisierungsprozesses an. Bei Friedrich August von Hayek ist die Gesellschaft ebenfalls durch Dilemmasituationen geprägt und der Mensch von jeder sozialethischen Eigenverantwortung befreit, denn aufgrund der Struktur der modernen Großgesellschaft hält auch er traditionelle Ethikkonzepte für unpraktikabel.

Da der Systemmechanismus von Ökonomie und Ethik identisch ist, bietet es sich nach Ansicht Homanns an, auch das Analyseinstrumentarium der Ökonomie auf die Ethik zu übertragen. Gemeint ist der „offene Vorteilsbegriff" von Gary S. Becker, der sich nicht nur bestens zur Lösung von Dilemmasituationen eignet, sondern auch ein (vermeintlich) wertfreies Instrumentarium darstellt, das den unterschiedlichen Handlungsweisen der Menschen gegenüber aufgeschlossen ist.

Die Ethik muss sich somit nicht mehr auf das moralische Gewissen des Menschen verlassen, sondern kann sich ebenfalls nach dem Kriterium der individuellen Vorteilhaftigkeit ausrichten. Doch wie anhand der Ausführungen zu Gary S. Beckers Ökonomie gezeigt werden konnte, liegt Homann in puncto „Wertneutralität" einem Trugschluss auf. Der Becker'sche Ökonomiebegriff ist nicht wertneutral, sondern normativ ökonomisch, da er jedes nicht-ökonomische Verhalten definitorisch ausschließt. Also ist der Akteur durch den „offenen Vorteilsbegriff" und die Situationsbedingungen vollständig ökonomisch determiniert. In Kombination mit dem totalen Erklärungsanspruch, entwickelt Beckers Methode sodann einen normativen Charakter, weil sie kein anderes Verhalten mehr zulässt als genuin ökonomisches. Auf diese Weise avanciert das Ökonomische zu einem Verhaltenspostulat, da es alles am Kriterium der Effizienz bemisst. Zwangsläufig muss dieser Ökonomiebegriff von vornherein jede Vorstellung von Ethik exkludieren – denn wenn alles ökonomisch ist, kann nichts mehr ethisch sein.

Indem Homann nun die Gesellschaft als ökonomische Situation beschreibt, auf die er die ökonomische Methode anwenden will, überträgt er nicht ‚bloß' ein wertfreies Instrumentarium auf eine ethische Fragestellung, sondern er ersetzt a priori die Ethik durch die Ökonomie. Damit fällt die Entscheidung zwischen Ökonomie und Ethik bei Homann noch bevor er überhaupt ein konkretes wirtschaftsethisches Konzept formuliert. Daraus ergibt sich eine kuriose Antwort auf die Frage, ob Karl Homann seinen selbst auferlegten „Paralleldiskurs" von Ökonomie und Ethik einhalten kann: Rein formal führt Homann in der Tat einen Paralleldiskurs zwischen Ökonomie und Ethik, der auf den ersten Blick plausibel erscheint, weil die von ihm aufgezeigten Parallelen zwischen den beiden Disziplinen überzeugend sind. Doch die Existenz dieser Parallelen ist dem Umstand geschuldet, dass Homann die Ethik mit der Ökonomik gleichsetzt. So sind die wirtschaftsethischen Regeln in Wahrheit ökonomische Regeln, da sie allein aus der individuellen Vorteilsperspektive ermittelt werden.

1.5.2 Die Ökonomie als ethikfreier Wirkmechanismus

Homann würde diese Feststellung wohl kaum kurios anmuten, schließlich sagt er selbst, dass die „Ökonomie Ethik mit anderen Mitteln" ist. Dieser Logik nach wäre das Ersetzen der Ethik durch die Ökonomie gar kein Problem, schließlich besitzt die Wirtschaft selbst eine ethische Wirkung. Hier gerät die Homann'sche Argumentation allerdings in eine Schieflage, denn der Ausspruch „Ökonomie ist Ethik mit anderen Mitteln" bezieht sich nicht auf das *Analyseinstrumentarium* der Ökonomie – das ja eigentlich wertfrei sein sollte –, sondern hebt auf die (vermeintlich) gute Wirkung des *Systemmechanismus* ab. Die ethische Wirkung des Wettbewerbs möchte Homann indes mit Verweis auf Adam Smith belegen, der bereits mit seinem WN gezeigt habe, dass aus der Ökonomie ethische Effekte resultieren.

Doch auch dieser Bezugnahme fehlt die argumentative Grundlage. Wie in der vorangegangenen Darstellung der Homann'schen Wirtschaftsethik bereits angesprochen, vernachlässigt der Theoretiker in seiner Smith-Interpretation die individualethische Komponente der Wirtschaftstheorie des Schotten. So bedarf es bei Smith einer sozial-moralischen Kompetenz des Menschen, damit die Wirtschaft ihre „gute" Wirkung entfalten kann. Ein solchermaßen „wohlverstandenes" wirtschaftliches Handeln gelingt, indem das Individualinteresse auf die Gerechtigkeit als moralisches Minimum der Gemeinschaft abgestimmt wird. Hierfür ist ein komplexes Menschenbild vonnöten, da der Smith'sche Akteur nicht bloß *re-agieren*, sondern auf sein Handeln *reflektieren* und es selbst bestimmen sollte. Blindes Vorteilstreben führt für Smith jedenfalls nicht zu einer „guten" Wirtschaft. Ganz im Gegenteil, würde ihn die Vorstellung von einer Wirtschaftsgemeinschaft bestehend aus Homini oeconomici sehr befremden. Indem Homann postuliert, dass der Wettbewerb per se eine gute Wirkung hat und den ökonomisch determinierten Akteur á la Becker in den Marktmechanismus einsetzt, entzieht er der Smith'schen These von der guten Wirtschaft endgültig den argumentativen Boden.

Insofern kann letztlich weder Homanns Postulat der guten Markteffekte überzeugen, noch seine Konzeption eines, gegenüber der Moral und der Ökonomie gleichermaßen aufgeschlossenen, wirtschaftsethischen Regelwerks. Die These „Ökonomie ist Ethik mit anderen Mitteln" lässt sich unter diesen Umständen nicht aufrechterhalten. Ergo gelingt es dem Wirtschaftsethiker auch nicht eine Ethik zu konzipieren – ganz wie es ihm seine Kritiker vorwerfen. Doch der Grund hierfür liegt an einer anderen Stelle als seine Kritiker gemeinhin glauben. Sie finden die Wurzel des Problems in Homanns Ausgangspunkt, also in dessen Vorhaben, die Ethik auf die ökonomischen Bedingungen zuzuschneiden. Der ideengeschichtliche Rekurs auf die Entwicklung der Gesellschaftstheorie jedoch gibt Homann in dieser Vorgehensweise recht. Denn eine funktionale und praktikable Wirtschaftsethik muss auf die Bedingungen der modernen individualisierten Gesellschaft reagieren können. Die Ausgangsdiagnose ist insofern zeitgemäß. Der „Fehler" unterläuft ihm erst bei der Wahl seines Analysemittels. Durch die Anwendung der versteckt normativen Becker'schen Methode bringt Homann von vornherein die Ökonomie gegen die Ethik in Stellung.

2. Zurück zu den Wurzeln: Peter Ulrichs Moralisierung der Ökonomie

2.1 Der Ansatz: Kritisch ergründen, ethisch begründen

Am Anfang von Peter Ulrichs Wirtschaftsethik steht eine kritische Diagnose: In der modernen Gesellschaft ist ein Bewusstseins- und Wertewandel in Gang gekommen; immer mehr Menschen interessieren sich heute für die Umwelt- und Sozialverträglichkeit unserer Wirtschaftsform und möchten ökonomische Entscheidungen nicht mehr einfach hinnehmen. Sie stellen fest, dass die Wirkung des Wirtschaftssystems und das, was gemeinhin als ökonomisch rational propagiert wird, oftmals ihre Lebenspraxis konterkarieren. Was viele Menschen umtreibt, ist nach Ansicht Ulrichs ein fundamentales Problem der modernen Ökonomie, denn sie hat inzwischen eine Eigenlogik entwickelt, die auf Kosten der Menschlichkeit geht; Ulrich spricht auch von einer *„buchstäblich entfesselten und normativ enthemmten ökonomischen Rationalisierung"*[617], die sich im Lauf der Zeit vollzogen hat. Heute steckt die Wirtschaft in einer *„lebenspraktischen Sackgasse".*[618] Ulrichs Diagnose einer lebensfeindlichen Ökonomie bezieht sich gleichermaßen auf die Realwirtschaft wie die Ökonomik als Wissenschaft. Im Ergebnis heißt das nichts anderes, als dass der Mensch gegenwärtig zwischen zwei Welten lebt: Einerseits ist er in die unterkomplexe institutionalisierte Sachlogik der modernen Wirtschaft gezwungen und andererseits ein Teil der deutlich komplexeren gesellschaftlichen Wirklichkeit.[619] Diese zwei Welten zu versöhnen ist Aufgabe der Wirtschaftsethik.

Den konzeptionellen Fahrplan für die Lösung des wirtschaftsethischen Grundproblems hat Ulrich mit seiner ökonomiekritischen Diagnose bereits vorgegeben: In seiner Wirtschaftsethik geht es um die Suche nach der *„verlorenen*

---

617 Ulrich, Peter, Wirtschaftsethik auf der Suche nach der verlorenen ökonomischen Vernunft, in: Wirtschaftsethik auf der Suche nach der verlorenen ökonomischen Vernunft, Hrsg. Ulrich P., Bern 1990, S. 2.

618 Ebenda.

619 Mit dem Terminus „Lebensqualität" meint Ulrich das Interesse der Menschen an sozialen und umweltpolitischen Fragen. Vgl. Ebenda.

ökonomischen Vernunft aus dem Blickwinkel der Lebenswelt".[620] Die Aufgabe der Wirtschaftsethik ist es also, die ökonomische Sachlogik ethisch zu durchdringen.

> *"Das Normative steckt immer schon in der ökonomischen "Sachlogik" drin – es muss ihr nicht erst als etwas ihr Äußerliches oder Sachfremdes, als das Andere der ökonomischen Vernunft, hinzugefügt oder übergestülpt werden, vielmehr ist es im ökonomischen Rationalitätsmuster aufzudecken und im Lichte ethischer Vernunft zu reflektieren. Genau diese Einsicht ist der systematische Ansatzpunkt integrativer Wirtschaftsethik".*[621]

Das neue bei Ulrich ist also, dass die Wirtschaftsethik integrativ ansetzen soll, weshalb er seinen Ansatz auch „Integrative Wirtschaftsethik" nennt. Im Kern geht es Ulrich darum die ökonomische Ratio *„ethisch-kritisch zur Vernunft zu bringen".*[622] Entsprechend vollzieht sich seine Wirtschaftsethik ganz nach dem Motto: kritisch *ergründen*, ethisch *begründen*.

Bevor Ulrich seinem Konzept Konturen verleiht, grenzt er es von anderen Wirtschaftsethiken ab. Dabei bemängelt er besonders den fehlenden normativen Tiefgang der konkurrierenden Konzeptionen. Seine Kritik gilt vor allem der – wie er sie nennt – *„korrektiven Wirtschaftsethik"* von Josef Wieland[623] und der *„funktionalen Wirtschaftsethik"* von Karl Homann.[624]

Ulrichs Hauptkritikpunkt an der *„korrektiven Wirtschaftsethik"* ist, dass darin die Zwei-Welten-Konzeption von Wirtschaft und Ethik nicht aufgelöst, sondern die Ethik situativ als *„Korrektiv des Ökonomieversagens"* verwendet wird. So stellen diese Ansätze zwar einerseits völlig zu Recht fest, dass die eigensinnige Funktionslogik der Wirtschaft die Wurzel des wirtschaftsethischen Grundproblems ist, andererseits halten sie es jedoch für ausreichend, die Ethik lediglich als Korrektiv anzuwenden. Das Defizit dieser Konzepte sieht Ulrich also v.a. in der schwachen Stellung der Ethik. Ihnen gehe es nicht um eine normative Durchdringung der Ökonomie mittels eines starken Ethikkonzeptes, sondern lediglich darum, die empirischen Möglichkeitsbedingungen moralischen Handelns der Wirtschaftsakteure auszuloten. Die „normative Tiefenstruktur" des

---

620   Vgl. Ebenda.
621   Ulrich, Peter, Integrative Wirtschaftsethik: Grundlagenreflexion der ökonomischen Vernunft, in: Ethik und Sozialwissenschaft. Streitforum für Erwägungskultur, Hrsg. Benseler et al., Jahrgang 11, Heft 4, 2000, S. 555.
622   Ebenda.
623   An anderer Stelle nennt Ulrich die Position der „korrektiven Ethik" mit dem Begriff „angewandte Ethik". Darunter subsumiert er neben der Wirtschaftsethik von Josef Wieland auch die Konzeptionen von Peter Koslowski 1994, Horst Steinmann/Albert Löhr 1994 und nahezu alle Ansätze der angloamerikanischen Business Ethics. Vgl. Ulrich 2000, S. 558.
624   Vgl. Ulrich, Peter, Integrative Wirtschaftsethik, Bern/Stuttgart/Berlin 2008, S. 15.

Problems wird nicht reflektiert. Eine solche Argumentation sei indes inkonsequent, denn eine derart wirkungsmächtige Ökonomie verlange nach einem starken Ethikkonzept, in dem die Ethik nicht auf eine *„situative Lückenbüßerfunktion"* reduziert werden dürfe. Ulrich betrachtet diese Wirtschaftsethiken deshalb auch als *„Reparaturethiken"*.[625] Letztlich liege diesem Ansatz also eine verkürzte Problemsicht auf das Grundproblem der Wirtschaftsethik zugrunde.

Unter die Kategorie *„funktionale Wirtschaftsethik"* fällt Karl Homanns Ansatz. Ulrich wählt diese Bezeichnung, weil Homann eine *„Binnenmoral"* des Wirtschaftssystems nachweisen, d.h. die Ökonomik selbst im Sinne einer modernen Ethik anwenden möchte.[626] Zwar honoriert Ulrich die hohe analytische Leistungsfähigkeit von Homanns Konzept, doch dessen Vorstellung, dass die gesamten normativen Voraussetzungen der Wirtschaftsethik *„rein ökonomisch"* erklärt werden können, hält er für absurd.[627] Schließlich werde mit der restlosen Aufhebung der Ethik im ökonomischen Eigeninteresse der Wirtschaftssubjekte *„der Bock im Garten der Wirtschaftsethik selbst zum Gärtner gemacht"*[628], sodass die Wirtschaftsethik einem *„zirkelverdächtigen Denkzwang"*[629] aufliegt. Einer solchen Konzeption fehle, so Ulrich, zwangsläufig der *„Moral Point of View"*.[630]

Ulrich identifiziert drei Defizite der *„korrektiven Wirtschaftsethik"*: Es fehlt ihr an (1) einem deontologischen Element, (2) einem kritischen Regulativ und an (3) einem lebensweltlichen Blick.[631] Demzufolge mache sie nahezu alles falsch, sind doch – Ulrichs Ansicht nach – genau diese drei Aspekte die Grundvoraussetzungen für eine praktikable und zielgerichtete Wirtschaftsethik: (1) Eine gute Wirtschaftsethik muss über ein *„deontologisches Minimalethos"* verfügen.[632]

Denn ohne eine ethische Selbstverpflichtung des Handlungssubjekts kann keine Wirtschaftsethik funktionieren. Damit wendet sich Ulrich explizit gegen das strategisch-utilitaristische Rationalitätsmodell einer rein teleologischen Ethik wie es Homann verwendet. Ulrich ist der Meinung, dass eine ausschließlich teleologische Wirtschaftsethik niemals die Frage klären kann, weshalb sich die Menschen an ethische Regeln halten sollten, geschweige denn, wie diese überhaupt entstehen können. Schließlich kann man den *„guten Willen der Akteure nicht herbei motivieren"*, die Wirtschaftsethik muss daher die moralische Quali-

---

625 Den Ausdruck „Reparaturethik" prägte Mittelstrass. Vgl. Ulrich 1990, S. 3-4.
626 Vgl. Ulrich 1990, S. 7.
627 Vgl. Ulrich 1990, S. 10.
628 Ebenda.
629 Ulrich 1990, S. 7.
630 Was Ulrich unter dem *„Moral Point of View"* versteht, wird in der Darstellung seiner Ethik näher erläutert.
631 Vgl. Ulrich 1990, S. 10.
632 Vgl. Ulrich 1990, S. 10-12.

tät der Handlungssubjekte voraussetzen. (2) Des Weiteren muss eine kritische Selbstreflexion der Ökonomik stattfinden, damit der wirtschaftliche Egoismus einem wohlverstandenen Eigeninteresse weichen kann.[633] Die Ethik darf also nicht von oben oder von außen her eingreifen – wie bei Wieland –, sondern sie sollte integrativ ansetzen, um aus der ökonomischen Ideologie eine lebensweltliche Ökonomie zu machen.[634] Ulrich versteht die Wirtschaftsethik als kritisches Regulativ, mit dem die ökonomische Rationalität selbstreflexiv zur Vernunft gebracht werden soll.[635] So gilt es, die Normativität, die in der ökonomischen Sachlogik immer schon enthalten ist kritisch aufzudecken. (3) Diese *„neue umfassende Perspektive vernünftigen Wirtschaftens"* herzustellen kann grundsätzlich nur aus dem Blickwinkel der Lebenswelt gelingen.[636] Alle drei Punkte zielen darauf ab, den Normenkonflikt zwischen dem vernunftethischen und normativ-ökonomischen Rationalitätsanspruch systematisch aufzulösen.[637]

An dieser Stelle lohnt es sich, eine Verbindungslinie zur Homann'schen Wirtschaftsethik zu ziehen, denn schon die Diagnose des wirtschaftsethischen Grundproblems steht bei beiden Theoretikern in diametralem Widerspruch: Homanns Ansicht nach hat die Ökonomie in Theorie und Praxis per se einen guten Effekt. Nur weil sich der Marktmechanismus nicht immer eigenständig vor defektierendem Verhalten schützen kann und sich zeitweise ethische Lücken auftun, bedarf es überhaupt der Wirtschaftsethik. Sie muss ein Regelwerk bereitstellen, das in der Lage ist bei Bedarf die ethischen Lücken des Systems zu schließen. Der Funktionsmechanismus der Ökonomie wird nicht eigens hinterfragt, schließlich funktioniert er genauso wie die Gesellschaft – das ganze menschliche Leben ist von Dilemmasituationen bestimmt, die es nicht zu ändern sondern zu formatieren gilt. Demnach existiert nach Meinung Homanns keineswegs ein – mit Ulrich gesprochen – „lebenspraktischer Widerspruch" zwischen Ökonomie und Gesellschaft, sondern vielmehr eine strukturelle Analogie der beiden Bereiche. Bei Ulrich ist das genau umgekehrt: Die Ökonomie hat in Theorie und Praxis eine eigene Logik entwickelt, die sozialphilosophischen und sozio-ökonomischen Problemen prinzipiell ratlos gegenüber steht. Das, was gemeinhin als ökonomisch rational gilt, ist aus dem Blickwinkel der Lebenswelt unverständlich und ethisch fragwürdig. Deshalb muss die Wirtschaftsethik tiefer ansetzen und den gesamten ökonomischen Systemmechanismus hinterfragen.

Während sich also nach Ulrich das System „Ökonomie" in einem lebensweltlichen Widerspruch befindet und der Privatmensch in praxi den ökonomi-

---

633   Vgl. Ulrich 1990, S. 19.
634   Vgl. Ulrich 1990, S. 14.
635   Vgl. Ulrich 1990, S. 15.
636   Vgl. Ulrich 1990, S. 22.
637   Vgl. Ulrich 2000, S. 559.

schen Bedingungen mit Skepsis begegnet, herrschen nach Homann in Ökonomie und Gesellschaft gleiche Verhältnisse und der Mensch lebt auch privat in einer ökonomischen Situation. Dass Homanns Problemdiagnose nach einer Art ‚Anpassungsreform' verlangt, während Ulrichs Problemsicht auf eine ‚Struktur-reform' hinausläuft ist nicht verwunderlich: Aufgrund der unterschiedlichen Problemdiagnosen muss Homanns Wirtschaftsethik ‚lediglich' etwaige ethische Lücken schließen, Ulrichs Wirtschaftsethik hingegen kommt die ambitionierte Aufgabe zu die Ökonomie grundsätzlich zu legitimieren.

Die divergente Problemsicht der Autoren resultiert indes nicht nur aus einem abweichenden Ökonomieverständnis, sondern aus einem disparaten gesellschaftstheoretischen Standpunkt. Das lässt sich anhand der dargestellten gesellschaftstheoretischen Entwicklungslinie zeigen: Homann knüpft mit seiner Diagnose direkt an den Endpunkt der Bewegung von Individuum und Gesellschaft bei Friedrich August von Hayek an. Ebenso wie Hayek beschreibt er die Gesellschaft als Marktsituation, in der nicht mit dem moralischen Verhalten der Akteure gerechnet werden kann. Die Wettbewerbsstruktur der modernen individualisierten Gesellschaft ist für Homann eine gesellschaftstheoretische Tatsache. Ergo sind ökonomische Verhältnisse dem Menschen nichts fremdes, sondern etwas alltägliches. Die Sozialbeziehungen stehen nun einmal unter dem Vorzeichen des Wettbewerbs, daher muss sich eine funktionale Ethik auch nach diesen Regeln ausrichten. Ulrich hingegen knüpft logisch – nicht philosophisch, wie später näher erläutert wird – an die Smith'sche Vorstellung von einer ethischen Gemeinschaft an, in der der Mensch fähig ist, eigenständig moralisch Position zu beziehen. Dieser ideengeschichtliche Standpunkt zeigt sich einerseits in der Überzeugung Ulrichs, nur ein traditionelles Ethikkonzept – sprich eine Individualethik – sei auf das wirtschaftsethische Problem anwendbar – darauf wird später eingegangen – und andererseits in der Problemdiagnose, die Menschen stünden der Wirtschaft skeptisch gegenüber, weil diese im Widerspruch zur Lebenswelt stehe. Auch eine Smith'sche Gesellschaft hätte mit der modernen Ökonomik nichts anfangen können, denn ein System, dass auf dem Ausgleich ökonomischer Nutzenkalküle beruht, wäre für die Smith'schen Individuen höchst befremdlich. Die sozialen Gefühle des Menschen bestimmen das gesellschaftliche Miteinander und die Gesellschaft hat ihrem Grundsatz nach eine harmonische, gerechte und moralische Ordnung – das scheint auch für die Gesellschaftsvorstellung von Ulrich zu gelten.

Auch Ulrich macht in seinen Ausführungen auf die abweichende Problemdiagnose seines Kontrahenten aufmerksam, ohne jedoch auf dessen gesellschaftstheoretischen Standpunkt einzugehen: In seinen Augen nimmt Homann eine normative Überhöhung des Ökonomischen vor, indem er die Bedingungen der modernen Marktwirtschaft zu einer unhintergehbaren Voraussetzung erklärt.

Durch seine apriorische Entscheidung für die Ökonomie verkürze er das wirtschaftsethische Grundproblem auf die Implementierung der Moral, wodurch er alle Ansprüche der lebensweltlichen Vernünftigkeit systematisch untergrabe. Dabei gehe es

> *„aus integrativer Sicht keineswegs nur um die „Implementierung" von (welcher?) Moral unter den fraglos vorausgesetzten Funktionsbedingungen eines idealisierten marktwirtschaftlichen Systems (das mit „moderner Wirtschaft" gemeint ist), sondern zunächst gerade um die Legitimitätsbedingungen dieses Systems".*[638]

Weil Ulrich Homanns gesellschaftstheoretische Diagnose nicht in den Blick nimmt, übersieht er, dass sich für ihn die Legitimationsfrage der Wirtschaft gar nicht stellt. Diese stellt sich nämlich nur dann, wenn man davon ausgeht, es bestehe ein Widerspruch zwischen den ökonomischen und gesellschaftlichen Verhältnissen bzw. es würde jemand existieren, der einen Legitimationsanspruch erheben möchte. Die Homann'sche ‚Anpassungsethik' resultiert insofern nicht aus einer apriorischen Überhöhung der Ökonomie, sondern aus einer Akzeptanz der bestehenden Gesellschafts- und Wirtschaftsstruktur.

2.2   Die „humanistische Vernunftethik"

Im Gegensatz zu Karl Homann entwickelt Peter Ulrich ein eigenes umfassendes Ethikkonzept, das weitestgehend auf der kantischen Vernunft- und der Habermas'schen Diskursethik basiert. Er bezeichnet seinen eigenen Ethikansatz als „humanistische Vernunftethik" an dessen Anfang folgende anthropologische Grundaussage steht: Die Moralität ist eine Disposition der menschlichen Natur, und der Mensch ist ein vernünftiges Wesen. Die moralische Veranlagung des Menschen wird im „guten Willen" konkret und der „gute Wille" kultiviert sich im Kontext der Gesellschaft.[639]

> *„Das Phänomen der humanen Moralität wurzelt in der prinzipiellen Willensfreiheit des Menschen: Der Mensch ist bekanntlich jenes seltsame Tier, dessen Verhalten nicht restlos instinktdeterminiert ist und das zu den verschiedenen Möglichkeiten des Tuns, zu sich selbst und zu anderen Stellung nehmen kann. Darin wurzelt das Moment der menschlichen Vernunft als das Vermögen, in kritischer Selbstdistanzierung von spontanen Impulsen und Intentionen nach Gründen zu entscheiden und zu handeln."*[640]

---

638   Ulrich 2000, S. 558.
639   Vgl. Ulrich 2008, S. 27.
640   Vgl. Ulrich 2000, S. 556.

Prinzipiell umfasst die menschliche Moralität drei Aspekte: (1) Die Autonomie des Menschen, (2) ein affektives und (3) ein kognitives Moment: (1) Mit dem Postulat der Autonomie des Menschen stellt Ulrich klar, dass jeder ein Recht auf moralische Selbstbestimmung hat. Ulrich spricht von einem „*unantastbare(n) Status jedes Menschen als freies, selbstbestimmtes Subjekt*"[641]. (2) Das affektive Moment der Moralität bezieht sich auf das moralische Empfinden des Individuums. Es besagt, dass moralische Gefühle unausweichlich sind und dass die Menschen fähig sind, Anteil am Schicksal anderer zu nehmen. Die affektive Moralität korrespondiert insofern mit dem Smith'schen Sympathieprinzip.[642] (2) Das kognitive Moment der Moralität betrifft das moralische Bewusstsein des Menschen und seine Urteilskraft.[643] Es basiert auf dem kulturell geprägten guten Willen einer Person und wird in ihrer inneren Stimme, die darüber befindet, was moralisch geboten und verboten ist, konkret.[644]

Insgesamt beschreibt Ulrich die Moralität als eine kulturübergreifende Kategorie, die eine Disposition des Individuums ausdrückt, wohingegen die Begriffe Moral und Ethos nur in kulturspezifischen Formen auftreten. Die Moral besteht aus einem Fundus von geltenden Regeln in einer Gemeinschaft. Das Ethos bezeichnet eine spezifische Grundhaltung des Menschen; es umfasst das Bewusstsein, in dem der Mensch sein Selbstverständnis, seine Lebensführung und seinen Umgang mit anderen begreift.[645] In dieser Weise impliziert das Ethos eine Idee vom guten Leben und von individuellen Tugenden.[646] Ein Abgleich zwischen Moral und Ethos findet bereits im Bewusstsein des Menschen statt; hierbei stimmt das Individuum seine innere Haltung mit den allgemein anerkannten Normen ab. In der Regel geht die individuelle Tugendvorstellung des Individuums mit dem Moralkonsens der Gemeinschaft konform.[647] Moral und Ethos sind indes wechselseitig miteinander verschränkt: Das Ethos ist die motivationale Basis des Willens zur Moral und die Moral begründet ihrerseits die normativen Verbindlichkeiten deren Rahmen die individuelle Selbstverwirklichung im Sinne des personalen Ethos freigestellt ist.[648]

---

641   Ebenda.
642   Vgl. Ulrich 2008, S. 28.
643   Das moralische Bewusstsein des Menschen hält Ulrich für eindeutig nachweisbar. Denn auch das Gegenargument, es gebe Menschen mit einem unterentwickelten moralischen Bewusstsein beweise schließlich, dass die Moralität einer praktischen Anwendung bedarf um sich vollends entfalten zu können. Vgl. Ebenda.
644   Auch das kognitive Moment des moralischen Urteilens findet sich bei Smith in Form des „unparteiischen Zuschauers" wieder.
645   Vgl. Ulrich 2008, S. 32.
646   Vgl. Ulrich 2008, S. 33.
647   Vgl. Ulrich 2008, S. 35.
648   Vgl. Ulrich 2008, S. 36.

Die Aufgabe der Ethik ist es, die Moral einer kritischen Reflexion zu unterziehen.[649] Da eine Ethik kulturinvariant sein sollte, muss sie ihre Betrachtungen von einer „höheren" Warte aus anstellen, nämlich einen universalistischen Standpunkt der Moral einnehmen – den sogenannten „Moral Point of View". Ganz i.s. Kants ist für Ulrich der „Moral Point of View" die „kritische Vernunft" des Menschen. Dieser vernunftethische Standpunkt der Moral entfaltet sich bei Ulrich in der normativen Logik der Zwischenmenschlichkeit. Mithin gelten diejenigen moralischen Ansprüche oder Rechte als vernunftethisch begründet, die jede Person, die sich als Mitglied der universellen moralischen Gemeinschaft versteht, vernünftigerweise gegenüber jedermann vertreten kann. Die moralische Achtung und Reziprozität zwischenmenschlicher Ansprüche ist die Grundlage das Universalisierungsprinzips.[650] Eine solche Ethik begründet sich nach Ansicht Ulrichs allein im Verfahren strikter Reflexion auf die moralischen Implikationen *„gegenseitiger Anerkennung autonomer Personen als Wesen gleicher Würde"*.[651]

Das Moralprinzip ist bei Ulrich ein Vernunftprinzip; es stellt eine humanistische Minimalethik dar, einen für alle Menschen einsehbaren Standpunkt der Moral. Die Ethik ist daher auch keine externe Norm, sondern sie entspringt der Vernunft des Menschen, weshalb er als moralisches und vernunftbegabtes Wesen vorausgesetzt wird.

Einige Positionen der Theoriegeschichte haben dieses Moralprinzip einst erfasst, so Ulrich, wie bspw. Adam Smith mit seinem „unparteiischen Zuschauer" oder Immanuel Kant mit dem „kategorischen Imperativ". Doch erst der Diskursethik sei es gelungen, die strikt reflexive Einlösung der grundlegenden moralphilosophischen Begründungsaufgabe tatsächlich umzusetzen, stellt Ulrich fest.[652] In der Diskursethik eröffnet die kulturanthropologische Prämisse, dass der Mensch ein Sprachtier ist, die Möglichkeit zu einem wechselseitigen Austausch von Argumenten. Die kommunikative Gegenseitigkeit der Gesprächspartner hält Ulrich indes, ganz im Sinne von Jürgen Habermas, für die Wurzel der humanen Moralität.[653] Denn durch die Grundvoraussetzung des miteinander Sprechens, ist die wechselseitige Anerkennung der Gesprächspartner als mündige Personen bereits vorgegeben.[654] In dieser Weise eröffnet die Diskursethik die Möglichkeit, die kantische Idee der „praktischen Vernunft" näher zu spezifizieren – nämlich

---

649 Vgl. Ulrich 2008, S. 39.
650 Vgl. Ulrich 2008, S. 45.
651 Ulrich 2008, S. 51. S. 24.
652 Vgl. Ulrich 2008, S. 59.
653 Vgl. Ulrich 2008, S. 82.
654 Vgl. Ebenda.

als eine „kommunikative Rationalität".[655] Die Kommunikationsfähigkeit und die unmittelbar damit verbundene Anerkennung der Gesprächspartner schließt prinzipiell jeden Menschen mit ein, weshalb man auch von einer idealen Kommunikationssituation sprechen kann. Ulrich hält die Idee von einer idealen Kommunikationsgemeinschaft für die diskursethische Interpretation des Standpunkts der Moral.[656] Das Moralprinzip lautet demgemäß, dass in der unbegrenzten Argumentationsgemeinschaft aller mündigen Personen guten Willens normative Geltungsansprüche gegenüber jedermann argumentativ begründbar und konsensfähig sein sollen.[657] Indes weist Ulrich ausdrücklich darauf hin, dass das Diskursprinzip weitaus mehr ist als ein reines Konsensprinzip, denn es gehe ihm nicht um die Zusammenführung einzelner Normen, sondern um die Umsetzung dieses *einen* Moralprinzips.[658] Alles in allem erachtet Ulrich die Diskursethik als die bisher elaborierteste Explikation des Vernunftstandpunktes.

Typischen Einwänden gegen die Diskursethik begegnet Ulrich präventiv, indem er ausführt: Die diskursethische These, durch die Kommunikation erkenne automatisch jeder den Gesprächspartner als moralische Person an, sei selbstevident, da niemand diesen Zusammenhang bestreiten kann, ohne dabei in einen Selbstwiderspruch zu geraten. Schließlich müsse man ja rational argumentieren, um jemanden vom Gegenteil zu überzeugen, womit man automatisch den anderen bereits als Gesprächspartner anerkannt habe.[659]

Wie eben gezeigt wurde, basiert Ulrichs Wirtschaftsethik zwar explizit auf der Habermas'schen Diskursethik, doch Ulrich bezieht auch zur Smith'schen Moralphilosophie Stellung, da sie für ihn eine wichtige Station der *„philosophiegeschichtlichen Entfaltungslinie der Vernunftethik"*[660] markiert. Hierauf soll im Folgenden in aller Kürze eingegangen werden.

Grundsätzlich steht Ulrich der Smith'schen Moralphilosophie positiv gegenüber. Für ihn ist er der erste Philosoph, der die moralpsychologische und moralphilosophische Bedeutung des gedanklich verallgemeinerten Rollentausches beschrieb und damit, noch vor Kant, das universalistische Moralprinzip entdeckte.[661] So trete bei Smith der universalistische Standpunkt der Moral in Form des „unparteiischen Zuschauers" auf den Plan, der seinerseits die Vernunft

---

655 Vgl. Ulrich 2008, S. 83.
656 Vgl. Ulrich 2008, S. 84.
657 Vgl. Ebenda.
658 Vgl. Ulrich 2008, S. 84-85.
659 Vgl. Ulrich 2008, S. 83.
660 Ulrich 2000, S. 557.
661 Vgl. Ulrich 2008, S. 65.

verkörpere.[662] Als größte Stärke der Smith'schen Moraltheorie identifiziert Ulrich die Verknüpfung der ethischen Vernunft mit den moralischen Gefühlen.[663] Die sozialen Gefühle bilden den Erfahrungshintergrund, vor dem die Vernunft moralische Urteile fällt. Außerdem lobt Ulrich, dass es Smith gelungen sei, mit seinem unparteiischen Zuschauer zu zeigen, dass der Mensch nicht nur moralische Urteile über andere, sondern auch über das eigene Verhalten fällt. Dementsprechend verhalte sich der Smith'sche Mensch nicht um der bloßen Anerkennung willen gesellschaftskonform, sondern weil er diese Anerkennung auch tatsächlich verdienen möchte.[664] Durch den Standpunkt des idealen Zuschauers gewinnt der Mensch bei Adam Smith seine moralische Unabhängigkeit, wodurch Smith auch Kants Vorstellung von der „moralischen Autonomie der Person" bereits vorweggenommen habe, so Ulrich.[665] Allerdings hat der Smith'sche Ansatz in der Begründung des Moralprinzips seine Grenze: So handele es sich bei Smith, nach Meinung Ulrichs, in erster Linie um eine deskriptive Ethik – wohl eher im Sinne einer Moralpsychologie, die die Moralität von einem naturrechtlichen Vorverständnis heraus für gegeben hält – und nicht um eine Ethik mit einer normativen Begründung. Erst Immanuel Kant sei es gelungen, die normative Gültigkeit des Moralprinzips strikt vernunftethisch zu begründen.[666]

Die zuvor dargestellte Perspektive der Vernunft- bzw. Diskursethik möchte Ulrich also auf die Wirtschaft anwenden.[667] Sein erkenntnisleitendes Interesse richtet sich auf

„die Legitimationsbedingungen wirtschaftlichen Nutzen-, Vorteils- oder Erfolgsstrebens im Lichte der moralischen Rechte aller Betroffenen".[668]

Ulrich ist der Auffassung, dass alle ökonomischen Ansprüche und Interessen einer ethischen Reflexion unterzogen werden müssen. Sie stehen nämlich unter einer doppelten Legitimitätsbedingung:

„Zum einen soll das fragliche Wirtschaften gegenüber den Betroffenen verantwortbar sein, zum anderen aber sollen auch deren Ansprüche auf Selbstbegrenzung des Akteurs im Lichte seiner legitimen Ansprüche auf existenzielle Selbstbehauptung zumutbar sein."[669]

---

662   Vgl. Ebenda.
663   Ulrich 2008, S. 66.
664   Ulrich 2008, S. 67.
665   Insbesondere folgendes Smith-Zitat zeige die Nähe Kants zur Moralphilosophie des Schotten: *„[...]so zu handeln, dass der unparteiische Zuschauer den Maximen seines Verhaltens zustimmen möchte[...]"*. Zitiert nach Ulrich 2008, S. 68.
666   Vgl. Ulrich 2008, S. 69.
667   Vgl. Ulrich 2000, S. 557.
668   Ebenda.
669   Ebenda. Ulrich verweist daneben auf Bausch, T.: Wirtschaft und Ethik. Notizen zu einem dialogischen Brückenschlag, in: Forum für Philosophie, Bad Homburg 1994 S. 26; Thiele-

Prinzipiell soll in Ulrichs Wirtschaftsethik ein lexikalischer Vorrang der Ethik vor der Ökonomie bestehen, oder wie er sagt, ein Vorrang *„einer verständigungsorientierten vor einer erfolgsorientierten Einstellung":*

> *„Verantwortungsbewusste Wirtschaftssubjekte werden so weit auf die weitere Verfolgung ihrer privaten Partikularinteressen verzichten, wie diese sich im ideellen Rollentausch als nicht verallgemeinerbar und damit als nicht legitimierbar erweisen. Soweit umgekehrt die Legitimationsbedingung nach bestem Wissen und Gewissen erfüllt ist, bleibt die Verfolgung privater Ziele und Interessen den Akteuren in einer offenen, freiheitlichen Gesellschaft freigestellt."*[670]

Die von Ulrich beschriebene Rangordnung von moralischen Gesichtspunkten und solchen des Eigeninteresses steht für nichts anderes als ein Primat der Ethik vor der Ökonomie. Trotzdem bedeute dieses Programm keinesfalls eine kategorische Ablehnung eigeninteressierten Handelns, erwidert Ulrich auf Kritik, sondern vielmehr eine *„ethisch orientierte Erfolgsorientierung".*[671]

Mit Adam Smith könnte man auch von *„wohlverstandenem Eigennutz"* sprechen. Unter der Bedingung, dass die Gerechtigkeit als Minimalmoral gewahrt bleibt, beurteilt Smith das Verfolgen des Eigeninteresses nicht als verwerflich sondern wünschenswert. Insofern trägt der Smith'sche Mensch soziale Verantwortung. In gleicher Weise nimmt Ulrich seinen Akteur in die ethische Pflicht. Zwar möchte er die ökonomischen Interessen mittels eines ethischen Diskurses legitimieren, doch die Idee der Theoretiker ist konvergent: Ulrich möchte die Ökonomie neuerlich unter das Vorzeichen der Moral stellen. Seinen Ausführungen zur Ethik kann man insofern bereits entnehmen wohin der Weg seiner Wirtschaftsethik gehen soll: Zurück zu den moralphilosophischen Wurzeln der Ökonomie bei Adam Smith.

2.3 Die Kritik der „ökonomischen Vernunft"

Gemäß der wirtschaftsethischen Programmatik von Peter Ulrich, bedarf es einer „Ergründung" der ökonomischen Sachlogik, bevor ihre ethische (Neu-)„Begrün-

---

mann, Ulrich, Integrative Wirtschafts- und Unternehmensethik als Reflexion des spannungsreichen Verhältnisses von Einkommensstreben und Moral, in: Beiträge und Berichte des Instituts für Wirtschaftsethik der Universität St. Gallen 1994, S. 9 ff.; Brune, J.P., Setzten ökonomische „Sachzwänge" der Anwendung moralischer Normen legitime Grenzen? In: Moral und Sachzwang in der Marktwirtschaft, Hrsg. Brune, J.P./Böhler, D./Steden, W., Münster, 1995, S. 87; Vgl. Ulrich 2000, S. 558.
670   Ebenda.
671   Ebenda.

dung" möglich ist. Daher besteht der erste Schritt in einer Auseinandersetzung mit dem Ökonomischen. Ulrich formuliert eine „Ökonomismuskritik".[672]

Wenn Ulrich über den Status quo der modernen Ökonomik spricht, dann meint er damit die „reine Ökonomik". Sie ist für ihn negativ besetzt, da sie in ihrer Verfasstheit dem Moralprinzip feindlich gegenübersteht. Mit der kritischen Grundlagenreflexion der „reinen Ökonomik" will Ulrich die systematischen Denkfehler der Wirtschaftstheorie in ihrem Grundsatz auflösen – oder wie er selbst sagt, das *„ökonomische Brett vor der Stirn"*[673] entfernen –, damit ihr Blick wieder frei wird für die Grundfragen des lebenspraktischen, vernünftigen Wirtschaftens.

Das Hauptproblem der „reinen Ökonomik" ist laut Ulrich, dass sie die Ethik für entbehrlich hält, woraus ihre normative Selbstgenügsamkeit resultiert:

„Ökonomik ist der Glaube der ökonomischen Rationalität an nichts als an sich selbst".[674]

Ulrich nennt drei Charakteristika der Ökonomik, die dem Ethischen widersprechen: Sie hat (1) eine Tendenz zur Verselbständigung, (2) zur Verabsolutierung und (3) zur normativen Überhöhung ökonomischer Gesichtspunkte.[675] Diese drei Charakteristika münden in zwei wechselseitig verschränkte Problemkreise: (1) Auf der einen Seite glauben die Ökonomen, dass die Wirtschaftstheorie eine wertfreie Wissenschaft ist. Deshalb bedarf sie in ihren Augen weder sozialverträglicher Prämissen, noch muss sie auf andere Sozialwissenschaften Rücksicht nehmen. (2) Auf der anderen Seite verabsolutieren die Ökonomen die Erklärungsleistung der reinen Wirtschaftstheorie, sprich, sie glauben mit ihrer Theorie sämtliche Fragen des Lebens klären zu können.[676] Das ökonomische Effizienzkriterium als Paradigma der reinen Ökonomik avanciert so zu einer normativen Idee und letztlich sogar zu einer Weltanschauung. In dieser Überhöhung ökonomischer Gesichtspunkte erkennt Ulrich den latent ideologischen Charakter der Ökonomik. Deshalb ist für ihn die reine Ökonomik auch die vorerst letzte und vielleicht wirkungsmächtigste Großideologie aller Zeiten; sie ist vielmehr „Ökonomismus" als „Ökonomie", denn sie mündet in eine Ideologie der reinen Marktgesellschaft.[677]

„Ökonomismus ist der Glaube der (nicht ganz) "reinen" ökonomischen Vernunft an nichts als an sich selbst. Diese erste Kurzumschreibung eines geistes- und dogmengeschichtlich voraussetzungsreichen Phänomens deutet nicht nur tief liegende

---

672 Vgl. Ulrich 2000, S. 600.
673 Ulrich 2008, S. 17.
674 Ulrich 2008, S. 137.
675 Vgl. Ulrich 2008, S. 17.
676 Vgl. Ulrich 2008, S. 137-138.
677 Vgl. Ulrich 2008, S. 17.

(krypto-) religiöse Hintergrundannahmen an, sondern auch die zirkelhafte Selbstgenügsamkeit eines neoklassisch geprägten, sich von philosophisch-ethischen Kategorien scharf abgrenzenden ökonomischen Denkstils."[678]

Peter Ulrich datiert den Moralverfall in die ökonomische Neoklassik. Während die Ökonomie bei den Klassikern der Wirtschaftstheorie noch Teil der Moralphilosophie und dadurch automatisch den Fragen der Ethik gegenüber aufgeschlossen war, entledigte sie sich in der ökonomischen Neoklassik ihrer ethischen Kategorien. Übrig geblieben sind ökonomisch-rationale Prämissen, die auf den ersten Blick den Anschein einer wertneutralen Sachlichkeit erwecken, weswegen man inzwischen auch in anderen Wissenschaftsdisziplinen auf ökonomische Denkschemata zurückgreift. Doch glaubt man blindlings an die Wertneutralität ökonomischer Kategorien liegt man einem Trugschluss auf, urteilt Ulrich.[679] Die selbstreferenziellen ökonomischen Denk- und Argumentationsstrukturen neigen zu einer normativen Überhöhung der ökonomischen Rationalität, wodurch sie in einen Widerspruch zur ethischen Vernunft geraten.

Ulrichs These lässt sich mit Blick auf die dargestellten Positionen der Ideengeschichte untermauern. Beckers Haushaltsproduktionstheorie liegt ein versteckt normativer Anspruch zu Grunde. Zwar postuliert Becker für seine Wirtschaftstheorie in neoklassischer Manier ein Wertfreiheitspostulat, doch indem er einerseits das menschliche Handeln auf rein ökonomische Prämissen beschränkt und andererseits an eine absolute Erklärungskompetenz seines Ansatzes glaubt, verkehrt sich das Wertfreiheitspostulat in sein Gegenteil: Weil sie alles erklären möchte, erhält die Ökonomik selbst normativen Charakter. Welche Tragweite dieser versteckt normative Anspruch der Becker'schen Theorie hat, konnte anhand Karl Homanns Wirtschaftsethik demonstriert werden: Homann glaubt mit Beckers Ökonomiebegriff ein wertfreies Analyseinstrument anzuwenden, deutet damit aber – mehr oder weniger – unwillentlich jedes Element seiner Wirtschaftsethik ökonomisch, wodurch der Ethik bereits a priori jede Chance genommen wird.

Entgegen dieser Deutung hält Peter Ulrich Karl Homann nicht für ein Opfer der Chimäre des Wertfreiheitspostulats, sondern identifiziert ihn selbst als den Übeltäter. Homann ordne ganz bewusst alles Menschliche dem Ökonomischen unter, weshalb dessen unkritischer Umgang mit faktischen Präferenzen nicht etwa eine *„vornehme ethische Neutralität"* bedeute, sondern *„einen strikten normativen Individualismus: Den Wirtschaftssubjekten sollen keine anderen Rationalitätsansprüche zugemutet werden als die kluge Verfolgung ihrer priva-*

---

678 Ulrich 2000, S. 559.
679 Eine detaillierte Darstellung dazu, was Ulrich unter der „normativen Überhöhung" der ökonomischen Rationalität versteht unter III.2.3 der angestellten Untersuchung.

ten Eigeninteressen; sie sollen daher von unmittelbaren Moralansprüchen restlos entlastet werden. "[680]

Die vorangestellte Analyse der wirtschaftstheoretischen Entwicklungsgeschichte gibt Peter Ulrich jedenfalls in zwei Punkten recht: Zum einen in der Feststellung, dass die reine Ökonomik eine Eigenlogik entwickelt hat, die nicht nur ethische Prämissen ausschließt, sondern sogar selbst normativen Charakter besitzt. Und zum anderen in seiner wirtschaftsethischen Programmatik, dieses Problem lösen zu wollen, bevor Ethik und Ökonomie versöhnt werden. Schließlich lag genau hier das Versäumnis von Karl Homann. Ulrichs erster wirtschaftsethischer Programmpunkt die *„kritische Grundlagenreflexion der normativen Kraft der Ökonomik, um ökonomische Denkzwänge aufzulösen"*[681], scheint daher prinzipiell eine sinnvolle Idee zu sein.

2.3.1 Die „Sachzwangthese" – Ulrichs Kritik am ökonomischen Determinismus

Ulrichs Kritik der ökonomischen Vernunft vollzieht sich in einem ideengeschichtlichen Rekurs auf die Entwicklungsgeschichte der Ökonomik. Der Wirtschaftsethiker bespricht einzelne Stationen der ökonomischen Theoriegeschichte mit dem Ziel, zwei problematische Thesen aufzulösen, die heute der „reinen Ökonomik" zugrunde liegen und eine Integration wahrer ethischer Gesichtspunkte schlicht unmöglich machen: Zum einen die „Sachzwangthese", die in der Aussage *„[...]der Markt zwingt uns[...]"* zum Ausdruck kommt. Und zum anderen die „Gemeinwohlthese" mit der Formel *„[...] aber es dient letztlich dem Wohle aller [...]".*[682] In diesen beiden Thesen sieht Ulrich den puren ökonomischen Determinismus und Reduktionismus, der in unmittelbarem Konflikt mit einer funktionalen Ethik steht.[683]

Prinzipiell herrscht am Markt die Situation, dass jeder Mensch mit seiner privaten Erfolgsstrategie unweigerlich einen Zwang auf seine Mitbewerber ausübt, ohne mit diesen persönlich zu interagieren.[684] Dieser Prozess erfolgt wechselseitig und wirkt weiter fort, sodass letztlich daraus unpersönliche Funktionsmechanismen resultieren.

---

680   Ulrich 2000, S. 558.
681   Ulrich 2008, S. 139.
682   Vgl. Ulrich 2008, S. 138.
683   Vgl. Ulrich 2008 S. 139.
684   Vgl. Ulrich 2008, S. 149.

*„Niemand ist persönlich der Wettbewerbszwang zurechenbar, es ist viel-
mehr die sich stets verändernde Konstellation aller Marktteilnehmer, Anbieter
wie Nachfrager, die auch alle zum skizzierten Verhalten zwingt."*[685]
Die allgemeine Ökonomisierung entpuppt sich in dieser Weise für den einzelnen Marktteilnehmer als anonymer Zwang, wettbewerbsfähig sein zu müssen.
Der Markt belohnt denjenigen, der kühl berechnend und ohne Berücksichtigung
ethischer Aspekte seinen individuellen Erfolg erhöht. An dieser Stelle skizziert
Ulrich nichts anderes, als die bestehende Dilemmasituation des Marktes wie sie
auch Homann in seiner Wirtschaftsethik beschreibt.

Aus der empirischen Situation, dass nun einmal aus dem Wettbewerb gewisse Zwänge resultieren, leiten Ökonomen die „Sachzwangthese" ab, so Ulrich.
Sie besagt, dass der wirtschaftende Mensch gar keine andere Wahl hat, als stets
sein eigenes Interesse zu verfolgen. Dabei handele es sich jedoch um eine ganz
bewusste Verkürzung des Problems von Seiten der Ökonomen: Auch wenn sicherlich niemand bestreiten würde, dass die *„resultierenden Sachzwänge des
Wettbewerbs real bestehen"*[686], so Ulrich, überhöhen die Ökonomen doch die
empirischen Bedingungen des Wettbewerbs zu einer unhintergehbaren normativen Vorgabe.[687]

*„So fatal es individuell, betriebs- und volkswirtschaftlich wäre, die Funktionslogik
des Marktes zu missachten, so wenig ist damit die pauschale normative Entscheidung für strikt marktrationales Handeln bzw. für die bedingungslose ordnungspolitische Entgrenzung von Markt und Wettbewerb gerechtfertigt."*[688]

Ulrich sieht die Vorstellung von einer Unabänderlichkeit des Zwangsmecha-
nimus kritisch, denn auf diese Weise wird der Erfolg letztlich zum alleinigen
Ziel menschlichen Handelns und das *„Wollen"* arriviert zu einem *„Müssen"*.[689]
Daher steckt für Ulrich hinter dem vermeintlichen *„Sachzwang"* ein veritabler
„Denkzwang", der von den Ökonomen in die Köpfe der Marktteilnehmer eingepflanzt wird.[690] Die Menschen werden gezwungen entgegen ihrer Lebensideale
einem kapitalistischen Ethos nachzulaufen. Auf diese Weise wird der freie Markt
zu einem *„lebenspraktischen Zwangszusammenhang"*[691].

---

685 Ebenda.
686 Ulrich 2000, S. 560.
687 Vgl. Ebenda.
688 Ebenda.
689 Vgl. Ulrich 2008, S. 151.
690 Die Positionen, welche die Wirtschaftsethik mit Verweis auf die Systembedingungen aus-
      schließen, nennt Ulrich auch diejenigen des „ökonomischen Determinismus". Vgl. Ulrich, Pe-
      ter 2008, S. 141/S. 162.
691 Ulrich 2000, S. 560.

Von ihrer „Sachzwangthese" wollen die Ökonomen deshalb nicht abrücken, weil sie ihnen in zweierlei Hinsicht von Nutzen ist: Zum einen rechtfertigt sie nämlich das moralfreie Verhalten der Wirtschaftssubjekte – schließlich lässt der Markt gar kein anderes Verhalten zu. Und zum anderen dient sie dazu, einschneidende Eingriffe vonseiten der Ethik erfolgreich abzuwehren – schließlich muss alles Außerökonomische mit dem Marktmechanismus kollidieren. In dieser Weise sorgt die Sachzwangthese nach Ansicht Ulrichs für einen „Reflexionsabbruch" bei den Ökonomen.[692]

Statt den empirischen Zwangszusammenhang zu einem Denkzwang zu überhöhen, möchte Ulrich die realen Zwänge des Marktes mittels einer *„Sachzwangsbegrenzungspolitik"* einschränken, damit Freiräume für individualethisches Verhalten entstehen können. Es soll dem „Wollen" wieder eine Tür geöffnet werden. Denn wer individualethisches Verhalten prinzipiell als *„unmögliche Zumutung abtut, der stellt sich außerhalb eines ernsthaften wirtschaftsethischen Diskurses."*[693]

Den ideengeschichtlichen Ursprung der Sachzwangthese datiert Ulrich bei Adam Smith. Diese markiere einen Wendepunkt in der ökonomischen Theoriegeschichte, von der vormodernen Wirtschaftslehre aristotelischer Prägung hin zur „reinen Ökonomik". Während von Aristoteles bis Smith noch alles Wirtschaftliche zugleich Wirtschaftsethik war, weil das Wirtschaftssystem insgesamt noch von allgemeingültigen ethischen Normen und tradierten Werten durchzogen war, befindet sich die Ökonomie seit Smith immer mehr in einem Widerspruch zur Ethik, erklärt Ulrich.[694] Da Smith das Scharnier zwischen diesen beiden Vorstellungen darstellt, könne man in seinem Denken zwar noch Relikte der „guten" aristotelischen Ökonomie ausmachen, doch fänden sich bei ihm schon die Vorboten der „reinen Ökonomik". Mit seinem WN eröffnete der Schotte eine neue Dimension der wirtschaftlichen Denkwelt: Erstmals in der Theoriegeschichte beschrieb Smith im WN die Ökonomie als unabhängigen Systemmechanismus, der auf der Vorstellung basiert, dass der unpersönlichen Eigengesetzlichkeit des Marktes nicht intendierte, kumulative Folgen entspringen, die ganz sachlich als unpersönlicher Zusammenhang gedeutet werden können, so Ulrichs Einschätzung.[695] Dass Smith heute der Referenzpunkt für zahlreiche Ökonomen ist, die den zwanghaften Mechanismus des Marktes nachweisen wollen, ist nach Ansicht Ulrichs somit kein Zufall. Es liege sogar nahe, weil

---

692 Vgl. Ulrich 2008, S. 141. Das genannte Problem zeige sich deutlich in Homanns Wirtschaftsethik, so Ulrich. Homann konstatiere: *„Die Akteure sollen sich systemkonform verhalten."* Vgl. Homann/Bloome-Drees 1992, S. 51. Zitiert nach Ulrich 2008, S. 161.
693 Ulrich 2000, S. 560.
694 Vgl. Ulrich 2008, S. 142.
695 Vgl. Ulrich 2008, S. 143/153.

Smith die Ökonomie als eigenen Bereich mit einer eigenen Funktionslogik beschreibt. An dieser Stelle scheint Ulrich Adam Smith ähnlich zu deuten wie Karl Homann, der sich explizit auf Smith bezieht, wenn er seine These von der Dilemmastruktur der Wirtschaft entfaltet. Beide Wirtschaftsethiker sehen den Sachzwang des Marktes bei Smith angelegt. Doch Ulrichs Standortbestimmung des Smith'schen Denkens zielt nicht wie bei Homann darauf ab, den Marktzwang in der schottischen Wirtschaftstheorie nachzuweisen, sondern damit will er erklären, warum sich Autoren wie Homann zur Rechtfertigung der „Sachzwangthese" überhaupt auf Smith berufen können.

Was die konkreten Erläuterungen zur Sachzwangthese anbelangt, bleiben die Unterschiede zwischen Homann und Ulrich jedoch unscharf. Es scheint als würde Ulrich auf komplizierten Wegen zur gleichen Schlussfolgerung wie Homann gelangen. Prinzipiell sind sich die Autoren darin einig, dass aus der Wettbewerbsordnung reale Zwänge resultieren. Homann ist der Ansicht, dass die Zwänge individualethisches Handeln verhindern. Deshalb soll die Ordnungspolitik dem Wettbewerb einen Rahmen setzen um Freiräume für *„moralische Innovatoren"* zu schaffen.[696] Ulrich hingegen vertritt die Position, dass nicht der reale Zwangscharakter des Marktes moralisches Handeln unmöglich macht, sondern vielmehr die Behauptung der Ökonomen, dass diese Zwänge unüberwindbar sind. Ulrich möchte den „Sachzwang" als „Denkzwang" entlarven. Letztlich verweist aber auch er auf ordnungspolitische Maßnahmen – eine „Sachzwangsbegrenzungspolitik" –, um den Zwangscharakter des Marktes einzudämmen. Im Ergebnis unterschieden sich die Positionen der Autoren somit kaum: Ohne Ordnungspolitik zur Gestaltung ethischer Freiräume ist moralisches Handeln unter Wettbewerbsbedingungen offensichtlich nicht möglich. Dass auch Ulrich die Sachzwangsproblematik letztlich ordnungspolitisch lösen will, wirkt sich auf die Überzeugungskraft seines Ansatzes aus. Denn würde es sich tatsächlich um einen Denk- statt einen Sachzwang des Marktes handeln, müsste er keine Institutionen zur Lösung des Problems einsetzen, sondern lediglich die Denkfesseln der Menschen lösen, dass diese eigeninitiativ die Moral in den ökonomischen Funktionsmechanismus einbringen können.

---

696 Dass Homanns Verweis auf „moralische Innovatoren" angesichts seiner konsequenten Fokussierung auf rein ökonomische Verhaltensmuster problematisch ist, wurde unter III.1.4 bereits diskutiert.

2.3.2 Die „Gemeinwohlthese" – Ulrichs Kritik des ökonomischen Reduktionismus

Die „Sachzwangthese" sorgt nach Ansicht Ulrichs somit einerseits dafür, dass der Mensch in der Ökonomie von allen moralischen Verpflichtungen freigesprochen werden kann, und andererseits dafür, dass für die Ethik innerhalb der ökonomischen Sachlogik kein Platz bleibt.

Die „Gemeinwohlthese" beruhe indes auf der Vorstellung, die „ethisch-normative Logik der Zwischenmenschlichkeit" lasse sich restlos in der „ökonomisch-normativen Logik des Vorteilstausches" aufheben – oder anders ausgedrückt: Ulrich meint, dass die moderne Ökonomik das Moralprinzip durch das Marktprinzip ersetzt.[697] Gemäß der „Gemeinwohlthese" birgt also die Ökonomie nicht das Problem, sondern sie ist die Lösung aller ethischen Probleme.[698] Dabei gehen die Ökonomen sogar noch einen Schritt weiter: Sie halten aus paradigmatischen Gründe die unpersönliche Funktionslogik des Marktes und die ökonomischen Argumentationsstrukturen für die bessere Gewährsinstanz der Moral als den Menschen, denn der Marktmechanismus ist prognostizierbar und kalkulierbar, während das Verhalten des Menschen bisweilen unzuverlässig ist.[699]

Den dogmengeschichtlichen Ursprung der „Gemeinwohlthese" macht Ulrich neuerlich in der Smith'schen Wirtschaftstheorie aus, schließlich sorgte bei ihm die „unsichtbare Hand" für eine ethische Wirkung des Systems. Anders als in der modernen Ökonomik hänge die Smith'sche Gemeinwohlthese allerdings von ethischen Prämissen ab. Bei ihm basiert die ethische Wirkung des Marktes auf einer umfassenden metaphysischen und philosophischen Begründung – die Smith'sche Idee von einer gemeinwohlfördernden Wirkung der Ökonomik entspringt also dem Glauben an eine gute, gottgewollte Ordnung. In ihr hat jede menschliche Verhaltensweise ihren Platz und ihren Sinn; das gilt in besonderem Maße für das Erfolgsstreben des Menschen. Trotzdem stehe am Anfang der Smith'schen Wirtschaftstheorie ein äußerst komplexes Menschenbild. Darin erscheine das Wirtschaftssubjekt als „Bürger"[700], der einerseits als moralische Person über einen starken Gerechtigkeitssinn verfügt und andererseits als wohl ausgestatteter Besitzbürger sein wirtschaftliches Interesse verfolgt.[701] Hier han-

---

697 Vgl. Ulrich 2000, S. 561.
698 Vgl. Ebenda.
699 Vgl. Ebenda.
700 Dass Ulrich den Smith'schen Wirtschaftsmenschen als „Bürger" bezeichnet, ist für die hier angestellte Untersuchung von besonderem Interesse, weil Ulrich später, wenn er sein wirtschaftsethisches Konzept entfaltet, an den Menschen als „Wirtschaftsbürger" appelliert. Insofern stützt diese Tatsache die Auffassung, dass Ulrich mit seiner Wirtschaftsethik zum ökonomischen Denken von Adam Smith zurückkehrt.
701 Vgl. Ulrich 2008, S. 181.

delt es sich laut Ulrich um zwei konträre Facetten des Menschen, deren Synthese im protestantischen Wirtschaftsethos ihre Erklärung finden, nämlich in der Vorstellung, dass der Schöpfer aus gutem Grund einem der Seinigen eine Gewinnchance eröffnet. Gleichwohl steht für Ulrich fest: Indem Smith das anonyme, am eigenen Nutzen ausgerichtete Erfolgsstreben in die göttliche Ordnung integriert, wertet er diese Verhaltensweise erstmals in der Theoriegeschichte als ethisch richtig und macht so die Ökonomie selbst zu einem Ort der Moral. Damit legte Smith den Grundstein für die „Gemeinwohlthese", auch wenn er für sie noch „gute" Gründe anführt. Genauso wie die „Sachzwangthese" erlaubt daher die „Gemeinwohlthese", eine Bezugnahme auf Smith' Denken auch wenn sie bei ihm in der Form nicht anzutreffen ist.

Natürlich könne sich die moderne Ökonomik und mit ihr der methodische Ökonomismus heute nicht mehr mit dem Verweis auf die vormoderne Metaphysik des Marktes à la Smith begnügen, meint Ulrich. Zum einen, weil der Glaube an eine gottgewollte Marktordnung nicht mehr zeitgemäß ist und zum anderen, weil es der modernen Ökonomik an ethischen Prämissen fehlt. Deshalb spreche man in der modernen Ökonomik dem Marktprinzip einfach selbst eine ethische Wirkung zu, während die unmittelbare Beachtung des Moralprinzips durch die Wirtschaftssubjekte als unnötig qualifiziert wird.[702]

Diese, wie er sie nennt, methodisch-ökonomistische Wende der „Gemeinwohlthese" möchte Ulrich ethisch kritisch durchleuchten.[703]

Die moderne Begründung der „Gemeinwohlthese" arbeite mit drei axiomatischen Elementen: 1) dem Konzept des methodologischen Individualismus, 2) dem tauschvertraglichen Gesellschaftskonzept und 3) einem entsprechenden Konzept „liberaler" Politik.[704]

1) Als erstes Begründungselement der „Gemeinwohlthese" nennt Ulrich den methodologischen Individualismus, der seines Erachtens weit über die triviale Annahme, dass sich soziale Phänomene nur vom Denken und Handeln der Individuen her erklären lassen, hinausgeht.[705]

„Er impliziert als axiomatisch eingeführte Rationalitätsunterstellung (also nicht als empirische Behauptung) ein rein ökonomisches, interessenbasiertes Verhaltensmodell, eben das des strikt seinen Eigennutz maximierenden H.O."[706]

Bei Homo oeconomicus handele es sich um einen klugen Burschen, so Ulrich, allerdings ohne jeden Sinn für zwischenmenschliche Beziehungen.[707] In der

---

702 Vgl. Ulrich 2000, S. 561.
703 Vgl. Ebenda.
704 Vgl. Ebenda.
705 Vgl. Ulrich 2000, S. 562.
706 Ebenda.
707 Vgl. Ebenda.

Isolation des Handlungssubjekts entdeckt Ulrich indes das Grundproblem des modernen Ökonomismus, denn seines Erachtens nach ist der Diskurs über legitime Ansprüche der Akteure und damit die Zwischenmenschlichkeit eine Grundvoraussetzung guten Wirtschaftens. Die Denkweise des methodologischen Individualismus hingegen beginnt mit dem isolierten Individuum, der soziale Zusammenhang ergibt sich später als Zufallsprodukt individueller Nutzenkalküle. Ulrichs Diagnose korrespondiert mit dem Ergebnis des wirtschaftstheoretischen Rekurses: Die Dekonstruktion der Moral in der Ökonomie steht in unmittelbarem Zusammenhang mit der sukzessiven Isolation des Wirtschaftssubjekts. Ulrich deutet die Isolation des Akteurs indes als ein direktes Produkt des methodologischen Individualismus und nicht als sukzessiven Prozess.

2) Auf dem methodologischen Individualismus basiert das zweite Element der „Gemeinwohlthese" – das tauschvertragliche Gesellschaftskonzept:

> *„Auf Basis des methodologischen Individualismus kommt es zur Vergesellschaftung zwischen Individuen allein auf dem Wege des wechselseitigen Vorteilstausches – oder gar nicht. Die gesamte Logik der sozialen Interaktion in Gesellschaft und Politik wird somit nach dem paradigmatischen Modell eines Tauschvertrags am Markt gedacht."*[708]

Gemäß dem Vertragsmodell resultiert aus den strikt eigeninteressierten Vertragsverhandlungen ein allgemein bester Zustand. Die allgemeine Vorteilhaftigkeit wird hier mit dem Gemeinwohl gleichgesetzt. So passiere es, meint Ulrich, dass das Gemeinwohl auf das „Pareto-Optimum" und die Legitimität auf das Effizienzkriterium verkürzt werden.

Bestätigung findet Ulrich in Buchanans Ausspruch: *„This Pareto rule is itself an ethical proposition."*[709]

Glaubt man Buchanan, scheint die ökonomische Quadratur des ethischen Kreises gelungen, so Ulrich, denn eine ethisch-normative Logik der Zwischenmenschlichkeit als gesellschaftliches Ordnungsprinzip ist in diesem Zusammenhang überflüssig, leistet doch der Vorteilstausch bereits alles Nötige. Am Beispiel Buchanan zeigt Ulrich, was im Rahmen des ideengeschichtlichen Rekurses anhand der Becker'schen Theorie nachgewiesen wurde: Das Effizienzkriterium avanciert zum Maßstab legitimen Handelns. Gleichzeitig spricht Ulrich den imperialistischen Charakter der Ökonomie an, indem er konstatiert, dass das Effizienzkriterium auf sämtliche Interaktionssituationen – in Gesellschaft und Politik – anwendbar ist.

---

708   Ebenda.
709   Buchanan 1987, S. 4; zitiert nach Ulrich 2000, S. 562.

3) Als drittes Begründungselement der Gemeinwohlthese nennt Ulrich den „politischen Ökonomismus". Er versinnbildliche den ideologischen Charakter der modernen Ökonomie: Indem ökonomische Denkweisen und Argumentationsstrukturen zur Ordnung der Gesellschaft verwendet werden, kommt es zu einer Abwehr des Primats der politischen Ethik vor der Logik des Marktes. Dies führe letztlich zu einer Rechtfertigung eines marktradikalen Neoliberalismus, so Ulrich weiter. Die Wahrung der Besitz- und Eigentumsrechte der Akteur wäre dann die einzige Aufgabe des Staates und die Effizienz des Marktes avanciert zum normativen Kriterium der Wirtschaftspolitik.

„Dementsprechend werden gestaltende politische Eingriffe nach ethischen Gesichtspunkten, insbesondere jede sozialstaatlichen Umverteilung, in aller Regel abgelehnt, soweit sie als effizienzmindernd eingestuft werden."[710]

Alles in allem möchte Ulrich mit seinen Explikationen zur „Gemeinwohlthese" zeigen, dass der Ökonomismus, der blindlings jede Frage der Zwischenmenschlichkeit durch den Vorteilstausch und ökonomischen Interessenaustausch ersetzt, normativen Charakter besitzt, da er sich inzwischen in alle Bereiche des Lebens ausbreitet. Ulrich ist der Ansicht, dass sich hinter dem methodischen Ökonomismus eine Sozialphilosophie verbirgt, der es um die strikt individualistische Fundierung und Eingrenzung aller Wirtschafts- und Gesellschaftspolitik geht.[711]

„Er ist letztlich nichts anders als die idealtheoretische Entfaltung des normativen Besitzindividualismus und seiner Logik der bedingten Vergesellschaftung mit anderen – der normativen Logik des Marktes."[712]

Ulrich entlarvt den Ökonomismus als verkappte Sozialphilosophie die auf eine Individualisierung der Gesellschaft drängt und deutet somit die Individualisierung als Auswuchs der Ökonomisierung. Betrachtet man diese Aussage im Kontext von Ulrichs Ansatz – die Wirtschaftsethik aus einer lebensweltlichen Perspektive zu entwickeln – wird sein gesellschaftstheoretischer Standpunkt transparent: Für ihn ist die Gesellschaft ihrem Grundsatz nach ein sozialmoralisches Gefüge, das durch die Ökonomisierung bedroht wird.

Mit Blick auf die beiden angestellten ideengeschichtlichen Rekurse wäre indes die umgekehrte Schlussfolgerung zu ziehen, dass es sich bei der Dekonstruktion der Moral in der Ökonomie und dem Siegeszug des Individuums über die Belange der Gemeinschaft um Parallelentwicklungen handelt, die sich unabhängig voneinander vollzogen und somit unterschiedliche Ursachen haben. Die spezifischen Wechselwirkungen zwischen den beiden Prozessen – welchen Einfluss die ökonomischen Denkmuster letztlich auf den gesellschaftstheoreti-

---

710 Ulrich 2000, S. 562.
711 Vgl. Ebenda.
712 Ulrich 2000, S. 562-563.

schen Blick hatten bzw. inwieweit sich die Emanzipation des Individuums von seiner sozialen Einsicht auf die Dekonstruktion der Moral in der Ökonomie auswirkte – lassen sich an dieser Stelle nicht abschließend klären. Doch es stehe fest, dass sich das wirtschaftsethische Grundproblem nicht allein durch eine Durchdringung der ethischen Sachlogik aus dem Blickwinkel der Lebenswelt beheben lässt. Eine gesonderte Reflexion auf die gesellschaftstheoretischen Prämissen wäre erforderlich.

2.4. Vernünftiges Wirtschaften aus dem Blickwinkel der Lebenswelt

2.4.1 Die „Sinn-" und die „Legitimationsfrage" in der Wirtschaftsethik

Wie eingangs erwähnt, ist Ulrich der Auffassung, dass mit dem Ökonomiebegriff der „reinen Ökonomik" keine Wirtschaftsethik konzipiert werden kann, weil ihr der richtige Maßstab fehlt. So gehe es bei der „reinen Ökonomik" ausschließlich um ökonomische Werte – allem voran um die ökonomische Rationalität. Nachdem diese nun durch die zuvor angestellte „Ökonomismuskritik" wieder offen ist für den Dialog mit der Ethik, beginnt Ulrich seine ethische „(Neu-)Begründung" mit einer Neudefinition des Ökonomiebegriffs:

„Wirtschaften heißt Werte schaffen – Wertschöpfung".[713]

Mit dieser Definition möchte Ulrich klarstellen, dass es in der Ökonomie um den wahren *Wert* des Wirtschaftens geht, nämlich um den Wert, den es für jeden Menschen besitzt. Maßstab des Wirtschaftens ist damit die Lebensdienlichkeit bzw. die menschliche Lebensqualität.[714] Diese Definition soll die Ökonomie neuerlich an ihre ursprüngliche, ethisch-qualitative Bedeutung binden. Nach Ansicht Ulrichs lässt sich nur unter Verwendung eines ethisch aufgeschlossenen Ökonomiebegriffs die Wirtschaft ethisch rehabilitieren.

An diesem Punkt stellt sich die Frage, welche Werte das sein sollen bzw. wie sie ermittelt und implementiert werden sollen.[715] Ulrich gliedert das Problem in zwei elementare Fragen, die er nacheinander beantwortet: Er stellt sich (1) die „Sinnfrage", in der es um die „humane Erfüllungsrichtung" des Wirtschaftens geht, und (2) die „Legitimationsfrage", die die normativen Voraussetzungen und die daraus resultierenden sozialen Regeln des Wirtschaftens thematisiert.[716] Ulrich möchte die reine ökonomische Sachlogik aufbrechen und eine neue „*sozial-*

---

713 Ulrich 2008, S. 217.
714 Vgl. Ebenda.
715 Vgl. Ulrich 2008, S. 218.
716 Vgl. Ebenda.

ökonomische Rationalitätsperspektive" eröffnen mit dem Ziel, die Effizienz des Wirtschaftens wieder in eine vernünftige Beziehung zu lebenspraktischen Gesichtspunkten und der Gerechtigkeit zu setzen.[717]

(1) Die Klärung der „Sinnfrage des Wirtschaftens" ist der erste Schritt zur Etablierung einer ethisch richtigen Wirtschaftsweise – Ulrich nennt sie die erste *„Grundfrage wider den Ökonomismus"*.[718] Sie soll den *„ökonomistischen Zirkel"* durchbrechen, indem sie den Zweck des Wirtschaftens in der reinen Ökonomie, die Nutzenmaximierung, in Zweifel zieht.[719]

Dazu müssen zwei Voraussetzungen erfüllt sein: Zum einen sollte sich jeder Mensch darüber im Klaren sein, wie er im Wirtschaftsleben als reflektierendes Wirtschaftssubjekt in verantwortlicher Weise handeln möchte.[720] Ulrichs Ansatz setzt somit voraus, dass der Mensch die neue kultivierte Wirtschaftsform will und eigenständig darüber nachdenkt, welchen Beitrag er dazu leisten kann. Zum anderen bedarf es eines geeigneten ordnungspolitischen Rahmens, damit sich die lebensdienliche Wirtschaftsform durchsetzen kann.

Der Sinn der Wirtschaft entfaltet sich auf zwei Stufen: Auf der ersten, erfüllt sie einen *„essentiellen Sinn"*, der in der Versorgung aller Menschen mit dem Lebensnotwendigen besteht. Die Leitidee einer Volkswirtschaft sollte daher sein, die Existenznöte der Menschen zu beseitigen, so Ulrich.[721] Auf der zweiten Stufe, erfüllt die Wirtschaft einen *„fortgeschrittenen Sinn"*, der in der *„Erweiterung der Lebensfülle der Menschen"* besteht. Damit meint Ulrich, ganz i.S. der aristotelischen Wirtschaftslehre, dass die Ökonomie ihrem Ursprung nach eben kein Selbstzweck sein darf, sondern dafür gedacht ist, den Mensch von seinen ökonomischen Zwängen zu lösen, um ihn frei zu machen, für spezifisch menschliche Dinge. Der höhere Sinn des Wirtschaftens liegt nicht im Wirtschaftlichen, sondern im Lebensweltlichen. Ulrich stellt also, ganz nach dem Motto *„Sein statt Haben"*, den lebensweltlichen Sinn über den Konsum.[722]

Derzeit sieht das in der Realität jedoch anders aus: Paradoxerweise macht sich mit steigendem Wirtschafswachstum das Gefühl der Knappheit bei den Menschen breit, da immer mehr Konsumgüter auf den Markt drängen, die neue Begehrlichkeiten wecken.[723] Auf diese Weise verfehlt der reale ökonomische Fortschritt immer mehr seinen ursprünglichen, kulturellen Sinn.[724] Indes hat der Mensch nach Ansicht Ulrichs kaum eine Möglichkeit, sich aus diesen Zwängen

---

717 Vgl. Ulrich 2008, S. 219.
718 Ulrich 2008, S. 222.
719 Vgl. Ulrich 2008, S. 222.
720 Vgl. Ulrich 2008, S. 223.
721 Vgl. Ulrich 2008, S. 228.
722 Vgl. Ulrich 2008, S. 235.
723 Vgl. Ulrich 2008, S. 235.
724 Vgl. Ulrich 2008, S. 239.

zu lösen, denn diejenigen, die über einen gewissen Punkt des wirtschaftlichen Erfolgs nicht hinauskommen oder dem maßlosen Konsum verweigern, gehören unweigerlich zu den Verlierern des Systems.[725]

Zur Überwindung der Disparität zwischen dem Ideal der Sinnfindung und der ökonomischen Realität schlägt Ulrich vor, dass *„sich alle Individuen gemeinsam je partiell aus den Zwängen des Wettbewerbs emanzipieren"*.[726] Ziel ist es, die allgemeinen Lebensbedingungen so zu verändern, dass alle Menschen die Möglichkeit haben, sich ihre notwendige Lebensgrundlage selbstständig zu erwirtschaften und darüber hinaus ihrem individuellen Lebensideal nachzugehen.[727] Hierfür hält Ulrich drei politische Regelungen für nötig: (1) Eine *„neue, emanzipatorische Zeitpolitik"*, womit *„die partielle Befreiung der persönlichen Lebenszeit durch die Verkürzung der Lebensarbeitszeit"* gemeint ist. (2) Eine *„neue, emanzipatorische Arbeitspolitik"*, also keinen Full-Time-Job mehr für jedermann, stattdessen *„eine realistische Reduktion der notwendigen Arbeit"*. (3) Und eine *„neue, emanzipatorische Sozialpolitik"*, die eine ökonomische Grundsicherung und eine Strukturpolitik umfassen soll, die präventiv im Fall der Erwerbsunfähigkeit einsetzt.[728] Ulrich erachtet die drei genannten strukturellen Reformen für unentbehrlich, damit die Menschen ein selbstbestimmtes gutes Leben entfalten können.[729]

(2) Die „Legitimationsfrage" baut argumentativ auf Ulrichs Kritik an der „Gemeinwohlthese" auf. In seiner Auseinandersetzung mit der „Gemeinwohlfiktion" kommt Ulrich zu dem Ergebnis, dass die Sachlogik der reinen Ökonomik jeder ethischen Legitimation entbehrt. Eine ethisch-legitime Wirtschaftsordnung muss also erst noch etabliert werden. Auch hierfür müssen zwei Voraussetzungen erfüllt sein: Die erste Vorbedingung lautet, dass der Mensch als „moralische Person" handelt. Ebenso wie bei der „Sinnfrage" wird wieder deutlich, dass am Anfang der Ulrich'schen Wirtschaftsethik eine individualethische Initiative steht. Ulrich insistiert darauf, dass der Mensch über einen „guten Willen" verfügen und die Gerechtigkeit die Richtlinie seines Handelns darstellen sollte, denn nur moralische Personen mit einem ausgeprägten Gerechtigkeitssinn können aus sich selbst heraus, als Wirtschaftssubjekte, ein Interesse an der Legitimität ihres Handelns entwickeln.[730]

Allerdings gesteht Ulrich ein, dass das ökonomische System auch den Gerechtigkeitssinn einer gefestigten moralischen Person durchaus überfordern

---

725   Vgl. Ulrich 2008, S. 243.
726   Ulrich 2008, S. 246.
727   Vgl. Ulrich 2008, S. 246.
728   Vgl. Ulrich 2008, S. 248.
729   Vgl. Ulrich 2008, S. 248.
730   Vgl. Ulrich 2008, S. 252.

kann. Deshalb bedarf es einer zweiten Voraussetzung, um das „gute" Wirtschaftssystem schaffen zu können: Es müssen öffentlich anerkannte, gerechte Institutionen etabliert werden, die dafür sorgen, dass die drei Leitideen einer gerechten Wirtschaftsordnung umgesetzt werden können. Die drei Leitideen lauten: Es darf niemand diskriminiert werden, es darf keine Willkür herrschen, und parasitäres Trittbrettfahrerverhalten darf nicht zum Normalfall werden.[731]

Die Lösung der „Legitimationsfrage" findet Ulrich also in einem Wechselspiel zwischen der Gerechtigkeit als personale Tugend und der institutionellen Grundstruktur. Unverkennbar ist die immense Bedeutung, die Ulrich der personalen Tugend als Ausgangspunkt seines Ethikkonzeptes zumisst, ohne sie lassen sich weder gerechte Institutionen etablieren noch vernünftige Gesetze beschließen.[732] Der Mensch als moralischer Verantwortungsträger spielt die Hauptrolle in Ulrichs Wirtschaftsethik: Indem sich der Mensch am „Denken orientiert", soll er sich aus den ungerechten ökonomischen Zwängen selbst befreien.[733] Der Mensch soll sich zu einem „Wirtschaftsbürger" entwickeln. Unter dem Begriff „Wirtschaftsbürger" versteht Ulrich eine moralische Person, die an der Legitimität ihres eigenen Wirtschaftens ebenso wie an dem der anderen Wirtschaftssubjekte interessiert ist und zu deren Selbstverständnis eine entsprechende Wirtschaftsbürgertugend gehört.[734] Solche Wirtschaftsbürger begreifen die unbedingte Wahrung des Bürgerstatus aller Gesellschaftsmitglieder als ebenso grundlegende Legitimitätsbedingung einer liberalen Wirtschafts- und Gesellschaftsordnung wie die Chancengleichheit aller Wirtschaftssubjekte.[735] Die konkrete Ausgestaltung der Grundrechte der Bürger ist nach Ansicht Ulrichs die Sache

„des öffentlichen Vernunftgebrauchs in der offenen Kommunikationsgemeinschaft mündiger Staats-, Wirtschafts- und Weltbürger, die bereit sind, Mitverantwortung für den Zustand der öffentlichen Ordnung zu übernehmen".[736]

Mit anderen Worten: die Wirtschaftsbürgerrechte entstehen in einem allgemeinen Diskurs; nicht anders sollen übrigens alle ethisch-politischen Fragen der Gesellschaft und Wirtschaft in einem offenen Diskurs gelöst werden. Ulrich nimmt mit dieser Forderung Habermas offensichtlich beim Wort. Das wird bereits in Ulrichs allgemeinen Ausführungen zur Diskursethik deutlich, wenn er schreibt, dass die kritische Öffentlichkeit der letzte Ort der Moral in einer freiheitlich-demokratischen Gesellschaft mündiger Bürger ist.[737] Doch wie bereits

---

731 Vgl. Ulrich 2008, S. 252/253.
732 Vgl. Ulrich 2008, S. 253.
733 Vgl. Ulrich 2008, S. 255.
734 Vgl. Ulrich 2008, S. 282.
735 Vgl. Ebenda.
736 Ulrich 2008, S. 308.
737 Vgl. Ulrich 2008, S. 98-99.

gesagt, reicht die Wirtschaftsbürgerethik alleine noch nicht aus, um die „Legitimitätsfrage" – und damit die Frage nach der Ethik in der Wirtschaft – zu lösen. Dazu bedarf es einer entsprechenden Rahmenordnung, ohne die, so Ulrich, keine Wirtschaftsethik auskommen kann.

2.4.2 Der Ort der Moral in der Wirtschaft

Am Ende jeder wirtschaftsethischen Konzeption muss der „Ort der Moral" festgelegt werden. Wie dargestellt, verortet Karl Homann die Ethik ausdrücklich in der Rahmenordnung des Marktes, er plädiert also für eine Institutionenethik. Zwar möchte Homann dem Individuum mit der „Regeltreue" eine minimale individualethische Kompetenz zusprechen – um zu erklären warum sich ein Individuum überhaupt an die Regeln hält –, doch auch das ist letztlich nichts anderes als ein ökonomisches Kalkül. Das ergibt sich aus Homanns eigener Begründung: Die ethischen Regeln sollen ökonomische Anreize darstellen; der Mensch hält sich an die Regeln, weil es für ihn vorteilhaft ist. Insofern kommt Homanns Institutionenethik tatsächlich ohne Individualethik aus.

Ulrich hält es nicht für möglich, eine Wirtschaftsethik ohne Individualethik zu konzipieren.[738] Er plädiert für eine dialektische Wechselbeziehung zwischen Individual- und Institutionenethik. Einerseits sollen die Institutionen die Menschen vor moralischen Dilemmasituationen bewahren, indem sie Freiräume für moralisches Handeln schaffen und andererseits sollen die freien und gleichen Wirtschaftsbürger diese Institutionen etablieren und die ethischen Freiräume ausfüllen.[739] Die Aufgabe der Institutionen ist es, die Wirtschaftsbürger in ihrem tugendhaften Verhalten zu unterstützen, denn ohne sie würde der gute Wille der verantwortungsbewussten Wirtschaftsbürger „ortlos" bleiben, so Ulrich.[740]

Wie bereits angesprochen ist Ulrichs Rückgriff auf die Institutionen um moralische Handlungsspielräume zu ermöglichen angesichts seines breit angelegten vernunft- und diskursethischen Ansatzes doch überraschend. Denn Ulrichs Ethikkonzept ist auf eine selbstständige Lösung des wirtschaftsethischen Grundproblems angelegt. Vor allem aber zieht Ulrichs Verweis auf die Institutionen neuerlich die Plausibilität seiner „Denkzwangthese" in Zweifel, die er im Rahmen seiner Ökonomismuskritik entwickelt hat. Mit ihr hatte Ulrich versucht, die Vorstellung, dass der Wettbewerb den Menschen an individualmoralischem Handeln hindert – sprich, dass in der Wirtschaft ein Sachzwang herrscht – als Denkzwang zu entlarven. Im späteren Verlauf seiner Argumentation muss Ulrich

---

738 Vgl. Ulrich 2008, S. 309.
739 Vgl. Ulrich 2008, S. 310.
740 Vgl. Ulrich 2008, S. 311.

diese These jedoch aufgeben. Wenn es um die praktischen Vorschläge zur Lösung der „Sinn-" und „Legitimationsfrage" geht, kommt Ulrich immer wieder auf die Rolle der Institutionen zu sprechen, die angesichts der bestehenden Wettbewerbsstruktur dabei helfen sollen, Freiräume für moralisches Handeln zu schaffen. Damit gesteht er indirekt ein, dass der „Zwangmechanismus" der Marktwirtschaft durchaus den Menschen an moralischem Verhalten hindern kann. Dieses Eingeständnis spielt für die Konzeption einer Wirtschaftsethik durchaus eine wichtige Rolle, weshalb der Gedanke im folgenden Gliederungspunkt noch einmal aufgegriffen wird.

Formal lässt sich an dieser Stelle jedenfalls sagen, dass Ulrich durch seinen Rückgriff auf eine Institutionenethik im Ergebnis weniger weit von seinem Opponenten Karl Homann entfernt ist als man glauben könnte. Auch Homann entwirft eine Institutionenethik – moralische Spielregeln –, um moralisches Verhalten zu ermöglichen, gleiche Aussage ließe sich auch über Ulrichs Konzept treffen. Freilich sind die Ideen, die hinter diesen Aussagen stehen, grundverschieden, trotzdem ist die genannte formale Entsprechung bemerkenswert.

Alles in allem ergeben sich drei „Orte der Moral" in der Ulrich'schen „integrativen Wirtschaftsethik":

(1) Der erste Ort ist die bereits erläuterte individualethische Ebene in Gestalt einer „Wirtschaftsbürgerethik": Der Mensch als Wirtschaftsbürger trägt moralische Verantwortung für sein Handeln und die Gesellschaft. Ulrich entwickelt seine „Wirtschaftsbürgerethik" in Anlehnung an John Rawls, der seiner Meinung nach vorbildhaft gezeigt hat, wie sich Bürger- und Gemeinsinn im Rahmen einer liberalen und demokratischen Ordnung formen können. Das Ideal der Bürgergesellschaft entspricht dem Konzept des republikanischen Liberalismus – zwischen ökonomischem Liberalismus und Kommunitarismus –, das den Menschen als Citoyen mit Bürgerrechten und Bürgerpflichten in einer pluralistischen Zivilgesellschaft beschreibt.[741] Angesichts der enormen Eigendynamik des Marktes, kommt der kritischen Öffentlichkeit aller mündigen Bürger die Aufgabe zu, ordnungspolitische Reformen durch gute Gründe zu legitimieren. In dieser Weise können die republikanisch gesinnten Wirtschaftsbürger einen schwer abweisbaren Legitimationsdruck auf Wirtschaft und Politik ausüben. Die bürgerlichen Tugendpflichten beziehen sich auf das Verhalten des Menschen im Berufsleben, als „Organisationsbürger", auf sein Konsum- und sein finanzielles Anlegerverhalten als Privatmensch.[742] In all diesen Bereichen gilt es, kritisch und reflektiert mit dem Eigeninteresse in Form eines „wohlverstandenen Eigennutzes" umzugehen.[743]

---

741 Vgl. Ulrich 2008, S. 320-321.
742 Vgl. Ulrich 2008, S. 350.
743 Vgl. Ulrich 2008, S. 350-359.

(2) Der zweite Ort der Moral ist die poltische Rahmenordnung der Wirtschaft. Prinzipiell muss sich eine Ordnungspolitik an normativen Grundsätzen orientieren, so Ulrich, diese zu klären, ist Aufgabe der Ordnungsethik.[744] Ulrich hält ihren Einsatz freilich nur dann für sinnvoll, wenn vorher der Eigensinn der Ökonomik kritisch hinterfragt und mit lebensweltlichen Kriterien konfrontiert wurde – mit dieser Anspielung möchte sich Ulrich von Homann abgrenzen, dessen Konzept ebenfalls eine Ordnungsethik veranschlagt, allerdings ohne die Systemdynamik der Ökonomik zu hinterfragen.[745]

Zwei Prämissen sind für die ordnungsethische Problemstellung konstitutiv: Zum einen ist die Wirtschaft auf eine politische Systemsteuerung angewiesen, und zum anderen muss die Ökonomie stets den Charakter eines Subsystems aufweisen.[746] Die genannten Prämissen fordern das Primat der Politik vor der Ökonomie, woraus sich folgende Aufgabenstellung der Ordnungspolitik ergibt:[747]

> *„In einer freiheitlichen und demokratischen Gesellschaft ist es die vorrangige und vornehmste Aufgabe der Ordnungspolitik, den latent eigensinnigen Marktprozess in lebensdienliche und faire Spielregeln einer wohlgeordneten Civil Society einzubinden und ihn so zu „zivilisieren". Der gedankliche Ort einer so verstandenen, ordnungsethisch begründeten Rahmenpolitik ist die unbegrenzte Öffentlichkeit aller mündigen und republikanisch gesinnten Wirtschaftsbürger."[748]*

Auch die Ordnungspolitik resultiert also aus einem öffentlichen Diskurs. Ulrich verzichtet auf eine konkrete Ausgestaltung eines möglichen ordnungspolitischen Regelwerks, denn das sei schließlich Aufgabe einer deliberativen Politik – die Ordnungspolitik nennt er aus diesem Grund auch „Vitalpolitik".[749]

In der Feststellung, dass die Politik das Primat über die Ökonomie haben soll, stimmen Karl Homann und Peter Ulrich überein. Auch in Homanns Wirtschaftsethik soll die politische Ordnung dem Markt vorausgehen; diese Ordnung könne indes nur die Demokratie sein.[750] Im Fall von Homann kann man jedoch kritisch einwenden, dass, gemäß seiner Wirtschaftsethikkonzeption selbst die Politik ganz i.S. der Ökonomie funktioniert. Denn, wie zuvor gezeigt, verwendet Homann auch im Bereich des Politischen das ökonomische Instrumentarium, wodurch er die Politik ökonomisch re-formuliert. Auch Ulrich macht auf dieses Problem aufmerksam – vermutlich in erster Linie, um dem Verdacht entgegen-

---

744   Vgl. Ulrich 2008, S. 361.
745   Vgl. Ebenda.
746   Vgl. Ulrich 2008, S. 362.
747   Vgl. Ebenda.
748   Ulrich 2008, S. 363.
749   Vgl. Ulrich 2008, S. 365.
750   Vgl. Homann/Bloome-Drees 1992, S. 54.

zuwirken, er komme mit seinem konkreten wirtschaftsethischen Konzept nicht über Karl Homann hinaus. Ulrich stellt jedenfalls fest, dass bei Homann nicht das Ökonomische vom Politischen korrigiert, sondern das Politische dem ökonomischen Paradigma unterworfen wird.[751] Dies äußere sich u.a. darin, dass bei ihm der Homo-oeconomicus-Test für die Politik konstitutiv ist, wodurch letztlich die ökonomische Sachlogik auch Einzug in die Politik hält.

(3) Der dritte Ort der Moral sind die Unternehmen die innerhalb des gesetzten Rahmens erfolgreich wirtschaften möchten.[752] Auf diesen Punkt soll an dieser Stelle nur der Vollständigkeit halber verwiesen werden, da die Unternehmensethik für die hier angestellte Untersuchung keine größere Relevanz besitzt. Ulrichs „Integrative Unternehmensethik" beginnt mit einer Kritik des Gewinnprinzips. Sie fragt also nach den grundlegenden Legitimitätsvoraussetzungen und Wertortientierungen lebensdienlicher unternehmerischer Wertschöpfung.[753] Entsprechend konzipiert Ulrich die Unternehmensethik als Vernunftethik des unternehmerischen Wirtschaftens.[754]

2.5 Die Utopie der Lebenswelt –theorieimmanente Probleme bei Peter Ulrich

Auch Peter Ulrichs Wirtschaftsethik soll abschließend mit den Ergebnissen der zuvor angestellten ideengeschichtlichen Rekurse konfrontiert werden. Ulrichs erster wirtschaftsethischer Schritt, die Ökonomismuskritik, erscheint prinzipiell als sinnvoll, da seine Diagnose, die Ökonomie habe eine Eigenlogik entwickelt, die jede Form der Ethik konterkarieren muss, von der ideengeschichtlichen Entwicklung der Wirtschaftswissenschaften bestätigt wird. Die dargestellte Bewegung zwischen Moral und Ökonomie zeigt, dass der Status quo der reinen Ökonomik (Gary S. Becker) nicht nur mit ethikfreien Prämissen arbeitet, sondern auch zu einer normativen Überhöhung des Ökonomischen neigt, was sich für eine Wirtschaftsethik durchaus als problematisch erweisen kann (Karl Homann). Ulrich erkennt das Konfliktpotential, das sich hinter dem modernen Ökonomiebegriff verbirgt und berücksichtigt es, indem er die Normativität der ökonomischen Sachlogik aufdeckt.

Ulrichs Problemdiagnose ist aus dieser Sicht überzeugend. Indes versteht Ulrich den Moralverlust in der Ökonomie nicht als einen sukzessiven Prozess i.S. der Dekonstruktion der Moral in der Ökonomie, sondern vielmehr als einen

---

751 Vgl. Ulrich 2008, S. 394-395.
752 Vgl. Ulrich 2008, S. 311.
753 Vgl. Ulrich 2008, S. 429.
754 Vgl. Ulrich 2008, S. 430.

Wechsel vom klassischen Ökonomieverständnis (die Ökonomie als Lehre vom guten Wirtschaften mit moralischen Prämissen) zum neoklassischen Paradigma (die Ökonomie als normatives Marktprinzip ohne Moral). Diesen Wechsel möchte er rückgängig machen, indem er die Vorzeichen von Moral und Ökonomie austauscht: Wie in der Smith'schen Wirtschaftstheorie der Fall, zielt Ulrichs Wirtschaftsethik darauf ab, die Ökonomie neuerlich unter das Vorzeichen der Moral zu stellen. Führt man sich den komplexen Prozess der Dekonstruktion der Moral in der Ökonomie mit seinen einzelnen Stufen und verschiedenen Komponenten nochmals vor Augen, scheint dieses Vorhaben deutlich problematischer zu sein, als Ulrich annimmt. Denn die Umkehrung von Moral und Ökonomie von Smith zu Becker präsentiert sich nicht als ein spontanes Ereignis, sondern als Produkt einer schrittweisen, komplexen Gegenbewegung zu Smith – ein schlichter Vorzeichenwechsel dürfte hier zu kurz greifen.

Ulrichs Ökonomismuskritik dient jedenfalls dazu, der Ökonomie neuerlich einen „Sinn" zu geben, der jenseits ökonomischer Kategorien wie Effizienz und Gewinnstreben liegt. Dieser „Sinn" konstituiert sich aus außerökonomischen, spezifisch menschlichen Werten. Die „Lebensdienlichkeit" soll für diese neuen ökonomischen Werte der Maßstab sein und die „Lebenswelt" soll Orientierung bieten. Mit dem Begriff „Lebenswelt" meint Ulrich den gesellschaftlichen Erfahrungshorizont des Menschen. Wie bereits in seiner Diagnose zum wirtschaftsethischen Grundproblem deutlich wird, ist er der Auffassung, dass die gesellschaftliche Erfahrung im Widerspruch zur Logik der Ökonomie steht. Denn anders als in der Ökonomie ist die Gesellschaft von einem sozialen Miteinander moralischer Personen geprägt. Diese moralische Kompetenz des Menschen und seine Erfahrung als Teil der Gemeinschaft soll nun für die Ökonomie fruchtbar gemacht werden – es gilt die Wirtschaft lebensweltlich zu legitimieren.

Ulrichs Rede von einem lebensweltlichen Gegengewicht zur Ökonomie lässt Rückschlüsse auf seinen gesellschaftstheoretischen Standpunkt zu: Er geht von der Gesellschaft als soziale Gemeinschaft und vom Menschen als moralische Person mit einer Kenntnis über den Sinn des Lebens aus. Der angestellte gesellschaftstheoretische Rekurs zieht diese These in Zweifel. Er zeigt, dass es sich bei der Ökonomisierung nicht um einen einsamen Prozess wider die Lebenswelt handelt, sondern um eine Entwicklung, die in der Individualisierung ihr Pendant gefunden hat. Nicht nur in der Wirtschaftstheorie kam es zu einer Emanzipation des Ökonomischen von der Moral, auch auf gesellschaftstheoretischer Ebene hat sich das Individuum von seiner sozialen Einsicht und individualethischen Kompetenz emanzipiert. Die Gesellschaft als moralische face-to-face-society entwickelte sich zur modernen individualisierten Großgesellschaft, die in der Tat von Dilemmasituationen geprägt ist. Ulrich begreift indes das Phänomen der Individualisierung nicht als eigenständiges gesellschaftstheoretisches Problem, sondern als einen Ausläufer der Ökonomisierung. Er unternimmt den ambitionierten Versuch die Ökonomisierung einzudämmen, damit sie keinen weiteren negativen Einfluss auf die Lebenswelt des Menschen ausüben kann. Das Problem der Individualisierung ist für Ulrich eine Konsequenz der Ökonomisierung, dem man mit einer fundierten Wirtschaftsethik begegnen könne.

Ulrichs reflexives Manko scheint somit im mangelnden Krisenbewusstsein für die Individualisierung zu liegen. Er erachtet die moderne Gesellschaft als ihrem Grundsatz nach moralisch intakt. So passiert es ihm, dass er eine idealisierte Gesellschaftsvorstellung als Orientierungspunkt für seine Wirtschaftsethik wählt, wodurch er von vornherein seine eigene integrative Programmatik untergräbt. Denn indem Ulrich den Maßstab einer überholten Gesellschaftstheorie an die moderne Ökonomik anlegt, kollidiert sein Ansatz mit den realen gesellschaftlichen Bedingungen. Diese Problematik macht sich in Ulrichs Argumentation bemerkbar. Während er in seiner theoretischen Reflexion die „Sachzwangthese" als unhaltbar zurückweist – wonach der Weg für moralische Eigeninitiative eigentlich frei sein sollte –, greift er, für die praktische Umsetzung seiner Idee, auf Institutionen zurück, die diese Freiräume für die Individuen erst gewährleisten sollen. Die Ulrich'sche Wirtschaftsethik findet somit in der individualisierten Gesellschaft keinen Rückhalt, sie hängt buchstäblich in der Luft.

Abschließende Bemerkungen

Anlass der vorliegenden Untersuchung war die Profilbildungsproblematik der deutschsprachigen Wirtschaftsethik. Wie eingangs erwähnt, herrscht dort eine prinzipielle Uneinigkeit über die Frage von welchen Prämissen die Moral in der Wirtschaft abhängen sollte. Während sich die einen Theoretiker für eine ökonomische Grundlegung der Wirtschaftsethik entscheiden, wählen die anderen einen ethischen Ausgangspunkt für ihre Konzeptionen. Homann und Ulrich markieren indes zwei Extrempositionen, zwischen denen sich die deutschsprachige Kontroverse aufspannt. Die Überzeugungskraft die diese beiden Ansätze auszeichnet, warf sodann die Frage auf, wie auf die Inkommensurabilität der beiden Wirtschaftsethiken eine angemessene Erklärung zu finden ist. Im Rahmen der Untersuchung sollte diese Frage mittels einer ideengeschichtlichen Reflexion ihrer Grundlagen geklärt werden. Die analogen ideengeschichtlichen Entwicklungslinien der Dekonstruktion der Moral in der Ökonomie und des Siegeszugs des Individuums über die Belange der Gemeinschaft dienten als Folie zur Identifikation der theorieimmanenten Problemkreise der beiden Theorien. Nun sollen abschließend die zentralen Untersuchungsergebnisse zusammengeführt werden, um das Streitgespräch zwischen Karl Homann und Peter Ulrich einer Neubewertung zu unterziehen.

Die Grundlagenreflexion der Homann'schen Prämissen brachte ans Licht, dass sein theorieimmanentes Problem in der unreflektierten Verwendung der ökonomischen Analysemethode liegt. Denn sie versperrt sich von vornherein der Ethik und entwickelt darüber hinaus selbst eine ökonomische Normativität, da sie alles am Effizienzkriterium misst. Indem Homann die – seines Erachtens wertneutrale – Methode zur Klärung des wirtschaftsethischen Grundproblems heranzieht, bringt er die Ökonomie gegen die Ethik in Stellung. Deshalb gelingt es ihm letztlich nicht die zwei Welten von Ökonomie und Ethik zu versöhnen. Stattdessen bleibt sein Ansatz in Gänze der Ökonomie verhaftet – bei ihm steht die Ethik nicht nur unter dem Vorzeichen der Ökonomie, sondern sie wird durch die Ökonomie ersetzt.

Ulrich hingegen erkennt das Problem der versteckten Normativität der Ökonomie und versucht ihm mittels einer ethischen Durchdringung der ökonomischen Sachlogik habhaft zu werden. Vor dem Hintergrund des ideengeschichtlichen Rekurses auf die Wirtschaftstheorie scheint Ulrich die richtige Problemdiagnose zu stellen und sein Rückgang auf die moralischen Wurzeln der Ökonomie verspricht ein vielversprechender Weg zu sein. So veranschlagt Ulrich, dass jede ökonomische Handlung a priori auf ihre Gesellschaftsverträglichkeit abgestimmt werden soll. Die Integrative Wirtschaftsethik möchte die Ökonomie neuerlich unter das Vorzeichen der Moral stellen. Vergleicht man an diesem Punkt die Wirtschaftsethiken von Karl Homann und Peter Ulrich, muss man Ulrich in seiner Kritik an Homann – es gelinge ihm nicht die zwei Welten von Ökonomie und Ethik zu versöhnen, sondern er entscheide sich einseitig für die Ökonomie – recht geben. Ulrichs Konzept zeigt an dieser Stelle mehr Problembewusstsein.

Doch das wirtschaftsethische Grundproblem ist damit noch nicht gelöst, denn auch Ulrichs Theorie verfügt über ein reflexives Manko: Er verkennt das Problem der Individualisierung, das seinerseits eine Unumkehrbarkeit des gewandelten Verhältnisses von Moral und Ökonomie suggeriert. Ulrich setzt der modernen Ökonomie ein idealisiertes Gesellschaftsbild entgegen, dessen Logik er nicht in gleichem Maße wie die ökonomischen Prämissen hinterfragt, was sich negativ auf die Implementierbarkeit seines Ansatzes auswirkt. Vor dem gedanklichen Hintergrund der Smith'schen Wirtschaftstheorie wird diese Schwachstelle offensichtlich: Bei Adam Smith bildet die Gesellschaftstheorie die gemeinsame Basis von Ökonomie und Ethik. Sie ermöglicht die Übertragung der ethischen Prämissen auf die ökonomischen Funktionsmechanismen. Eben diese Basis fehlt der Ulrich'schen Wirtschaftsethik, weswegen sie letztlich buchstäblich in der Luft hängt.

Ulrichs fehlendes Krisenbewusstsein für die Individualisierung führt zu einer Wende in der Bewertung der wirtschaftsethischen Debatte Homann vs. Ulrich: Nachdem der Zugriff auf die ökonomische Methode Beckers für ein ethisches Manko in der Homann'schen Theorie sorgt, machen Ulrichs theorieimmanente Probleme neuerlich dessen Stärken sichtbar. Denn Homann wählt die ökonomische Methode einzig, weil er nach einem adäquaten Mittel sucht, um angemessen auf die gesellschaftlichen und ökonomischen Anforderungen unserer Zeit reagieren zu können. Homann knüpft demnach mit seiner Wirtschaftsethik an den Endpunkt der ideengeschichtlichen Bewegung zwischen Individuum und Gesellschaft an, während Ulrich dieser Entwicklung keine prinzipielle Bedeutung beimisst.

Das Ergebnis lässt sich wie folgt zusammenfassen: Ulrich unternimmt einen problemadäquaten Versuch Wirtschaft und Ethik zu versöhnen, konzipiert seine Theorie jedoch an den gesellschaftlichen Bedingungen vorbei, Homann versucht die gesellschaftlichen Probleme ernst zu nehmen, kann jedoch die wirtschaftstheoretischen Herausforderungen nicht überwinden.

Vor dem Hintergrund des Adam-Smith-Problems lässt sich die Debatte Homann vs. Ulrich noch klarer fassen. Wie im ersten Teil der Untersuchung dargestellt, besagt das Adam-Smith-Problem in seiner klassischen Form, dass der Mensch im WN als ökonomischer Egoist erscheint und das Handlungssubjekt in der TEG als moralischer Altruist. Diese Sichtweise greift jedoch zu kurz, denn es handelt sich hierbei nicht um zwei adversative Anthropologien, sondern lediglich um unterschiedliche Verhaltensweisen ein und desselben Menschen. Der Smith'sche Mensch ist also kein rein egoistisches oder vollkommen altruistisches, sondern ein soziales Wesen. Die Vertreter des Adam-Smith-Problems überhöhen also den Egoismus des Wirtschaftsakteurs einerseits und den Altruismus des Privatmenschen andererseits. Dadurch reibt sich die Kontroverse an der oberflächlichen Frage auf, welche der beiden Verhaltensweisen nun die richtige ist, während sie das Wesen des Problems übersieht. Ergo: Der Kern des Adam-Smith-Problems verbirgt sich hinter der vordergründigen Kontroverse.

Beurteilt man das Streitgespräch Homann vs. Ulrich im Licht dieser berühmten ideengeschichtlichen Debatte werden die Problemkreise der Kontroverse transparenter. Ebenso wie im Adam-Smith-Problem die Moral gegen die Ökonomie in Stellung gebracht wird sorgen die beiden Wirtschaftsethiker mit ihren Theorien für eine Überhöhung einer der beiden Disziplinen: Homann steht für die Ökonomie und damit für das ökonomische Kalkül. Ulrich hingegen für die Ethik und damit die ethische Vernunft. Der Konflikt Homann vs. Ulrich versinnbildlicht somit den Antagonismus Ökonomie vs. Ethik oder Egoismus vs. Altruismus. Damit kreist die Debatte der deutschsprachigen Wirtschaftsethik um einen Widerspruch, der ebenso unauflösbar erscheint wie die vermeintlich adversativen Menschenbilder bei Adam Smith: Die starke Betonung der Ökonomie auf der einen und die der Ethik auf der anderen Seite, lässt keinen Mittelweg mehr zu, sondern zwingt zu einer Entweder-oder-Entscheidung, an der sich die wirtschaftsethische Kontroverse zu erschöpfen scheint. Doch ebenso wie sich der Lösungsansatz des Adam-Smith-Problems hinter der Debatte Egoismus vs. Altruismus findet, verbirgt sich das eigentliche Problem der Homann-Ulrich-Kontroverse hinter der Frage nach dem richtigen Ausgangsparadigma: Es entzündet sich an der gesellschaftstheoretischen Diagnose der Autoren. Homann findet in der individualisierten Gesellschaft ökonomische Bedingungen vor, weswegen er eine Lösung des wirtschaftsethischen Grundproblems mittels der ökonomischen Methode veranschlagt. Ulrich hingegen glaubt an eine moralische Gemeinschaft, weswegen ihm die Anwendung eines tugendethischen Konzeptes praktikabel erscheint. Aus dem gesellschaftstheoretischen Standpunkt der Autoren resultiert die Wahl ihres Ausgangsparadigmas. Da beide Theoretiker widersprechende Ausgangsdiagnosen stellen, müssen sie zwangsläufig auch diametral entgegenstehende Lösungsansätze wählen, woraus letztlich die Inkommensurabilität ihrer Ansätze resultiert.

Das bedeutet freilich nicht, dass sich die Wirtschaftsethik in einer Sackgasse befindet oder es sich gar bei der gesamten Disziplin um ein, wie eingangs mit Luhmann gesagt, „hölzernes Eisen" handelt. Das Ergebnis zeigt vielmehr an, wo eine konstruktive Überlegung ihren Ausgang nimmt. So sieht sich die moderne Wirtschaftsethik eben nicht „nur" mit der Überwindung einer „Zwei-Welten-Konzeption" von Ökonomie und Ethik konfrontiert, sondern muss ebenso auf die von der individualisierten Gesellschaft geschaffenen Bedingungen reagieren. Doch was heißt das konkret?

Hier kann – ganz wie bei den ökonomischen Klassikern Smith und Bentham – neuerlich die Praxis als Vorbild der Realität fungieren. Denn dort vollzieht sich bereits der Wandel, der in der Theorie so dringend angezeigt ist. Konsumenten treffen heute bewusste Entscheidungen, sie hinterfragen ökonomische Abläufe, fordern einen verantwortungsvollen Umgang mit Ressourcen und mehr Transparenz in Produktionsprozessen. Globale Megatrends wie Klimawandel, Ressourcenknappheit und demographischer Wandel zwingen Unternehmen zum Umdenken, um auch in Zukunft erfolgreich wirtschaften zu können. Seit einigen Jahren lässt sich ein sukzessiver wirtschaftlicher und gesellschaftlicher Wertewandel beobachten, der die Ökonomie wieder an ihre ureigene Bestimmung bindet: Als Teil des gesellschaftlichen Gefüges ökonomische Lösungen für gesellschaftliche Fragen zu finden. Der Schauplatz ist indes nicht die Smith'sche Face-to-Face Society, sondern die globalisierte Welt, in der nicht einmal die Menschenrechte einen ethischen Grundkonsens bilden. Darüber hinaus steht die Theorie vor der Herausforderung ihre ideengeschichtlichen Grundlagen zu reflektieren bevor sie neue Wege geht – zweifelsohne eine diffizile Aufgabe, aber nicht aporetisch.

Literaturverzeichnis

Agassi, Joseph, Institutional Individualism, in: The British Journal of Sociology, Vol. 26, London 1975.

Amonn, Alfred, Nationalökonomie und Philosophie, Erfahrung und Denken, Berlin 1961.

Andree, Georg Johannes, Sympathie und Unparteilichkeit: Adam Smith's System der natürlichen Moralität, Paderborn 2003.

Andree, Georg, Sympathie und Unparteilichkeit, Paderborn 2003.

Arndt, Helmut, The Ricardian Vice, in: Festgabe für Friedrich Bülow, Hrsg. Stammer, O./Talheim, K., Berlin 1960.

Ballestrem, Karl, Adam Smith, München 2001.

Barth, H., Die Idee der Sanktionen bei Jeremy Bentham und Pierre-Joseph Proudhon, in: Die Idee der Ordnung. Beiträge zu einer politischen Philosophie, Zürich 1958.

Bauer, Leonhard, Kritik ökonomischer Denkweisen – Für ein neues Menschenbild der Ökonomen, Frankfurt a.M. 1985.

Bausch, T.: Wirtschaft und Ethik. Notizen zu einem dialogischen Brückenschlag, in: Forum für Philosophie, Bad Homburg 1994.

Becker, Gary S. / Becker, Guity Nashat, Die Ökonomik des Alltags, Tübingen 1998.

Becker, Gary S., A Treatise on the Family, Cambridge 1981.

Becker, Gary S., Ökonomische Erklärung menschlichen Verhaltens, Tübingen 1983.

Becker, Gary S., The Economic Approach to Human Behavior, Chicago 1976.

Becker, Gary S., The Economics of Discrimination, Chicago 1957.

Becker, Gary, A Theory of Social Interactions, Journal of Political Economy, 82, 1974.

Bentham, Jeremy, Deontology, together with A Table of the Springs of Action and Article on Utilitarismus, Hrsg. Goldworth, A., Oxford 1983.

Bentham, Jeremy, Article on Utilitarism Long Version, in: Collected Works of Jeremy Bentham, London/Oxford 1983.

Bentham, Jeremy, Eine Einführung in die Prinzipien der Moral und der Gesetzgebung. Hrsg. Höffe, O., Tübingen 1992.

Bentham, Jeremy, Introduction into the Principles of Morals and Legislation, New York 1948.

Bentham, Jeremy, The Rationale of Reward, in: Works of Jeremy Bentham Bd. II, Edinburgh 1843.

Bharadwaj Krishna, Adam Smiths Beitrag zur Gesellschaftswissenschaft, Frankfurt a.M. 1991.

Bickenbach, Frank/Soltwedel, Rüdiger, Ethik und wirtschaftliches Handeln in der modernen Gesellschaft: Ordnung, Anreize und Moral, Kiel 1996.

Biervert, Bernd, Ökonomische Theorie und Ethik, Frankfurt a.M./New York, 1987.

Birnbacher, Dieter, Anmerkungen, in: Mill, J.S., Utilitarismus, 2006.

Biskup, Reinhold, Werte in Wirtschaft und Gesellschaft, Bern/Stuttgart/Wien 1990.

Böckle, Franz, Aktuelle Probleme der Wirtschaftsethik, in: Schriften des Vereins für Sozialpolitik Band 211, Hrsg. Homann, F., Berlin 1992.

Borchers, Hinrich, Das Abstraktionsproblem bei David Ricardo, Jena 1929.

Boulding, Kenneth., Economic Analysis, New York 1966.

Bowie, Norman (Hrsg.), The Blackwell guide to business ethics, Oxford 2002.

Briefs, Götz, Untersuchungen zur klassischen Nationalökonomie, Jena 1915.

Brune, J.P., Setzten ökonomische „Sachzwänge" der Anwendung moralischer Normen legitime Grenzen?, in: Moral und Sachzwang in der Marktwirtschaft, Hrsg. Brune, J.P./Böhler, D./Steden, W., Münster, 1995.

Buchanan, James / Brennen, Geoffrey, The Normative Purpose of Economic „Science": Rediscovery of an Eighteenth Century Method; in: International Review of Law and Economics 2, 1981.

Buckle, Henry T., History of Civilisation in England, Leipzig 1861.

Bürgin, Alfred, Die Soziogenese der Politischen Ökonomie. Wirtschaftsgeschichtliche und dogmenhistorische Betrachtungen, Marburg 1993.

Buner, Robert, Das moralische Engagement von John Stuart Mill, unter besonderer Berücksichtigung seiner moralphilosophischen und nationalökonomischen Lehren, St. Gallen 1983.

Campbell, Tom D., Adam Smith' Science of Morals, Glasgow 1971.

Crane, Andrew / Matten, Dirk, business ethics, Oxford 2000.

Cropsey, Joseph, Polity and Economy: An Interpretation of the Principles of Adam Smith, Chicago 2001.

de Marchi, Neil, John Stuart Mill, in: Klassiker des ökonomischen Denkens, Hrsg: Starbatty, J., Hamburg 2008.

Dietz, Alexander, Der homo oeconomicus – Theologische und wirtschaftsethische Perspektiven auf ein ökonomisches Modell, Gütersloh 2005.

Eaton, Howard O., The Austrian Philosophy of Value, Oklahoma 1930.

Eltis, Walter, David Ricardo, in: Klassiker des ökonomischen Denkens, Hrsg. Starbatty, J., München 1989.

Enderle, Georges, Lexikon der Wirtschaftsethik, Freiburg 1993.

Etzioni, Amitai, Jenseits des Egoismus-Prinzips, Stuttgart 1994.

Frambach, Hans, Die Evolution moderner ökonomischer Kategorien, Berlin 1993.

Fröhlich, Günter, Nachdenken über das Gute, Göttingen 2006.

Furger, Franz, Moral und Kapital? Grundlagen der Wirtschaftsethik, Zürich 1992.

GablerWirtschaftslexikon, http://wirtschaftslexikon.gabler.de/Definition/grenznutzenschule.html.

Gaulke, Jürgen, Freiheit und Ordnung, Frankfurt a.M. 1994.

Gerlach, Jochen, Ethik und Wirtschaftstheorie: Modelle ökonomischer Wirtschaftsethik in theologischer Analyse, Gütersloh 2002.

Goldworth, Andy, The Sympathetic Sanction and Sinister Interest in Bentham's Utilitarism; in: Parekh, B., Jeremy Bentham. Critical Assessments, London 1993.

Green, Donald P. / Shapiro, Ian, Rational Choice: Eine Kritik am Beispiel von Anwendungen in der Politischen Wissenschaft, München 1999.

Habermann, Frederike, Hegemonie, Identität und der Homo Oeconomicus, in: Gender and Economics, Hrsg. Bauhardt, C./Caglar, G., Wiesbaden 2010.

Hartfiel, Günter, Wirtschaftliche und soziale Rationalität, Stuttgart 1968.

Hauer, Peter, Leitbilder der Gerechtigkeit in der markwirtschaftlichen Konzeptionen von Adam Smith, John Stuart Mill und Alfred Müller-Armack, Frankfurt am Main, 1991.

Hayek, Friedrich August von, Die drei Quellen der menschlichen Werte, Tübingen 1979.

Hayek, Friedrich August von, Geldtheorie und Konjunkturtheorie, Salzburg 1976.

Hayek, Friedrich August von, Recht, Gesetzgebung und Freiheit. Die Illusion der sozialen Gerechtigkeit – Eine neue Darstellung der liberalen Prinzipien der Gerechtigkeit und der Politischen Ökonomie, Bd. 2, Landsberg a.L. 981.

Hayek, Friedrich August von, Recht, Gesetzgebung und Freiheit. Die Verfassung einer Gesellschaft freier Menschen – Eine neue Darstellung der liberalen Prinzipien der Gerechtigkeit und der Politischen Ökonomie, Bd.3, Landsberg a.L. 1979.

Hayek, Friedrich August von, Bemerkungen über die Entwicklung von Systemen von Verhaltensregeln, in: Freiburger Studien, Gesammelte Aufsätze von Friedrich August von Hayek, Tübingen 1969.

Hayek, Friedrich August von, Die Sprachverwirrung im politischen Denken, in: Freiburger Studien, Gesammelte Aufsätze von Friedrich August von Hayek, Tübingen 1969.

Hayek, Friedrich August von, Die Verfassung der Freiheit, Tübingen 1971.

Hayek, Friedrich August von, The Sensory Order. An Inquiry into the Foundations of Theoretical Psychology, Tübingen 1952a.

Hayek, Friedrich August von, Individualismus und wirtschaftliche Ordnung, Erlenbach/Zürich 1952b.

Heilbroner, Robert, Die Denker der Wirtschaft, München 2006.

Hirschman, Albert O., Entwicklung, Markt und Moral, München 1989.

Höffe, Otfried, Ethik und Politik, Frankfurt am Main 1979.

Holl, Christoph, Wahrnehmung, menschliches Handeln und Institutionen, Tübingen 2004.

Holler, Manfred, Homo Oeconomicus I-IV, München 1983.

Homann, Karl, Braucht die Wirtschaftsethik eine „moralische Motivation"?, Wittenberg 2004.

Homann, Karl, Moral in den Funktionszusammenhängen der modernen Wirtschaft, Stuttgart 1993.

Homann, Karl/Lütge, Christoph, Einführung in die Wirtschaftsethik, Münster 2007.

Homann, Karl/Suchanek, Andreas, Ökonomik, Tübingen 2005.

Homann, Karl, Was bringt die Wirtschaftsethik für die Ethik? Abschiedsvorlesung an der Ludwig-Maximilians-Universität München am 17. Juli 2008.

Homann, Karl, Braucht die Wirtschaftsethik eine „moralische Motivation"?, Tübingen 1980.

Homann, Karl, Ethik und Ökonomik: Zur Strategie der Wirtschaftsethik 1994, in: Vorteile und Anreize, Hrsg. Lütge, Christoph, Tübingen 2002.

Homann, Karl, Fakten und Normen: Der Fall der Wirtschaftsethik, in: Anreize und Moral, Hrsg. Lütge C., Tübingen 2003.

Homann, Karl, Globalisation und buisiness ethics, Aldershot 2007.

Homann, Karl, Homo Oeconomicus und Dilemmastrukturen 1994b, in: Vorteile und Anreize, Hrsg. Lütge, C., Tübingen 2002.

Homann, Karl, Normativität angesichts systematischer Sozial- und Denkstrukturen, in: Wirtschaftsethische Perspektive IV, Hrsg. Gärtner, W., Berlin 1981.

Homann, Karl, Ökonomik: Eine Einführung, Tübingen 2005.

Homann, Karl, Sinn und Grenze der ökonomischen Methode in der Wirtschaftsetik, in: Vorteile und Anreize, Hrsg. Lütge, C., Tübingen 2002.

Homann, Karl, Wettbewerb ist solidarischer als Teilen, in: Süddeutsche Zeitung, 09.06.2004.

Homann, Karl./ Bloome-Drees, Franz., Wirtschafts- und Unternehmensethik, Göttingen 1992.

Höntzsch, Frauke, Individuelle Freiheit zum Wohle Aller, Wiesbaden 2010.

Hoppmann, Erich, Walter Eucken – Heute. Festvortrag anlässlich der Walter-Eucken-Preis-Verleihung 1994 gehalten am 18.01.1995, Baden-Baden 1995.

Hottinger, Olaf, Eigeninteresse und individuelles Nutzenkalkül in der Theorie der Gesellschaft und Ökonomie von Adam Smith, Jeremy Bentham und John Stuart Mill, Marburg 1998.

Hueber, Anton, Die philosophische und ethische Begründung des homo oeconomicus, Frankfurt a.M. 1991.

Jakobs, Horst H., In Memoriam Fritz Walter Meyer, Bonn 1981.

Jevons,William S., The Theory of Political Economy, Hrsg. Collison Black, R., New York 1970.

Kaufmann, Franz-Xaver (Hrsg.), Markt, Staat und Solidarität bei Adam Smith, Frankfurt a.M./New York 1984.

Kennedy, Gevin, Adam Smith, Basingstoke 2008.

Kersting, Wolfgang, Der Markt – das Ende der Geschichte?, in: Homo oeconomicus: Der Mensch der Zukunft?, Hrsg. Brieskorn, Norbert, Wallacher, Johannes, Stuttgart 1998.

Kirchgässner, Gebhard, Homo Oeconomicus, Tübingen 1991.

Kirchgässner, Gerhard, Bemerkungen zur Minimalmoral, in: Zeitschrift für Wirtschafts- und Sozialwissenschaften 116, 1996.

Klaiber, Werner, Umrisse einer nicht rationalistischen Handlungstheorie im Werk von Adam Smith, Berlin 1991.

Kliemt, Hartmut, Moralische Institutionen. Empiristische Theorien ihrer Evolution, Freiburg/München 1985.

Klopfer, Max, Ethik-Klassiker von Platon bis John Stuart Mill, Stuttgart 2008.

Knies, Carl G.A., Die Politische Ökonomie vom Standpunkt der geschichtlichen Methode, Braunschweig 1853.

Köhler, Wolfgang R., Zur Geschichte und Struktur der utilitaristischen Ethik, Frankfurt a.M. 1979.

Korff, Wilhelm, Handbuch der Wirtschaftsethik Bd. 1-4, Gütersloh, 1999.

Koslowski, Peter (Hrsg.), Wirtschaftsethik – Wo ist die Philosophie?, Heidelberg 2001.

Koslowski, Peter, Neuere Entwicklungen in der Wirtschaftsethik und Wirtschaftsphilosophie, Berlin 1992.

Koslowski, Peter, Prinzipien der Ethischen Ökonomie, Tübingen 1994.

Krause, Ulrich, Eigennutz und ethische Gefühle oder Wie wird man ein guter Egoist?, in: Ökonomie und Gesellschaft, Jahrbuch 9: Adam Smiths Beitrag zur Gesellschaftswissenschaft, Hrsg. Schmid-Schönbein, T. u.a., Frankfurt a.M. 1991.

Kuenzle, Dominique, John Stuart Mill zur Einführung, Hamburg 2009.

Kurz, Heinz (Hrsg.), Adam Smith (1723-1790): Ein Werk und seine Wirkungsgeschichte, Marburg 1990.

Kurz, Heinz D. (Hrsg.), Klassiker des ökonomischen Denkens, München 2008.

Kurz, Heinz D., David Ricardo, in: Klassiker des ökonomischen Denkens Bd.1, Hrsg: Kurz, H. D., München 2008.

Lange, Diedrich, Zur Sozialphilosophischen Gestalt der Marktwirtschaftstheorie bei Adam Smith, München 1983.

Lehman, William C., Adam Fuergeson and the Beginning of modern Sociology, New York 1930.

Lindgren, Jon, The Social Philosophy of Adam Smith, Den Haag 1973.

Ludwig, Mario, Die Sozialethik des John Stuart Mill, Zürich 1963.

Luhmann, Niklas, Wirtschaftsethik – als Ethik?, In: Wirtschaftsethik und Theorie der Gesellschaft, Hrsg. Wieland, J., Frankfurt a.M. 1993.

Macfie, Alec L, The Individual in Society, London 1967.

Manstetten, Rainer, Das Menschenbild der Ökonomie, Freiburg/München 2000.

Manstetten, Reiner, Das Menschenbild der Ökonomie, München 2000.

McKenzie, Richard, Tullock, Gordon, Homo Oeconomicus: Ökonomische Dimension des Alltags, Frankfurt a.M./New York 1984.

Medick, Hans, Naturzustand und Naturgeschichte der bürgerlichen Gesellschaft, Göttingen 1973.

Menger, Carl, Grundsätze der Volkswirtschaftslehre, Hrsg. Hayek, F.v., Tübingen 1968.

Mensch, Kirsten, Die segmentierte Gültigkeit von Rational-Choice-Erklärungen, Opladen 1999.

Meyer-Faje, Arnold, Ulrich, Peter (Hrsg.), Der andere Smith, Bern/Stuttgart/Wien 1991.

Milford, Karl, Carl Menger, in: Klassiker des ökonomischen Denkens, Hrsg. Kurz, H. D., München 2008.

Mill, John S., Bentham, in: Collected Works of John Stuart Mill, Volume X, Hrsg. Robson, J.M., Toronto 1969.

Mill, John Stuart, Grundsätze der Politischen Ökonomie mit einigen ihrer Anwendungen auf die Sozialphilosophie, übers. Gehring, H., Jena 1921.

Mill, John Stuart, System der deduktiven und induktiven Logik, übers. Gompertz, T., Aalen 1968.

Mill, John Stuart, Über die Definition der politischen Ökonomie und die ihr angemessene Forschungsmethode, in: Einige ungelöste Probleme der politischen Ökonomie, Hrsg. Nutzinger, H. G., Frankfurt a.M./New York 1976.

Mill, John Stuart, Über die Freiheit, Stuttgart 2008.

Mill, John, Stuart, Einige ungelöste Probleme der Politischen Ökonomie und Besteuerung, Hrsg. Nutzinger, H., Campus 1976.

Myrdal, Gunnar, Das politische Element in der nationalökonomischen Doktrinbildung, Bonn-Bad Godesberg 1976.

Neumark, Fritz, Einführung, in: Ricardo, David, Grundsätze der Politischen Ökonomie und Besteuerung, Hrsg. Neumark, F., Frankfurt a.M. 1980.

Nutzinger, Hans G., Homo oeconomicus – Reichweite und Grenzen der ökonomischen Verhaltenstheorie, in: Zeitschrift für Evangelische Ethik 41. Jg., Gütersloh 1997.

Oakley, Allen, Classical Economic Man, Vermont 1994.

Oncken, August, Das Adam Smith Problem, in: Zeitschrift für Sozialwissenschaft I, Göttingen 1998.

Oncken, August, The Consistency of Adam Smith, in: Economic Journal of London 7 1897.

Pareto, Vilfredo, Ausgewählte Schriften, Frankfurt a. M. 1972.

Persky, Joseph, Retrospectives. The Ethology of Homo Economicus, in: Journal of Economic Perspectives 9, 1995.

Pies, Ingo, Der Primat des Sozialen im politischen Liberalismus, Ingolstadt 1996.

Polanyi, Karl., Aristotle discovers the economy, in: Primitive, Archaic and modern Economies, Essay of K. Polanyi, Hrsg. Dalton, G., Boston 1971.

Pribram, Karl, Die Entstehung der individualistischen Sozialphilosophie, Leipzig 1912.

Pribram, Karl, Geschichte des ökonomischen Denkens, Band I und II, Frankfurt a.M. 1992.

Pribram, Karl, Geschichte des ökonomischen Denkens, Frankfurt a.M. 1992.

Raphael, David / Macfie, Alexander, Introduction, in: Adam Smith, Theory of Moral Sentiments, Oxford 1967.

Raphael, David D., Adam Smith, Frankfurt a.M./ New York 1991.

Raphael, David D., Adam Smith, New York 1991.

Raphael, David/Macfie, Alexander, Introduction, in: Adam Smith, Theory of Moral Sentiments, Oxford 1967.

Recktenwald, Horst C., Adam Smith, Sein Leben und Werk, München 1976.

Recktenwald, Horst C., An Adam Smith Renaissance, 1976; in: Journal of economic Literature (16) 1978.

Recktenwald, Horst C., Das Selbstinteresse – Zentrales Axiom der ökonomischen Wissenschaft. Abhandlungen der geistes- und sozialwissenschaftlichen Klasse, Nr. 2, Mainz/Stuttgart 1986.

Recktenwald, Horst C., Die Klassik der ökonomischen Wissenschaft, in: Geschichte der Nationalökonomie, Hrsg. Issing, Ottmar, München 1988.

Recktenwald, Horst C., Ethik, Wirtschaft und Staat, Darmstadt 1985.

Recktenwald, Horst-Claus, Adam Smith, in: Klassiker des ökonomischen Denkens, Hrsg. Starbatty, J., Hamburg 2008.

Remboldt, Sandra, Das Bild des Menschen als Grundlage der Ordnung, Köln 2006.

Ricardo, David, Grundsätze der Politischen Ökonomie und Besteuerung, Hrsg. Neumark, F., Frankfurt a.M. 1980.

Rich, Arthur, Wirtschaftsethik Bd.1u.2., Gütersloh 1992.

Robbins, Lionel, An Essay on the nature and significance of economic science, New York 1962.

Robbins, Lionel, Liberty and equalitiy, London 1977.

Rolle, Robert, Homo Oeconomicus. Wirtschaftsanthropologie in philosophischer Perspektive, Würzburg 2005.

Rolle, Robert, Homo Oeconomicus. Wirtschaftsanthropologie in philosophischer Perspektive, Würzburg 2005.

Schernikau, Frank, Die Verbindung von Ethik und Ökonomie am Beispiel der Wohlfahrtstheorie, Frankfurt a.m. 1992.

Schlösser Hans-Jürgen, Das Menschenbild in der Ökonomie, Köln 1992.

Schmoller, Gustav, Grundriß der Allgemeinen Volkswirtschaftslehre, Bd.1u.2, Leipzig 1919.

Schumpeter, Joseph, Das Wesen und der Hauptinhalt der theoretischen Nationalökonomie, Leipzig 1908.

Schumpeter, Joseph, Geschichte der ökonomischen Analyse Bd.1u.2, Göttingen 2009.

Schumpeter, Joseph, History of Economic Analysis, Hrsg. Schumpeter, E. New York 1954.

Schwalbe, Ulrich, Léon Walras, in: Klassiker der ökonomischen Denkens, Hrsg.: Kurz, H. D., München 2008.

Skarzynski, Witbold, Adam Smith als Moralphilosoph und Schöpfer der Nationalökonomie, Berlin 1878.

Skinner, Andrew, A System of Moral Science, Oxford 1979.

Smith, Adam, History of Astronomy, in: Essays on Philosophical subjects, Hrsg. Wightman, P.D./Bryce, J.R., Oxford 1980.

Smith, A., Letters on Rethoric and Belles Lettres, Hrsg. Bryce, J.R., Oxford 1983.

Smith, Adam, Der Wohlstand der Nationen, Hrsg. Recktenwald, C., München 2003.

Smith, Adam, Theorie der Ethischen Gefühle, Hamburg 2004.

Stackelberg, Heinrich, Die Entwicklung der Werttheorie, in: Schweizer Zeitschrift für Volkswirtschaft und Statistik, 83 Jg., 1947.

Starbatty, Joachim (Hrsg.), Klassiker des ökonomischen Denkens, Hamburg 2008.

Starbatty, Joachim, Das Menschenbild in den Wirtschaftswissenschaften, in: Das Menschenbild in Wirtschaft und Gesellschaft, Hrsg. Biskup, R., Hasse, R. Bern/Stuttgart/Wien 2000.

Steinmann, Horst / Löhr, Albert, Grundlagen der Unternehmensethik, Stuttgart 1994.

Suntum, Ulrich von, William Jevons, in: Klassiker des ökonomischen Denkens, Hrsg.: Kurz, H. D., München 2008.

Thielemann, Ulrich, Integrative Wirtschafts- und Unternehmensethik als Reflexion des spannungsreichen Verhältnisses von Einkommensstreben und Moral, in: Beiträge und Bereichte des Instituts für Wirtschaftsethik der Universität St. Gallen 1994.

Trapp, Manfred, Politische Philosophie und Politische Ökonomie bei Adam Smith, Regensburg 1986.

Trautnitz, Georg, Normative Grundlagen der Wirtschaftsethik, Berlin 2009.

Ulrich, Peter, Auf der Suche nach der modernen Wirtschaftsethik, Bern/Stuttgart/Wien 1990.

Ulrich, Peter, Der kritische Adam Smith, St. Gallen, 1990.

Ulrich, Peter, Integrative Wirtschaftsethik, Bern/Stuttgart/Berlin 2008.

Ulrich, Peter, Integrative Wirtschaftsethik: Grundlagenreflexion der ökonomischen Vernunft, in: Ethik und Sozialwissenschaft. Streitforum für Erwägungskultur, Hrsg. Benseler et al., Jahrgang 11, Heft 4, 2000.

Ulrich, Peter, John Stuart Mill, Bern 2006.

Ulrich, Peter, Transformation der ökonomischen Vernunft, Bern/Stuttgart/Wien 1993.

Ulrich, Peter, Wirtschaftsethik auf der Suche nach der verlorenen ökonomischen Vernunft, in: Wirtschaftsethik auf der Suche nach der verlorenen ökonomischen Vernunft, Hrsg. Ulrich P., Bern 1990.

Vgl. Eckstein, Walter, Einleitung, in: Smith, Adam, Theorie der ethischen Gefühle, 1926/1985.

Vgl. Vanberg, Viktor, Zwei Soziologien, Tübingen 1979.

Viner, Jacob, Adam Smith and Laissez-Faire, in: Journal of Political Economy 35, 1927.

Viner, Jacob, Adam Smith und Laissez-faire, in: Ethik, Wirtschaft und Staat, Hrsg. Recktenwald, H. C., Darmstadt 1985.

Walras, Léon, Correspondence of Léon Walras and Collected Papers, Hrsg. Jaffè, W., Amsterdam 1965

Walras, Maria-Esprit Léon, Elements of pure economics, Hrsg. Jaffé, W., Fairfield 1977.

Weinberger, Otto, Die Grenznutzenschule, Halberstadt 1926.

Wendt, Siegfried, Geschichte der Volkswirtschaftslehre, Berlin 1968.

West, Edwin G., Adam Smith und Modern Economics, Worcester 1992.

Wieland, Josef, Ethik der Governence, Marburg 1999.

Wilson, Edward O., Sociobiology, Cambridge 1975.

Winter, Elmar E., Adam Smith und die Folgen, Wuppertal 1984.

Winter, Elmar E., Adam Smith und die wirtschaftliche Wirklichkeit, Frankfurt a.M. 1974.

Wolf, Jean-Claude, Utilitaristische Ethik, in: Geschichte der neueren Ethik 1, Hrsg. Pieper, A., Tübingen/Basel 1992

Woll, Helmut, Menschenbilder der Ökonomie, München 1994.

Wünsch, Georg, Evangelische Wirtschaftsethik, Tübingen 1927.

Zacher, Dirk: Humankapital in der theoretischen und empirischen Analyse bei Gary S. Becker: Darstellung und Kritik, in: Rostocker Arbeitspapiere zu Wirtschaftsentwicklung und Human Resource Development; Nr. 20, Rostock 2003.

Zintl, Reinhard, Individualistische Theorien und die Ordnung der Gesellschaft, Berlin 1983.

The manufacturer's authorised representative in the EU is Springer
Nature Customer Service Centre GmbH, Europaplatz 3, 69115 Heidelberg,
Germany. If you have any concerns regarding our products, please
contact ProductSafety@springernature.com

Printed and bound by CPI Group (UK) Ltd, Croydon, CR0 4YY
27/04/2026
02097653-0001